JN238490

TEXTBOOKS
TSUKAMU

ジェンダー論を
つかむ

千田有紀・中西祐子・青山薫——著

有斐閣
YUHIKAKU

はじめに

　みなさん,『ジェンダー論をつかむ』を手に取ってくださって,どうもありがとうございます。

　この本は「です・ます」調で書かれています。近年のジェンダー論は,とても高度で難解なものになっています。とくに 1990 年代以降,「ポスト構造主義」(いまはわからなくてもいいので,とりあえずそういう思想潮流があるのだなと思っていてください)の影響を受けたジェンダー論の理論的進展は目覚ましいものがあります。

　といっても,ここ 20～30 年は,ポスト構造主義や構築主義など人文科学,社会科学の最先端の理論の影響を,ジェンダー論が一方的に受けたというのではありません。むしろそういった理論をジェンダー論が牽引していったといっていいと思います。ですから,現在のジェンダー論はとても刺激的でおもしろいのです。極端な話をすれば,もしも日常生活で「男らしさ」や「女らしさ」がどう語られて作られていくのかに関心がない人であったとしても,ジェンダー論は「学問的」にもすごくおもしろいと思います。ただ,おもしろい反面,とても手ごわいために,できるだけわかりやすく,親しみやすい本にしたいと思いました。それで「です・ます」調で書くことにしたのです。

　もう 1 つの特徴は,全部で 24 ある各 unit（unit 0 を含めると 25）について書くにあたって,その項目について知ったり考えたりするときに必要な「理論」や「道具立て」を中心に説明をすることにしたことです。

　たとえば,家族とジェンダーについて知りたいと思ったとき,いまなら最新の統計データなどは,インターネットを使えば簡単に手に入ります。でも重要なのは,そのデータそのものではありません。むしろ,そのデータに現れているようないまの家族の現状は,どういう仕組みによって作りだされているのか,家族とジェンダーはどのように関係しているのかを説明し,それに関連するジェンダーの応用問題を自分で解いていくときに必要な「道具立て」をみなさんの手に渡すことを目標としたいと思いました。

みなさんは，「いまのボーイフレンド（ガールフレンド）とずっと一緒にいたいな。結婚して『家族』になりたいな」とか，「いつか結婚するんだから，就職活動のときも総合職をめざすより，一般職のほうがよいかな？　一般職を選んだとしても続けられるかな？　あーあ，もう就活自体が，嫌になってきちゃったなぁ」とか「女の子はいいなぁ。僕は男だから結婚しても一家を養える職を探さないといけないと思うと，プレッシャーを感じるよ」とか，いろいろなことを，日常生活のなかで感じたり考えたりしていると思います。それらをジェンダーの視点で読み解くための「道具」を，この本でみつけてほしいのです。

　またジェンダー論は，「男らしさ」とか「女らしさ」など性別にまつわることだけを対象にして，研究していく学問ではありません。私たちの住んでいる社会では，学校や家族，市場や国家，さまざまな領域すべてにわたって，「男」や「女」といった性別によって振り分けられています。振り分けられた性別に従って，社会のシステムが作りあげられているのです。その結果，私たちは，男は「男らしく」，女は「女らしく」するのがいいんだなと思うようになったり，自分が「男」である，または「女」であるという意識が自分の存在の核（アイデンティティ）にあると感じるようになったりします。そういった「あたりまえ」だと思うことに基づいて私たちが振る舞い，社会のシステムは再生産されていきます。ジェンダー論は，こうした社会の仕組みを解き明かす学問です。ジェンダー論は生活，社会全般の性別の編成について，あらゆる領域を根本的に問い直す学問なのです。

　この本は3人の著者によって書かれています。それぞれが書いた原稿を相互に批判しながら議論を積み重ねてきました。しかしそれぞれ個性の違う3人ですから，完全な意見の一致をみなかった点もあります。それはそのままジェンダー論に「正解」はないということを示しているのではないかと思います。むしろそれぞれの書き手の個性も，楽しんでいただけたらと思います。各unitはそのunitの書き手が責任を負っています。

　それではジェンダー論の豊かな世界をお楽しみください。

　　　2013年1月

　　　　　　　　　　　　　　　　　　　　　　　著者を代表して　千田　有紀

著者紹介

千田 有紀（せんだ　ゆき）

武蔵大学社会学部教授

東京大学大学院人文社会系研究科博士課程修了，博士（社会学）

主な著作：『女性学／男性学』岩波書店，2009 年；『日本型近代家族──どこから来てどこへ行くのか』勁草書房，2011 年

☆ ジェンダー論の基本的な枠組みができるだけわかりやすく伝わるといいなと思いながら，この本を作りました。章の扉にマンガを入れたのも親しみやすくするための工夫なのですが，いかがでしょうか。

中西 祐子（なかにし　ゆうこ）

武蔵大学社会学部教授

お茶の水女子大学大学院博士課程人間文化研究科修了，博士（学術）

主な著作：『格差社会を生きる家族』有信堂，2011 年（共編著）；『公正な社会とは』人文書院，2012 年（共著）

☆ 長い間，何度にもわたる話しあいを重ねて作りあげた本です。私たちが生きる社会に潜む「ジェンダー秩序」についての理解を深める手がかりとなってくれるとうれしいです。

青山　薫（あおやま　かおる）

神戸大学大学院国際文化学研究科教授

英国エセックス大学社会学部大学院博士課程修了，Ph. D. in Sociology

主な著作：『「セックスワーカー」とは誰か──移住・性労働・人身取引の構造と経験』大月書店，2007 年；*Thai Migrant Sex Workers: From Modernisation to Globalisation*, Palgrave/Macmillan, 2009.

☆ ジェンダーによる区別が，実に深くこの社会に，私たちの意識に根差しているということが，この本を作る過程で改めてわかりました。みなさんはどう思われるでしょうか。

目　次

unit ⓪　ジェンダー論はなにを明らかにするのか ─────── 1
近代社会とジェンダー（1）　ジェンダーとセクシュアリティ（3）　グローバリゼーションとジェンダー（4）

第1章　性別をとらえなおす ──────────────── 5

Introduction 1 （6）

unit ①　性別とはなにか──セックスとジェンダー ─── 7
セックスとジェンダー（7）　セックスの歴史学（8）　セックスの生物学（10）　ジェンダーとは（12）

unit ②　ジェンダーをとらえなおす ──────────── 14
セックスとジェンダー，再び（14）　ジョン・マネーのジェンダー（15）　構築されるジェンダー（17）

unit ③　セクシュアリティとはなにか ─────────── 21
身体（21）　セクシュアリティとは（22）　ヘテロセクシズム（24）　ホモセクシュアルとホモソーシャル（26）

第2章　家族とジェンダー ──────────────── 29

Introduction 2 （30）

unit ④　近代家族とジェンダー ────────────── 31
近代家族がなぜジェンダーの問題となるのか（31）　近代以前の家族とは（32）　近代家族とは（33）　私的領域としての家族（34）　政治的・経済的単位としての家族（36）　性別役割分業（37）

unit ⑤　恋愛や家族をめぐる物語 ────────────── 39
ロマンティックラブ・イデオロギーとはなにか（39）　母性イデオロギーとはなにか（42）　家庭イデオロギーとはなにか（45）

unit ⑥　未婚化・少子化社会 ──────────────── 47
「少子化」と「未婚化」（47）　結婚への圧力（49）　理想の結婚相手（50）　結婚のきっかけ（52）

第3章　労働とジェンダー ———————————————— 57

Introduction 3（58）

unit 7　女性の労働と賃金格差 ———————————————— 59

働きかたの変化（59）　「専業主婦とサラリーマン」カップルの大衆化（60）　パートタイム労働の問題点（60）　非正規問題の「男性化」と労働者派遣法のカラクリ（61）　男女間賃金格差の現状（62）　同一価値労働同一賃金の原則（64）

unit 8　職場慣行 ———————————————— 67

女性社員，いま昔（67）　男女雇用機会均等法とコース別人事採用制度（67）　ガラスの天井（68）　性別職務分離（69）　「能力主義」のパラドクス（70）　セクシュアル・ハラスメント（71）

unit 9　ライフスタイルの中立とジェンダー ———————————————— 73

近代家族と社会保障（73）　保障からこぼれ落ちる人びと（74）　大きな政府から小さな政府へ（76）　ワーク・ライフ・バランスとはなにか（76）

unit 10　無償労働とケアワーク ———————————————— 80

アンペイド・ワークとシャドウ・ワーク（80）　家事労働に賃金を（81）　アンペイド・ワークの国際化と女性の「主婦化」（82）　「愛の労働」とケアワーク（84）　感情労働と「ピンクカラー」（85）

第4章　教育とジェンダー ———————————————— 89

Introduction 4（90）

unit 11　かくれたカリキュラム ———————————————— 91

大学生「席取り」現象の不思議（91）　フォーマル・カリキュラムとかくれたカリキュラム（92）　教科書，制服，教員の配置（93）　教師と生徒の相互行為（94）　ピアグループの圧力（94）　性別カテゴリーを生み出す学校文化（95）

unit 12　教育の男女格差 ———————————————— 98

男女平等教育の成立——戦後の教育制度とジェンダー（98）　男女別大学進学率の推移（98）　機会の平等・結果の平等（99）　理系女子はなぜ少ないのか（101）　親の教育期待と大学進学機会の男女差（102）　新たな課題——「男子の学力低下問題」はどのような「問題」なのか（103）

unit 13　ジェンダーフリー ———————————————— 105

ジェンダーフリー・バッシング（105）　バッシングの背景にはなにがあ

ったのか（107）　　バッシング派の「敵」は「ジェンダー」概念にあり（108）　「ジェンダーフリー」vs.「性別特性論」（109）

第5章　日常生活とジェンダー ─── 113

Introduction 5（114）

unit 14　演じられるジェンダー ─── 115
名前を与える／ジェンダーを与える（115）　　ファッションとジェンダー──機能か演出か（116）　「他者」によって作られるジェンダー（116）　「ジェンダー」を演じる（118）　　「ジェンダーする」(Doing Gender)（119）

unit 15　ストリートハラスメント，デートDV ─── 121
ストリートハラスメント（121）　　デートDV（122）　　相手の合意はとった？（Got Consent?）（124）　　メン・キャン・ストップ・レイプ (Men Can Stop Rape)（125）

第6章　国家とジェンダー ─── 131

Introduction 6（132）

unit 16　国民国家・人権とジェンダー ─── 133
国民の人権と女性の人権（134）　　女性参政権運動と戦時体制への参加（135）　　普遍的人権と文化相対主義（136）　　親密な関係に関する権利とその未来（139）

unit 17　戦争と性暴力 ─── 142
暴力装置としての国家（142）　　「従軍慰安婦」問題（143）　　戦争と男性性（146）　　性暴力（146）

unit 18　参政権と政治参加における男女格差 ─── 148
女性参政権と議員の女性比率（148）　　なぜ，女性議員は少ないのか（148）　　政治参加にみられるジェンダー・ギャップ（150）　　草の根運動が社会を動かした！（152）

unit 19　グローバリゼーションとジェンダー ─── 154
国際女性年・WIDとGAD（154）　　北京女性会議とジェンダー主流化（155）　　グローバリゼーションと女性の貧困（156）　　労働の女性化と移住の女性化（158）　　女性の移住の現状（160）

第7章 身体とジェンダー ―――――――――――――― 165

Introduction 7 (166)

unit 20　性と生殖に関する権利 ――――――――――― 167
　管理される性（167）　侵害される性（169）　「産まない」性（170）
　「産みたい」性（171）

unit 21　買売春，セックスワーク，ポルノグラフィ ――― 175
　買売春の問題（176）　買売春問題とセックスワーク（179）　ポルノグラフィの問題（181）

unit 22　クィアとトランスジェンダー ――――――――― 186
　性的アイデンティティ――ジェンダーとセクシュアリティの組み合わせ？（186）　トランスジェンダーと性同一性障害（188）　クィアとは（190）

第8章 フェミニズムとジェンダー ――――――――――― 195

Introduction 8 (196)

unit 23　フェミニズムの歴史 ――――――――――――― 197
　人権の誕生とフェミニズム（197）　第一波フェミニズム（198）　『青鞜』の女たち（200）　第二波フェミニズム（201）

unit 24　フェミニズムがめざすもの ―――――――――― 206
　ラディカル・フェミニズム（206）　フェミニズム運動と異性愛主義（207）
　対立する「権利」（209）　男性学の試み（211）

　引用・参考文献 ――――――――――――――――― 215
　索　　引 ―――――――――――――――――――― 226

コラム

- 性分化疾患（インターセックス）と性同一性障害　11
- 男同士の絆の裂け目とボーイズラブ　26
- 「子ども」の誕生　43
- セカンドシフト　64
- ガラスのエスカレーター　70
- 「メイドさん」がやってくる？　83
- 性別カテゴリーと集団統制　96
- 女子校のメリット／デメリット　101
- 「男女混合名簿」をめぐる言説構成　106
- スポーツの世界が守るジェンダー秩序　117
- バイスタンダーの責任　123
- カノジョのカノジョが外国人だったら，配偶者ヴィザはもらえますか？　140
- 「マドンナ議員」から「小泉チルドレン」，「小沢ガールズ」まで　149
- よい娘は天国へ行く。悪い娘はどこへでも行く！　159
- 人工授精の最先端！　173
- 買売春とエイズのイメージ　178
- そうはいってもトランスは生きづらい　191
- 『青踏』　201

本書のコピー，スキャン，デジタル化等の無断複製は著作権法上での例外を除き禁じられています。本書を代行業者等の第三者に依頼してスキャンやデジタル化することは，たとえ個人や家庭内での利用でも著作権法違反です。

unit 0

ジェンダー論はなにを明らかにするのか

　この本を手に取ってくださったみなさん。いろいろなかたがいらっしゃると思いますが、なにかしら「ジェンダー」に関心があり、「ジェンダー論」というものがどのようなものであるのか、大雑把でもいいから「つかんで」みたいと考えていらっしゃると思います。はしがきにも書いてあるように、この本の使い方は千差万別、お好きな章から読んでいただいても、頭から順番に読んでいただいてもかまいませんが、全部通して読んだときに、ジェンダー論が何を問題にしてきたのか、だいたいのことがわかるように構成しました。

　私たち執筆者の専門は社会学です。ですからこの本を構成するときに、まず焦点を、ジェンダーを作りだす社会システムに当てることにしました。近代社会をとりあえず、家族（第2章）、市場（第3章）、教育（第4章）、国家（第6章）という4つのシステムからなるものとして考え、それぞれのシステムにおいてジェンダーがどのように作られているのか、そしてお互いのシステムがどのように連関しているのかについて、明らかにしようと思いました。

近代社会とジェンダー

　近代社会という時代は、それまでの時代とはもちろん異なった時代です。近代に入って女性の地位は向上したのか、低下したのかという問いが立てられることがしばしばありますが、このような問いにあまり意味はありません。ある意味で女性の地位は低下したともいえるし、ある意味では向上したともいえます。それは視点の取りかたによって変わります。私たちは、近代における女性の地位のありかたそのものを、そのものとして分析していくしかないのです

（もちろんここで「女性」というジェンダーだけを取り出した理由は，社会において男性の地位のほうが一般に高くて女性が無視されているからであって，私たちが男性を無視しているわけではありません）。

　近代社会において男性は，賃労働者になりました。資本主義が導入された初期，工場などで賃労働に従事していたのは女や子どもでしたが，女や子どもは放逐されて，いつの間にか男性が賃労働に従事することになりました。市場が成立し，貨幣をもっている人が強い立場を得る社会となります。もちろん，男性だけではなく，女性も賃労働に従事しましたが，市場での女性労働者の地位は男性に比べれば低いものでした。

　市場が成立すると同時に，市場でまかなわれない労働が誕生することになります。端的には家事労働ですが，男性労働者のために家事をこなし，子どもを育て，老人の面倒をみる，そのようなケア労働が，市場の外部にある労働として誕生します。このようなケア労働は女性に割り振られました。女性の本質は，他者のケアのために生きることであるとされたのです。

　賃労働は基本的に男性の仕事ですから，女性は結婚してケア労働を行い，男性に養ってもらうことが「普通」の生きかたになりました。女性も男性も結婚し，男が女を養うことが「あたりまえ」の社会が登場したのです。女性は女性であるというだけではなく，結婚することによって夫の庇護下に入り，弱い立場に立たされることになりました。男性が世帯を代表するため，法的・経済的・政治的権利は男性が行使することによって世帯の利害を代表していると考えられました。妻が夫に内緒で法的契約を結んだりしてはならず，妻が参政権をもつことは同一世帯から同じ意見が2票入ることになるから不必要であると考えられました。この意味で女性の権利が制限されていることには，近代家族の成立が大きな意味をもちます。また男性の「市民」としての権利も，家長として家族を代表していることに依拠した権利です。

　学校は，賃労働に就くための人材を育成する機関となりました。また労働市場に学生を振り分けていくことを正当化する機関でもあります。女性には自立を教える機関でありながら，また女らしい特性のために役に立つことを学ぶ（身のこなしから育児や裁縫まで。もちろん裁縫も自立の道につながりますが）機関となりました。このような学校ができたことと，学校に通う「子ども」が成立し

たことは、パラレルな現象でした。つまり以前は「小さな大人」と考えられて、労働することが期待されていた子どもは、今度は学校に通うことが期待されるようになったのです。つまり「子ども」や「青年」といったカテゴリーは、学校教育システムとともに、近代において生み出されたのです。

学校によってさまざまなことを教えられる子どもは、「白紙」で生まれる清らかな存在であるという考えかたが生み出されると同時に、同時にそれを育て、ケアをする「母親」という存在が生み出されることになりました。たとえばヨーロッパでは多くの子どもが乳母に育てられ、ときに生まれたあとに間引かれていました。しかし次第に子どもは尊く、可能性をもつ存在であると考えられるようになり、同時に母親こそが母乳を与え、自分自身で子育てをしなければならないと考えられるようになりました。この教育システムとの関連でも、女性は近代家族において家庭のなかに位置づけられるようになったのです。

このような動きを促進したのは、近代国民国家でした。国民が主権をもつ近代国家は、国民の量と質に関心をもちます。よりよき国民をたくさん生み出すこと。正しい家族を作らせ、正しい教育を施し、男は生産労働に従事して富を生み出し、女はよりよき国民を育て上げること。国民国家はこれらの目的を果たすために、さまざまなシステムの形成にあずかり、調整を行ったのです。

これらの4つのシステムがどのように連関しつつ、ジェンダーを生み出しているのかをみようと考え、章立ては行われています。

ジェンダーとセクシュアリティ

これらの近代社会のありかたは、それまでのジェンダーとセクシュアリティのありかたをも大きく変化させました。すべての人が結婚することが正しいとされ、正しいセクシュアリティが決められました。つまり結婚してから子どもを産むための性行為だけが正とされるようになったのです（第7章）。セクシュアリティは国民の量と質に関することですので、先に述べたように国家の関心事となったのです。女性の身体や生殖に関する権利はその意味で、国家との闘いともなったのです。

本書では、ジェンダーとセクシュアリティがどのようなものであって、どのように関連しているのかについても明らかにするように努めました。またジェ

ンダーやセックス，セクシュアリティに関する基本的な定義や理論について考えてみることにしました。

セックスは生物学的性差，生まれつきもっている女らしさ，男らしさ，ジェンダーは文化的・社会学的な性差で，生まれた後に作られる女らしさ，男らしさ——1980年代にはセックスとジェンダーはこのように考えられてきました。もちろん，このような考え方が必要とされた背景があり，このような考え方が拓いた地平もあるのですが，90年代に入ってからのポスト構造主義を背景としたジェンダーの理論の進展には目を見張るものがあります。このような図式自体をラディカルに解体していくジェンダー理論の最前線を，ご紹介できたらと思います（第1章）。

グローバリゼーションとジェンダー

家族，市場，教育，国家という4つのシステムからなる近代社会は，明治以降に成立してからずっと変わらないわけではありません。むしろさまざまな変化のなかで，その結びつきを変えてきたといえます。なかでも，1990年代に東西冷戦が終わり，世界がグローバル化してからの変化は，システムに根底的な変容を迫るような，大きな変化をもたらしました。この本では，グローバリゼーションのなかでジェンダーがどのように変わってきたのか，その変化について意識的に取り上げることにしました（unit 16, 19など）。さらに日常生活にみられるジェンダーについても，改めて取りあげています（第5章）。またジェンダーという言葉が出てくる前に積み重ねられてきた女性たちの思想や運動のありかた，またフェミニズムがどのような関係を他者と結んでいるのかについても，目配りしています（第8章）。 　　　　　　　　　　（千田有紀）

第 1 章

性別をとらえなおす

まるで小さな
ペニスのように
肥大したクリトリス
癒着した膣

私の体は
生まれた時から
男でも女でもなかった

体の中には
卵巣と精巣が
一つずつ……

講談社コミックス Kiss『IS』第1巻より　Ⓒ六花チヨ／講談社

1　性別とはなにか　　セックスとジェンダー
2　ジェンダーをとらえなおす
3　セクシュアリティとはなにか

第1章 性別をとらえなおす

Introduction 1

この章の位置づけ

　第1章「性別をとらえなおす」では，日ごろ私たちにとってあたりまえであると思われている性別——ジェンダーがどのように作られているのかを考え，基礎的な概念の整理を行います。私たちが社会で流通している性別のことを性別（「セックス」）と呼ぶのではなく，改めて「ジェンダー」と呼ぼうとするとき，そこには特別な意味が込められています。この社会における性現象に「ジェンダー」という名前を与えることで見えてくるものはなんでしょうか。また生物学的な性別を「セックス」と呼び，文化的・社会的な性別を「ジェンダー」と呼ぶような旧来的な呼び分けがもたらしてきたものはなんでしょうか。本章では改めて「セックス」と「ジェンダー」の区分をとらえなおし，性にかんするさまざまな知識やカテゴリー自体（「セックス」も含めて）がジェンダーであることを解き明かしたいと思います。またさらに「セクシュアリティ」という概念をジェンダーと関連させて検討することによって，ジェンダー論がどのように豊かになっていくのかをみてみたいと思います。

この章で学ぶこと

unit 1 　身体観（セックス）の歴史的変遷を検討します。いまの私たちがもっている男と女の身体は正反対のものであるという常識は比較的新しくできました。セックスに関する知識もまた作られているのです。

unit 2 　ジェンダーという概念を検討します。生物学的性別であるセックスとは異なる文化的・社会的性別という意味でのジェンダーが，どのように性別の作られかた全般をさす概念へと変容したのかについて概観します。

unit 3 　ジェンダーと関連しながらも別の概念系であるセクシュアリティについて検討します。セクシュアリティとジェンダーは結びついてヘテロセクシズムを作りだしています。

unit 1

性別とはなにか
──セックスとジェンダー

セックスとジェンダー

『ジェンダー論をつかむ』という本を手に取っている人は,「ジェンダー」について知りたいと思っている人たちだと思います。まず最初に直球で,「ジェンダーとはなにか?」という質問をしてみましょう。「そんなことがわかっていたら,こんな本は読まないよ」といわずに,答えてみてください。

「**セックス**とは生まれながらにもっている生物学的な性差で,ジェンダーとは社会的・文化的に作られた性差のことをさす」。そう答えた人はいませんか。よく勉強していますね。確かにそういわれることも,多々あります。

「私たちの社会では,女の子は女の子として,男の子は男の子として育てることによって,女の子,男の子が作られていく。女の子が生まれたら,ピンクの洋服を,男の子が生まれたらブルーの洋服を着せる。女の子が泣いたらすぐに抱き上げ,男の子が泣いたら,『男の子なんだから』と自立心を養わせる。同じように笑っても,女の子と知っていれば『笑顔が優しい』,男の子なら『きりっとしているね』と,私たちは言い合う……。確かに,生まれながらにして男女は違うかもしれないけれど,私たちが性別によって異なった育てかたをすることによって,ジェンダーは作られていく。だから男女の取り扱いの差をなくせば,ジェンダーの差をなくしていくことができる」。セックスとジェンダーを生物学的な性差,社会・文化的な性差にそれぞれ対応させるのは,このような考え方に基づいているからでしょう。

この考え方は,まったく間違いというわけではありません。確かに,私たちは,男子や女子を違ったように扱っています。人は生まれたその瞬間から,い

え，最近はお母さんのお腹のなかにいるときにもう性別がわかりますから，生まれる前から，性別によって違ったように扱われ，違った期待をかけられて育ちます。それは間違いありません。

　もともとは文法の用語だった，「ジェンダー」という言葉（ヨーロッパ系の言語では，言語にも性別があることが多いのです。たとえば，フランス語では海は女性名詞であり，すべての名詞は男女に分かれています。ドイツ語には，中性まであります）を，わざわざセックス（性別）という言葉があるのに，人間の性別に新しく使いはじめたとき，そこには，「セックスとは違う，作られるジェンダーがあるのだ」という気持ちが込められていたに違いありません。セックスとジェンダーを分けることは，生まれながらにしてあるセックスとは違って，社会・文化的に作られているジェンダーは変えられる，という結論を導き出させます。

　シモーヌ・ド・ボーボワールは，「人は女に生まれるのではない。女になるのだ」と言いました。私たちは，この社会に生まれ落ちることによって，それぞれ女や男になっていくのです。

　とはいえ，「セックスが生物学的差異，ジェンダーが社会的・文化的な差異ということは，間違いではない」というからには，「正解でもないのでは」と思ったかた，鋭いですね。このような考え方に基づいて使われはじめたジェンダーという言葉ですが，いまの研究の水準は，もう少し先を行っています。それは，「セックスも実は，社会的・文化的に作られている」というものです。

🔲 セックスの歴史学

　それではまず，セックスが社会的・文化的に作られていることを，歴史的にたどってみます。そのための格好の本があるので，紹介しましょう。トマス・ラカーの『セックスの発明』という本です。

　ラカーは最初，ライフサイクルを歴史的に研究しようとしましたが，文献を読んでいくうちに奇妙なことに気がつきます。それは，17 世紀の助産師の手引書には，女性がどうやって性的な快感を得ればいいのか，その方法があれこれと提案されているという事実です。なぜなら，女性が妊娠するためには，快感が不可欠なものであると，当時の医者も助産師も考えていたからです。

　ラカーは歴史家ですが，専門は 19 世紀でした。「女性に性欲や快感があるの

か」を論じる19世紀の医学書に親しんでいるラカーは、衝撃を受けます。現代の私たちもまた、妊娠に快感が必要だとは考えず、むしろ、女性の性欲を否定する時代に生きています。となると、17世紀と19世紀の境目に、大きな転換点があることになります。18世紀に、なにが起こったのでしょうか。

18世紀より以前の西欧では、妊娠のために、女性が性的な快感を得る必要があると考えられていました。なぜなら以前は、女性器官は外側に出ている男性器官が内側に入り込んだものだと考えられていたからです。わかりますか？男性の外に出ている性器を、ちょうどひっくりかえすようにすると、ペニスが膣にあたり、子宮が陰嚢にあたるのです。精巣は、子宮の外側についている卵巣となります。

このような考え方は、2世紀の解剖学者、ガレノスの流れを引くもので、それから1000年以上ものあいだ、西欧の人びとの身体観を決定づけていました。18世紀に入るまで、膣は、ラテン語にもギリシャ語にもどのようなヨーロッパの言語においても特別な呼び名はなく、たんに筒と呼ばれていましたし、卵巣は精巣（orsheis）と同じ名前で呼ばれていました。このことは、現在の私たちが、DNAから遺伝子、ホルモン、脳、解剖学に至るまで、すべてにおいて女と男の身体が異なると考えるありかたとはまったく違っていて、男女の外性器や内性器の違いも、特別な関心を呼んでいなかったということを、如実に示しています。

妊娠のためには、女性が排卵し、男性の精子と出合うことが必要なのではなく、男も女も同時に射精することが必要だと考えられていました。女性が快感を得て、体内で射精することが、不可欠の要件だったのです。男女の精液が混じり合ったものを、子宮が吸い込み、妊娠に至ります。この時代には、女の性欲は飽くことを知らず、欲望に抵抗することができないことが問題だとされていました。

このような身体観は、いまの私たちが抱く身体観と、まったくもって違うものです。ラカーは、こういった世界観をひっくるめて「ワンセックス・モデル」と呼びます。ワンセックス・モデルの世界観では、女性は「不完全な男」「できそこないの男」と思われていました。現在のように、男と女はまったく正反対のものであり、その違いを「自然」である「**身体**」に求めようとする

「ツーセックス・モデル」の世界観とは、まったく違います。

ラカーは、ワンセックス・モデル、ツーセックス・モデル、という「モデル」という言葉を使いましたが、これは、トマス・クーンのいう「パラダイム」と考えてもよいものです。パラダイムとは、ある考え方の様式、世界観をまとめて呼ぶもので、ニュートンのパラダイムと、アインシュタインのパラダイムは、まったく違ったパラダイムに属しますから、一緒の地平で考えることはできません。それと同様に、ワンセックスのパラダイムから、ツーセックスのパラダイムに転換が起こり、2つの世界観は、まったく違った説明形式に属していると考えていいでしょう。ラカーはこれらの歴史研究から、「ジェンダーのみならずセックスもまた人為的なものである」と結論づけています。

セックスの生物学

ラカーの説明は、納得がいきましたか。「ジェンダーのみならずセックスもまた人為的なものである」といっても、それはワンセックス・モデルがたんに「間違って」いて、科学の力で、ツーセックス・モデルという「正しい」知識に置き換わっただけなんじゃないかと、思うかもしれませんね。私たちはいま、ツーセックス・モデルのパラダイムのなかにいますから、たとえそれを全面的に「正しい」と思っていても、将来、また違ったパラダイムに置き換わる可能性は、大いにあります。そんな悠長なことはいっていられないという人のために、今度は生物学的に考えてみましょう。

私たちは、人間の世界が男女の2つに分かれていることを、あたりまえだと思っていますね。それでは現在、戸籍の性別を「保留」できることを知っていますか。性別を保留するってどういうことだろうと思われるかもしれませんが、実際には、男とも女とも判別しがたい人が存在するからです。

新生児の2000人に1人は、男とも女とも判別しがたい**性分化疾患**として、生まれてくるといわれています。以前は男と女との狭間、インターにある性別（セックス）ということで、**インターセックス**と呼ばれていました。

性分化疾患ってなんでしょうか。実は私たちの身体は、最初、すべて女性形なのです。妊娠6〜8週までは、女児も男児も、同じような身体をしています。ところが、お母さんのお腹のなかで、アンドロゲンといういわゆる男性ホルモ

> **コラム**
>
> **性分化疾患（インターセックス）と性同一性障害**
>
> 　unit 2 や unit 22 でもまた取りあげますが，この 2 つの概念がこんがらがってしまっている人がとても多いです。性分化疾患は染色体やホルモンなどさまざまな都合で身体が「男」や「女」に分化するときに不都合があった人のことをさします。生まれたときから性器があいまいな場合や，第 2 次性徴以降に判明する場合，最後まで本人に自覚がない場合などさまざまです。以前は早期に手術が行われたりしていましたが，当事者たちは本人の同意なく手術をしないことを求めています。
>
> 　性同一性障害は自分の身体とは違う性別の認識をもつ人（男の身体で生まれたけれど心は女というように）のことです。この言葉は日本では 1990 年代に導入されて，手術が行われるようになりました。実際には性同一性障害の人が自分の性別や身体をどう思うかは複雑でさまざまですが，手術を受けるためにはいくつかの基準をクリアすることが求められています。

　ンを浴びることによって，男児は外性器を伸ばしていきます。女児の場合はクリトリスとなります。この変化は不可逆的（後戻りすることがない）で，一度アンドロゲンを浴びて大きくなった男性外性器が，女性器になることはありません。

　ところが，このプロセスがうまくいかない人はたくさんいます。まず，Y 性染色体にあるはずの染色体の一部が，X 性染色体にひっついてしまえば，そこから精巣が作られ，アンドロゲンが出て，性染色体は XX（女性）なのに，男性外性器が作られることがあります。他のホルモンが，アンドロゲンと同様の働きをしたり，ホルモンが出されていてもうまく受け取ることができなかったり，ホルモンの量が足りなかったり，さまざまな理由で，男か女かわからない――クリトリスには大きすぎ，ペニスには小さすぎる性器をもった赤ちゃんが生まれることは，よくあります。また，染色体と，外性器，内性器，性腺，ホルモンなど，さまざまな次元で構成されている性が，お互いに矛盾することがあります。先ほどの例では，XX 染色体をもっている人は，男性外性器をもち，外見上は男性に見えるでしょうが，染色体上は女性です。

　こんなことは特殊な例だと思われるかもしれませんが，2000 人に 1 人という数は，けっして少なくはありません。にもかかわらず，これら性分化疾患の人たちの存在が，いままで知られてこなかったのはなぜでしょうか。

それは，医者が誕生時に女か男かの性別を決定し，多くの場合，手術を施してきたからです。「自然」である身体は，男女に判別しがたいときに，無理やりに「男」や「女」のカテゴリーに割り振り，身体を変更する，という事実をじっくりと考えてみましょう。このときには，「自然」であるはずの身体は，必ずしもはっきりと男女には分けられてはいないのです。むしろ，身体を「男」や「女」に作りあげていくのは，私たちの社会的な営み，社会的な決まりであり，性別には「男」と「女」しかないという，性別についての言語のありかたのほうではないでしょうか。

　言語学者のエドワード・サピアとベンジャミン・リー・ウォーフは，私たちがこの世の中をどうみることができるのかは，言語的なカテゴリーによって決定されている，といいます。アメリカの原住民のホピ族は，昆虫も飛行機も飛行士も同じ単語で表すそうです。「飛ぶもの」である点では，確かに同じですものね。私たちにとって昆虫も飛行機も飛行士も飛ぶかもしれませんが，この3つのカテゴリーははっきりと区別されていますから，同じだといわれてもピンとこないし，そもそも同じ存在だと思う人もほとんどいないでしょう。

　このように考えてみると，男女の身体には，どちらともいい難いグレーゾーンがあるにもかかわらず，はっきりと「男」と「女」に分ける，その原因は私たちの言語側にあるということができます。つまり，「生物学的なセックス」も，社会的に作られた言語によるカテゴリーであるという意味で，「ジェンダー」なのです。

ジェンダーとは

　ジェンダーとは，社会的に作られた言語によるカテゴリーであると，いま説明しました。歴史家のジョアン・スコットは，ジェンダーを「性差に関する知」であるといっています。別の言葉では，「性差の社会的組織化」，「肉体的差異に意味を付与する知」ともいっています。私たちは，言語，つまり知によって世界を秩序化し，儀礼や慣習，社会関係，制度や構造によって**社会システム**を作りあげていっています。つまり，男と女という性別のカテゴリーに2つの人間集団を分けていくそのやりかたは，男と女はどうあるべきかを決定し，儀礼や慣習を通じて，私たちの社会関係，社会のシステムを作りあげています。

また逆に言語自体も，社会システムのなかの儀礼や慣習を通じて作りだされています。

たとえば，教室という空間で名簿を男女に分けること，それ自体は小さな習慣かもしれませんが，このような習慣を通じて，男女は違うのだという信念は再生産され，教室が組織化され，社会のシステムはできあがっていきます（→unit 11）。「どうでもいい些細なこと」といわれながら，男女混合名簿に対する根強い反対が存在してきたという事実自体が，これらの実践が，実はどうでもよくはないということを示しているのではないでしょうか。お金持ちの地域と，そうでない地域に分けた居住地別名簿，人種別名簿を考えてみたときに，これに賛成する人はおそらく少ないでしょう。

このことが示すのは，私たちの社会システムでは，本来関係ない文脈で男女に分割すること，すなわちジェンダーを用いることがいかにあたりまえだと思われているのか，ということです。このように性別を2つに分けていくような言語的実践自体を，スコットは**権力**と結びつけて語っています。権力とは，警察や軍隊のような国家の暴力装置や，明らかにやりたくないことを無理やりに押し付けられること，だけではなく，私たちが言語を使うことを通じて，作動するものなのです。

この本を読むことを通じて，ジェンダーがどのように作動しているのか，理解を深めてください。

（千田有紀）

読書案内

- トマス・ラカー（高井宏子・細谷等訳）『セックスの発明』工作舎，1998年（原著1990年）

   このunitでも紹介したように，私たちの身体がどのように作られてきたのかを歴史的に解明した本です。図版も面白いです。

- ロンダ・シービンガー（小川眞里子・財部香枝訳）『女性を弄ぶ博物学』工作舎，1996年（原著1993年）

   リンネはなぜ人類に「ホモサピエンス（知恵ある人）」という名前をつけ，分類名に「哺乳類」を選んだのか。分類の政治学が浮かびあがってきます。

① 性別とはなにか

unit 2

ジェンダーをとらえなおす

セックスとジェンダー，再び

unit 1 では，「セックスは生物学的な性差でジェンダーとは社会的・文化的性差であると，簡単に考えることはできない」理由について，説明しました。この本では，各 unit のどこから読んでもよく，もちろんこの章も独立して読めるのですが，ここの部分だけは内容的に連続していますので，少しだけ復習しましょう。

「生物学的な性差」ととらえられることもある「セックス」の定義は，歴史とともに変化することがわかってきました。また性別は，染色体，外性器，内性器，性腺，ホルモンなどのさまざまな次元で決められており，またこれらが相互に矛盾することすらあります。そのため実際には，「セックス」は，さまざまな男女のスペクトラム（連続体）として存在しています。それにもかかわらず，私たちがつねに人を男女に分けて考えるとしたら，人を「男」と「女」に分けようとする私たちの考え方のほうに焦点を当てる必要があるのではないかという疑問が生じます。

ここではこの「生物学的」に決められているとされる「セックス」である「男」と「女」のカテゴリーのどちらかに，私たちを割り振ろうとする力のことを，「ジェンダー」と呼びます。ここでいうジェンダーとは，つまりは私たちを 2 つに分けようとする力，性に関する言語使用，つまり性に関する知のことです。私たちは，「男」や「女」という言葉を使うことで，「男」や「女」に関する知識を前提として，またこれを再生産しています。

ジョン・マネーのジェンダー

　最初から確認しましょう。セックスは生物学的性差で，ジェンダーは社会的・文化的性差という考え方を広めるのに大きな貢献をしたのは，ジョン・マネーです。マネーは教育によって，社会的・文化的に作られる性差は変えられると考えたのです。マネーによると，「自分は男だ」とか，「私は女だ」という意識を性自認・性同一性（ジェンダー・アイデンティティ）といいます。またこのジェンダー・アイデンティティに基づいて，女であるとか男であるとかいう自己意識を表現しているものを，**性役割**（ジェンダー・ロール）と呼びます。

　一般に社会学では，役割は他人から「あなたはこうあるべき」と期待される「役」のことであり，また自分も他人からの期待に応えて獲得するその「役」のことでもあり，その両者は一致するという前提があります。ですから一般には，性役割とは「女はこうあるべき」「男とはこういうものだ」と人びとによって考えられ，自分もまた，社会で生きているうちに獲得していく，そういう性に関する役割のことです。ジェンダー・アイデンティティによるマネーのこの定義だけをみると，この社会から期待される役割という側面が抜け落ちているようにみえるので，そこは注意が必要です。また「女はこうあるべき」「男はこうしなきゃ」といった性に関する人々が共有している約束事のことを，**性規範**（ジェンダー・ノーム）と呼びます。

　マネーによれば，人間が性自認を学ぶのは言語によってであり，2〜3歳のころだといいます。しかし2〜3歳までは，性自認の「門は開いている」というのです。つまり，自分を男だと思うか，女だと思うかは，子どものうちなら変えられるが，大人になったら変えられないと考えたのです。

　マネーの専門は，性分化疾患と**性同一性障害**でした（両方ともいまの呼び名ですが）。性同一性障害とは，自分が男である，女であるというジェンダー・アイデンティティ（性自認，性同一性）が，他の人の目に映る身体の性別と一致しないことをさす用語です（→unit 22）。「心の性と身体の性が一致しない，同一性がないので，性同一性障害」と説明されることがありますが，間違いです。性同一性とは，自分の性別の認知であるジェンダー・アイデンティティのことであり，そのアイデンティティのあり方のほうが間違っているという「障害」をもっているということで，性同一性障害と呼ばれています。

第1章 性別をとらえなおす

　日本では母体保護法があり，不要な生殖に関する手術は避けられる傾向があったのですが，1990年代からは，「性同一性障害」であるという診断が出れば，国内で手術ができるようになりました。性腺を取って子どもを作れない身体になり，未成年の子どもがいなければ，戸籍の性別を変えて結婚することもできるようになりました。ただなぜ子どもがいてはいけないのか，戸籍の性別を変えたいがために，必要かどうか迷っている人まで手術に追い込んでいるのではないか，また本当に「障害」という呼び名でいいのかという議論があります。

　話を元に戻しましょう。マネーは性分化疾患の人たちをみて，性自認を変えることの難しさを知ります。昨日まで女として暮らしてきたのに，男寄りへ変化が始まり，「やっぱり明日からあなたは男ですよ」と言われても，多くの人は，自分の性自認，ジェンダー・アイデンティティを変えたがりません。むしろそのままのジェンダー・アイデンティティをもち，身体のほうを変えるほうがいいと考える人が多いことにマネーは気づきました。さらに性同一性障害の人は，どれだけ頑張っても身体の性別にジェンダー・アイデンティティを合わせられないという状態ですから，一度決められた性自認は身体と一致するとは限らず，強固であるとマネーは考えます。ですからマネーは，生物学的なセックスはさておき，幼いうちであったらジェンダー・アイデンティティは変えられると考えました。

　マネーのこの学説を一躍有名にしたのが，「双子の症例」です。1960年代にカナダで，一卵性双生児の片方の男児だけ，外科のミスでペニスをなくしてしまいます。ペニスを失ったこの男児は，マネーのアドバイスで「女の子」として育てられることになり，マネーは「男の子でも女の子として育てれば，自分を女の子だと思って，女らしく育つのだ。同じ遺伝子をもった双子が，育て方によって，男の子と女の子へと育ったのだから」と宣伝をします。「セックスは変えられないけれども，ジェンダー・アイデンティティやジェンダー・ロールは変えられる」という考え方は，「男と女は生まれつき違うから，同じ処遇はできない」という命題に対する反論のようにみえます。「育て方によって，ジェンダーは変わるのだ」と。でも，ジェンダー・アイデンティティが変わろうと変わるまいと，「性別に関係ない文脈での性別による異なった処遇が差別である」ということはいえるのですから，論理的にはどうでもいいことですね。

女の子として育てられた男の子は，年ごろになって身体が男らしく変化していくし，周囲の人びとの態度もおかしいし，とうとう自分が男だということに気がつきます。あたりまえですね。後にこのマネーの宣伝が嘘だということがわかり，双子たちは「ジェンダー・アイデンティティは生まれつき決まるのか，そうでないのか」という論争に再び巻き込まれていきます。さまざまな意味で翻弄された双子は，とうとう2人とも自殺してしまうという悲劇に終わりました。日本でも「新しい歴史教科書を作る会」の人たちが，「生まれついた性は変わらないのだから，男は男らしく，女は女らしくあるべきだ」とジェンダーフリーを批判する根拠として，この双子の症例を宣伝していました。しかし女として育てられたこの男性が，「女の人は気の毒だと思うよ。おれもいっときはその経験をしたからわかる。『女の子なんだから，台所に行ってなさい』，『薪なんて割らなくていいの，けがしたらどうするの』なんて言われて。おれがまだ子供のころ，女の人たちは男女同権を求めて必死に闘ってたよ。『いいぞ。その調子』だっておれは思った」と発言していることから考えても，彼らはなぜ苦しまなければならなかったのかを考える必要があるでしょう。

構築されるジェンダー

このようなマネー流のジェンダー論を批判し，もう一歩先に進めた人として，ジュディス・バトラーがいます。バトラーは，「ジェンダーが構築されるだけではなく，セックスもまた構築されるのだから，セックスもジェンダーも，実はジェンダーなのだ」と主張します。なんだか難しい言い方ですね。もう少しわかりやすくいきましょうか。

セックスが作られている，構築されている，ということは，このunitの最初で確認しました。バトラーに影響を与えた理論は，ヘーゲルの弁証法，アルチュセールの主体形成論，オースティンやサールらの言語行為論がありますが，ここでは本当にちょっとだけ，簡単に解説してみましょう。

私たちは，言語は事実を記述するための道具だと思っていますよね。言語とは違ったところに，「現実」があって，その「現実」を言語が写し取っているのだと。この考え方は写像理論と呼ぶことができます。しかし，本当に言語は現実を反映しているだけなのでしょうか。

第1章 性別をとらえなおす

「あなたは女だ」と言われた場合は，たいていの場合言葉のとおり，性別について述べているだけですね。では次に，あなたが「暑いなぁ」と言ったときに，友達が「エアコンつけようか？」とつけてくれた場合。これはあなたが，「暑い」と言うことで，友達を動かしていますから，あなたは言語を手段として，なんらかの作用を行ったということができます。たんに事実を伝える以上のことをやっていますよね。さらに，恋人があなたに「愛しているよ」と言った場合，恋人はただ発言しただけです。なのに，あなたは「愛しているよ」という言葉を聞いて，愛を実感してますね。この場合恋人は，「愛しているよ」と発言すること自体が，愛を伝える行為となっています。牧師が結婚式で「神のご加護がありますように」と発言すること自体が祝福であるのも同様です。この場合，言語はなにかを「遂行」（パフォーム）する，行為となっています。

この言語の**遂行性**（パフォーマティヴィティ）は，実はどのような場合にでも当てはまる性質です。たとえば最初の，「あなたは女だ」という発言は，事実を伝えているだけではありません。たとえば散らかった部屋で，「あなたは女だ」といわれたら，どう思いますか？　女人禁制の相撲の土俵の前で，「あなたは女だ」といわれたらどうですか？　そんな極端な例を出さなくても，「あなたは女だ」と発言する行為は，少なくとも「ああ，私は女だ」ということを確認するという効果があります。

マネーは，ジェンダー・アイデンティティは一度獲得されてしまったら，それでおしまいだと考えました。でも本当にそうでしょうか？　自分が「男」である，自分が「女」である，ということが揺らぐ瞬間はありませんか？　ないとしたら，それはつねに，言語によって「女」であることや「男」であることを確認されているからではありませんか？　アンケートの性別欄に丸をつけるときに，男女別のトイレに入るときに，「女らしくない」「本当に男なの？」と言われないように気をつけるときに，つねに自分が男である，女である，ということは「作り続けられている」のです。「男らしさ」「女らしさ」「男のくせに」「女のくせに」「男のなかの男」（女のなかの女という表現は残念ながらありません），「女の腐ったような奴」（男の腐ったような奴という表現もまた同様）……。「男」や「女」という言葉には，こうしたさまざまなイメージがすでにつきまとっています。私たちはつねに言語に呼びかけられていて，自分が「女」であ

る，「男」である，「女」とはなにか，「男」とはなにかということを，つねに確認しあっているのです。

　こういうと全部が言語によって決められてしまっているようにみえるかもしれません。でも違います。私たちはできあがった言語の世界に生まれます。しかし既存の言語を使いながら，そのなかで言葉を選択し，また新しい語彙を作っていくことによって，自分で言語を変えていくことができます。

　たとえば，「性分化疾患」という名称は，2009年に日本小児内分泌学会によって決められました。それ以前には，半陰陽，両性具有（hermaphroditism）など誤解を招きやすい名前で呼ばれていました。神話や小説などのファンタジーで知られることはありましたが，マネーの本などで取りあげられていたにもかかわらず，実際に性分化疾患の人が多くいることはあまり知られていませんでした。1990年代に当事者である橋本秀雄さんが自分は「インターセックス」であると名乗り出たことによって，インターセックス（intersex, intersexualということも）という言葉が広まっていきました（半陰陽も併用されていました）。この名称の新しさが，性分化疾患への理解を深めさせる役割を果たしたことは間違いありません。しかしこの名称は，「男か，女か，それともどちらでもない性なのか」という身体のあり方ばかりに関心を呼ぶ側面もありました。さらに名称は変化し，Disorder of Sexual Developmentの訳語として，直訳の性分化「障害」などを経て，最終的には「疾患」が選ばれました。よかったと思います。これらの呼称によって，性分化疾患の人のみえかた，みられかたは，かなり異なったものになるのではないでしょうか。

　このように言うと，では好きなように言語を作り放題なのか，と思われるかもしれませんが，それもまた違います。周囲に「女」だと思われている人が「僕は男なんだ」と言い出しても，「違うよ」と言われることが大半でしょう。これらの名前は，他の人に，「そう，あなたは『男』だよね」，「性同一性障害ならわかるわ」という具合に承認してもらわないと，意味をもちません。

　さて。言語にある「男」や「女」というカテゴリーをジェンダーであると定義すると，セックスもまた言語にある「男」や「女」というカテゴリーによって認識されるから，セックスもまたジェンダーだとバトラーは言いました。ここまで読んで，「言語，言語って言うけれど，でも，言語とは違うところに，

身体とか，そういうものはそういうものとして，はっきりあるじゃない，やっぱり……」と思う人も多いことでしょう。身体はあります。もちろん，はっきりとした物質的な存在として。しかしその身体をどのように認識するかは，やはり言語を通じてなのです。もしあなたに解剖学の知識がまったくなければ，「胃が痛い」などという言い方で，胃の存在を感じることはできないでしょう。あなたが生物学的に女であるから，子宮や卵巣があるに違いないと思っていても，内性器なんてみたことがありませんよね。でも私たちはあると信じていて，そこに大きな意味づけをします。「女は子宮で考える」，とかね。身体が言語によって，どうやってこの世の中に存在するようになるのか，というのはとても重要な問題です。

これら言語によって私たちの認識，そして「現実」が作りだされていく過程を記述しようとする考え方を**構築主義**と呼びます。構築主義は，ジェンダー論を一歩進めたということができます。

(千田有紀)

読書案内

- ジュディス・バトラー（竹村和子訳）『ジェンダー・トラブル――フェミニズムとアイデンティティの攪乱』青土社，1999年（原著1990年）
  理論的で難しいかもしれませんが，ポスト構造主義的な立場からジェンダーについての考え方を一新した歴史的名著です。
- ジョーン・スコット（荻野美穂訳）『ジェンダーと歴史学』増補新版，平凡社，2004年（原著1988年）
  たとえば「階級」や「労働」という概念から女性がどのように排除されてきたのかを追った歴史学の本。序章の理論編も有名です。

unit 3

セクシュアリティとはなにか

身体

　私たちがあたりまえだと思っている「男」や「女」という性別が，実体的な身体の差異に基づいて分けられているというよりもむしろ，「男」や「女」という言葉によるカテゴリーがあることによって，逆に実体的な身体の違いが認識されていることを，前の unit では確認しました。現実の「男」や「女」という私たちの身体は物質ではありますが，「男」や「女」という性別カテゴリーという言語の力なしに認識することは不可能なのです。

　私たちの身体を構成するパーツ，たとえばもし，「手」や「足」といったさまざまなパーツのそれぞれの名前がなければ，私たちが身体の全体像を想像することはかなり難しくなるかもしれません。私たちが自分の身体像を想像する際に，これらの言葉は大きな手掛かりになっています。

　それだけではなく，それぞれのパーツがそれぞれのパーツに付随するイメージをもっています。目は口ほどに物をいう，目利きだ，甘いものに目がない……。これらのパーツの名前を思い浮かべるたびに，私たちはその名前に込められたイメージもまた受け取っています。なかでも性器，男性の性器には，過剰な意味が読み込まれています。まさに男性を男性にするものが，男性の外性器であるかのように。

　先の unit でも述べたように，自分の内臓などは実際にみることも叶わないことを考えれば，私たちの身体のイメージは，いまの私たちのあり方とは別のかたちのものでも，可能性としてはありえます。私たちが言葉によって認識していなければ逆に，その臓器は存在を許されない（たとえば unit 1 で述べたよう

に，女性の膣が特別な場所でないと考えられているところでは，それはたんなる筒にすぎませんし，卵巣が女性の生殖に大きな機能を果たしていると考えられていなければ，精巣と区別する気すら起こらないのかもしれない）ことを考えれば，私たちの物質としての身体は，言語によって作りだされている，とすらいうことができるかもしれません。

事故で足や手を失った人は，そのパーツがないにもかかわらず，あたかもあるかのように痛むことがあるそうです。これは幻肢痛と呼ばれ，詳しい原因は不明だそうですが，私たちはありもしない自分の身体を想像して，痛みを感じることすらあるのです。

セクシュアリティとは

「男」と「女」という2つの性別に人びとを分けていく力のことを，ジェンダーと呼んできました。ここでは，実際の身体に焦点をあてて，もう少し考えてみることにしましょう。その際にジェンダーとは分離して，**セクシュアリティ**という概念を考えてみたいと思います。

セクシュアリティを定義しようとするのは，難しいことです。セクシュアリティという言葉は，ミシェル・フーコーが，セクシュアリティという概念を研究の対象として作りだしながら研究したことによって生まれたといわれていますが，ここではとりあえず，性に関する身体の機能とイメージの総体のことであるといっておきましょうか。もちろん，人びとがセクシュアリティと呼ぶものがセクシュアリティであり定義はできない，ということもできるのですが，それではなにも伝えられませんものね。ここでは暫定的に，このように定義してみたいと思います。セクシュアリティの定義は，性に関するもの，という大きな定義もありますし，どの定義が正しいとか，正しくないとかはいえませんが，重要なのはジェンダーを内に含まないことだと思います。なぜなら，セクシュアリティとジェンダーを別々に分離することによって，みえてくるものがあるからです。

私たちは近代社会において，「男」か「女」か，どちらかの身体をもっている（ようにみえる）かによって，その人の存在が大きく規定されてしまうことを知っています（男だから論理的だ，女だから感情的だ，女に仕事はできない，など

など)。ジェンダーによって，その人の存在が決められてしまうのです。

　近代においてはさらに，セクシュアリティもまた，その人の存在を大きく決める要因になってきました。性に関する身体機能という意味だけではありません。どのような性的な**欲望**をもつかというその欲望のもちかたによって，いわばその人の「人格」までが，推測されるようになってきたのです。たとえば同性に性的な欲望をもつことや性関係をもつことは，性対象の「倒錯」であると考えられ，そのような欲望をもったり行為をしたりする人は，「**同性愛者**」であると考えられるようになりましたまた，「異性愛者」であっても，生殖に関係ない性的な欲望や行為は性目的の「倒錯」であると考えられるようになったのです。

　実は古代のギリシャでは，成人男子と少年とのあいだの**同性愛**行為は称揚され，理想化され，推奨されていたとフーコーはいいます。でも彼らは「同性愛者」であるとは呼ばれませんでした。また，19世紀のアメリカでは女同士の愛情は，「ロマンティックな友情」として広く認められていて，ときには性的な関係も含むものですらありました。でも彼女らも「同性愛者」とは呼ばれませんでした。織田信長は，森蘭丸という少年と同性愛的な「関係」にあったことは有名ですが，信長を「同性愛者」であると考える人は少ないでしょう。

　ところが19世紀末から，生殖に結びつく一夫一婦の異性愛カップルだけが「正常」であるといわれるようになるのと同時に，同性に欲望を抱く人は「異常」であり，「同性愛者」であると考えられるようになります。欲望のあり方が，その人の存在を決めるのです。「異性愛者」というカテゴリーは，この「同性愛者」というカテゴリーができたあとに作られました。

　このような「正常」と「異常」の判別には，フロイトの理論や性科学の発達が大いに関係しています。科学の名前のもとに「正常」や「異常」が作りだされていったのです。もちろん同性愛は「異常」ではなく，アメリカでは，1973年に精神障害判断基準であるDSM-Ⅱから同性愛の項目が削除され，WHOや国際精神医学会も同性愛を「治療」の対象から外しています。同性愛を「精神障害」としてとらえ，「治療」の対象にしたことは，同性愛者に多くの苦悩を与えました。アメリカでは肛門性交とオーラルセックスを違法とする州法に対し2004年に違憲判決が出ましたが，それまでは違法でした。また，同性愛が

違法だった国も，引き続き違法である国もあります。

　女の役割を拒否した女に「異常」のレッテルを貼って，卵巣やクリトリスを切除して，「治療」を行ってきたのも，科学の名前のもとにでした。この意味で私たちは「科学」の知識自体を相対化し，歴史的な文脈のなかでとらえなおしていく必要があります。

ヘテロセクシズム

　性的指向（セクシュアル・オリエンテーション）（→unit 22）を含む人びとのセクシュアリティが，各々の外面的な行動ではなく，内面の問題である欲望によって定義されることは，興味深いことです。たとえば一度も同性と性交渉をもっていなくても，同性に性的な欲望を抱いていればその人は「同性愛者」であると考えられてきましたし，仮に同性と性交渉をもっていても，同性に性的な欲望を感じていなければ，「異性愛者」であると判断されることもありえます。フーコーはこのように，人びとの人格がセクシュアリティによって，そしてこのセクシュアリティが内面によって規定されることにより，人びとは自分の欲望が「異常」ではないかと，内面を執拗に点検し，いっそう性にとらわれていくのが近代社会であるといっています。

　さてここまでの話から，生殖を目的とする一夫一婦制の夫婦のみが「正常」であるという考え方と「同性愛者」への差別が，密接に結びついているということがわかると思います。この2つの考え方，セクシズム（性差別）とヘテロセクシャル至上主義とを結びつけたものは，**ヘテロセクシズム**と呼ばれます。女性差別と同性愛者に対する差別は，表裏一体のものとして結びつき，システムをなしているのです。

　「ちょっと待って。ここでなぜ，生殖を目的とする一夫一婦制の夫婦のみが『正常』であるという考え方が性差別なの？」と，不思議に思う人もいるかもしれません。近代において女性がさまざまな権利を失うのは，女性が結婚して夫の庇護下に入ることによってです（→unit 4）。夫が一家の主であることから，妻はもっていた財産を夫に取りあげられ経済的に従属し，また法的な権利を結ぶ主体となることができなくなりました。その集大成がナポレオン法典です。

　妻は結婚することによってすべての権利を夫に譲渡しなければなりませんで

したが，かといって結婚しなければ，経済的な自立も困難であり，社会のなかで居場所をみつけることが困難でした。また近代において中産階級的な規範としては，処女性に高い価値が置かれ，性科学がそれを後押ししました。婚前交渉をすれば，女性の血液中に男性のタンパク質が入って変質してしまい，夫の子どもを産むときに差し障りがあるなどという言説が，盛んに宣伝されました。このような状況下では，女が唯一もっている財産は「処女性」という「貞操」であり，それを失うことは結婚へのパスポートを失うことを意味していました。この制度のもとでは，女性は貞淑な妻と，護られる必要がない娼婦へと2つに分けられました。女がレイプ（強かん）などの被害にあっても，貞操をけがしたと女性が非難されたのです。いまでも処女性や貞操に大きな価値を置いている社会では，レイプされた被害者の女性のほうが家族の名誉を失わせたということで家族や共同体によって殺されることがあります（名誉殺人）。

　このように女性を二分し，女性のセクシュアリティを厳重に管理する考え方と一夫一婦制の規範は密接に結びついています（一夫多妻の制度をとる文化もありますが，その場合も女性は一人の夫に嫁ぎ，セクシュアリティは管理されます）。そして男性同性愛者は結婚して「一人前」になることができない，男でありながら女のように男を受け入れるという女性蔑視と同性愛嫌悪が結びついたかたちでの同性愛嫌悪（ホモフォビア）から，差別されることになります。

　男とつがい，男に承認されることによって女の価値が承認される社会では，男を必要としない女は，社会から認められることがありません。アドリエンヌ・リッチは，女に男の承認を求めさせ，異性愛にはめこんでいく現状を批判して，この制度を**強制的異性愛**と呼びました。リッチは，女と女のあいだに結ばれる関係である**レズビアン連続体**を称揚しましたが，リッチのレズビアンの定義には，欲望の問題が消去されています。

　欲望を絶えず自覚することによって性的な主体となっていくというフーコー的なセクシュアリティのモデルは，典型的には男性にあてはまるものです。それに対し多くの女は少し違って，男性に欲望される自分を欲望するといわれています。女の身体を客体としてさしだすことによって，男性の眼差しにより「女」として主体化されるという，屈折した主体化の契機をとるのです。このような主体化のプロセスにおいて，他者の欲望を欲望する欲望は，どのような

> **コラム**

男同士の絆の裂け目とボーイズラブ

同性愛者の男性が「差別」されるのは、男性でありながら「女」のように男性に挿入されるからです。そういう意味では男性同性愛者の差別は、いわゆる男役（タチ）よりも女役（ネコ）において、より深いといわざるをえません。逆に女性の同性愛者の場合は、女役（ネコ）に対する非難よりも、男役（タチ）への非難のほうが、「女でありながら男になろうとしている」という理由で大きいかもしれません（もちろん、実際の同性愛者の関係がすべて異性愛者のように「男」と「女」とに分かれるというのも幻想ですが）。ここにジェンダーの差別と性的な欲望による差別が交差しています。

この差別を逆手にとっているのが、主に女性によって描かれ、女性によって読まれる男性同性愛の物語（ボーイズラブ）です。女性は男性のジェンダーに自分を仮託しながら（なので、ボーイズラブではどのような職業に就いているかも重要です）、性の場面においては既存の「男」と「女」の役割を男性2人によって担わすことで、そこに「対等」な性愛の可能性をみようとするのです。「男」と「女」の役割を担っているのは男性ですから両者の役割は基本的には互換可能であり、役割がお互いの了解のもと決められ、読者である女性はどちらの立場にも共感可能であるというわけです。

ここは女性を排除してつくられる男同士の関係を、女性が自分たちの解放のために読み解くという転換があります。しかしまた、女性によって男性同性愛者の表象がなされることを「差別だ」と感じる男性同性愛者もいて、事情は複雑です。

意味で欲望と呼べるのでしょうか。

またリュス・イリガライは、男女の二分法を超えるものとしてリッチと同じくレズビアンをもちだし、女の性は n 個の性であり、1つの性しかもたない男にはない可能性をみていますが、なぜレズビアンだけが二分法を乗り越えることができるのかという説得力に関しては、十分であるとは言えないように思います。

ホモセクシュアルとホモソーシャル

このように性別の二分法からなるジェンダーと、セクシュアリティは密接に結びついているのですが、男性の連帯の強固さとそこからの女性の排除について、ホモセクシュアルとホモソーシャルという概念を使いながら説明したのは、

アメリカのイヴ・K. セジウィックです。

　セジウィックは，ホモソーシャルとホモセクシュアルを明確に分けます。ホモセクシュアルは，同性に対して欲望を抱く存在であり，男性の場合は「男を愛する男」です。ところが，男とは違う性である女を他者化して，排除しながら，そのことによってつながる男同士の絆は，ホモソーシャルと呼ばれます。この場合は，「男の利益を促進する男」であり，このホモソーシャル的な関係は，同性愛者を嫌悪するホモフォビアを伴いながら成立しています。

　簡単にいえば，「女なんか入れてあげないよ。俺たちは，男だけで遊ぶんだ」と主張する幼児は，女を排除することによって，男同士の仲の良い関係を作りあげています。これと同じです。この場合の男の連帯は，女を排除しつつ女を媒介とした異性愛中心主義的連帯ですから，そこに男を性的に客体とするホモセクシュアルの視線をもちこむことは，仲間の男性に対する裏切り行為となり，この関係を混乱させるものとなります。

　このような説明はすっきりしたものではありますが，またその一方で，女性においては限りなくホモソーシャルとホモセクシュアルは連続に近いものかもしれません。また男性の場合もホモソーシャルなものをもう一度「欲望」という潜在的に官能的なものの軌道に乗せることにより，両者が連続体を形成しているのではないかという仮説をセジウィック自身が再び立てていることも忘れてはなりません。

（千田有紀）

読書案内

- イヴ・K. セジウィック（上原早苗・亀澤美由紀訳）『男同士の絆——イギリス文学とホモソーシャルな欲望』名古屋大学出版会，2001年（原著1985年）
  　男同士は女性を排除することによってどのように「男同士の絆」を作りあげるのでしょうか。イギリス文学批評を行いながら明らかにしていきます。
- ミシェル・フーコー『性の歴史』1〜3巻，新潮社，1986〜87年（原著1976〜84年。第1巻渡辺守章訳，第2，3巻田村俶訳）
  　近代においてセクシュアリティはどのように作りあげられていったのでしょうか。それは家族や国民国家や権力とどのような関係があるのでしょうか。

第1章 性別をとらえなおす

KeyWords 1

- ☐ ジェンダー
- ☐ 身　体
- ☐ インターセックス
- ☐ 権　力
- ☐ 性規範
- ☐ 遂行性（パフォーマティヴィティ）
- ☐ セクシュアリティ
- ☐ 同性愛者
- ☐ 性的指向（セクシュアル・オリエンテーション）
- ☐ 強制的異性愛

- ☐ セックス
- ☐ 性分化疾患
- ☐ 社会システム
- ☐ 性役割
- ☐ 性同一性障害
- ☐ 構築主義
- ☐ 欲　望
- ☐ 同性愛
- ☐ ヘテロセクシズム
- ☐ レズビアン連続体

第2章

家族とジェンダー

> 小さな女の子をもらおう。
> あんたの姉ちゃんは娼婦やったから、
> 母親が娼婦で捨てられた小さな女の子をもらおう。
>
> この町やもん、さがしたらそんな女の子きっとおるわ。
> そんでな、ひきとってな、大事に大事に大事に育てよう。

ビッグコミックス『ぼくんち 全』より　Ⓒ西原理恵子／小学館

4　近代家族とジェンダー
5　恋愛や家族をめぐる物語
6　未婚化・少子化社会

第 2 章 家族とジェンダー

Introduction 2

この章の位置づけ

　第2章「家族とジェンダー」では，近代社会を構成するシステムの1つである家族について焦点をあて，家族におけるジェンダーのありかたについて学習します。近代社会において，家族の姿は大きく変わりました。女性が家事労働や育児を担い，家庭を守る「主婦」という存在になったことが，女性の生きかたを大きく規定するようになりました。このような女性を主婦とする家族の姿は，大黒柱として家族を経済的に支える夫と，かわいがりの対象である子どもたちを加えて，近代家族と呼ばれます。この近代家族はどのように生まれ，どのような機能を果たし，男女の生きかたにどのような影響を及ぼしているのでしょうか。また1990年代以降，急激に進められた規制緩和をはじめとする構造改革とグローバリゼーションの波のもとで，このような近代家族はどのように姿を変えているのでしょうか。男性もかつてのように正規雇用の職を得て大黒柱になることは難しくなってしまいました。女性の雇用の非正規化はますます進んでいます。このような状況下で未婚化や少子化の進行が家族や社会にどのような影響を与えるのかを，考えてみたいと思います。

この章で学ぶこと

unit 4　近代家族やそこにみられる男女の関係はどのようなものであるのかについて考えてみます。とくに女性が主婦になるとは何を意味するのでしょうか。

unit 5　近代家族を支える，さまざまな物語について検討します。具体的には，恋愛，母性，家庭をめぐる物語について考えてみましょう。

unit 6　近代家族のあり方が生むさまざまな不平等や抑圧をなくして，ジェンダーやライフスタイルに中立な制度はどのようなものかについて考えてみたいと思います。

unit 4

近代家族とジェンダー

近代家族がなぜジェンダーの問題となるのか

「40歳のときに，あなたはどのような暮らしをしていると思いますか？」

大学の授業でこう質問すると，男子学生はたいてい仕事について，女子学生は，結婚生活に絡めて答えてくれます。女子学生の答えはこんな感じです。「結婚退職して子どもは2人。下の子が小学校に入ったので，パートに出たところ」。または「私は結婚願望がないので，独身で仕事をしています」。たとえ「仕事をしている」としても，女子学生は，結婚について必ず触れます。面白いですね。男子学生が結婚の話をしないのは「結婚して，妻と子どもがいて，幸せに暮らしている」ことが，たいてい前提になっていて，「あたりまえ」だからのようです（たまに熱く結婚生活について，夢を語る男子学生ももちろんいますが）。

現実をみてみると現在，日本で30代後半の男性の3人に1人は独身で，女性でも5人に1人は独身です。**生涯未婚率**（一生結婚しないとされる人の割合。50歳の未婚者で算出します）は男性で2割弱，女性でも1割ですから，皆が結婚するとは限りません。これはここ10〜20年の急激な変化で，それ以前は「ほぼ全員が結婚する」ことがあたりまえだと思われていました。女性は必ず「**主婦**になること」，男性は「一家の大黒柱になること」を前提に，生きてきたのです。英語で夫を，**ブレッドウィナー**（breadwinner），つまりパンの稼ぎ手，と言うことがありますが，夫は賃金を稼ぎ，つまり妻に対しては夫，子どもに対しては親として，一家の大黒柱，世帯主であり，家父長である立場として，対外的に家族を代表してきたのです（家父長とは，家族を代表する立場で，日本の家

族制度においては、「家」と結びつけられて考えられてきた用語です。またフェミニズムにおいては、年配の男性が権力を握るシステムのことを、**家父長制**と呼んで、女性抑圧の鍵を握る概念として考えられてきました)。

しかし実はこのような家族のありかたは、日本では100年ほどの歴史しかもたない「新しい現象」です。この新しい現象である家族を「近代家族」と呼びます。近代家族は、この近代社会に適合的に作られてきています。もっと正確にいえば、近代社会における、家族や市場や国家、は同時期に作られ、お互いに関連しあって変化してきました。ジェンダーは、家族や近代社会のシステムと深くかかわって作られていますから、近代家族はジェンダーの中心的な位置を占めることになります。

近代は、欧米では市民革命、とくにフランス革命から始まったと考えられることが多く、日本では江戸時代の後期に基盤が作られ、明治維新から始まると考えられることが多いです。かつては、第二次世界大戦後から近代が始まると考えた論者もいましたが、いまでは明治維新を近代の始まりと考えることが、一般的になっています。

近代以前の家族とは

江戸時代には、家族は存在しませんでした。そんな馬鹿な、と思うかもしれませんが、本当のことです。江戸時代の共同体では、いまの私たちが想像するような家族、「両親と結婚していない子どもからなる**核家族**」は、それほど重要な単位ではなく、年齢や性別に従って集団を作り、働いたり遊んだりしていました。農作業などは、共同でなければできませんものね。

結婚も家族の問題ではなく(現在、結婚は「個人」の問題であると考えられる動きも出てきていますが、結婚式場で○○家と□□家の結婚と表示されるように、近代においては、「家族」の領域の問題になりました)、同じ身分同士でしかできず、また同じ身分内でも、たとえば、本百姓と小作人の婚姻は、許されませんでした。つまり、結婚は共同体の問題ですから、お互いの規制があったのです。武士階級にとっても、結婚はどの「家」が大きくなるかというきわめて政治的な結びつきの問題で、幕府や藩によって統制されていました。「個人」の問題、プライベートで私的な領域の問題などではなかったのです。いいかえれば、江戸時

代には，プライベートな領域はありませんでした。ある意味，公的な領域と私的な領域は，分割されないまま，渾然一体となって成立していたのです。

そもそも日本語の「家族」という言葉自体が，明治になってからの翻訳語です。日本では，近代に入って恋愛や，哲学，社会など，それまでの日本語になかった欧米由来の言葉を次々と翻訳のときに作りだしていきましたが，「家族」も英語の family の翻訳語です。family という言葉自体も，もともとは召使いなどの奉公人も含む言葉でした。そこから血縁が重要視されて，意味が変わっていくのです。欧米においても，近代社会が登場するまで，現在の私たちが慣れ親しんでいるような「家族」は，存在していなかったのです。

近代家族とは

従来，日本の家族は「家」であるから，欧米の家族とは違うと考えられてきました。しかし，「近代家族」という視点からみてみると，欧米の家族も日本の家族も，多少の違いはあれ，多くの部分で似通っているということがわかります。

人によって，どの部分を「近代家族」と考えるかは，それぞれですが，近代国民国家が成立するときに，国家や市場と同時期にできてきた，という点が重要です。そして家族が，先ほど述べたように私的な領域として成立したという点も，見過ごすことができません。とりあえず筆者は，近代家族を，①私的な領域として，②政治的・経済的単位とされ，③夫は稼ぎ手，妻は主婦という性別役割分業が成立しているような家族，と定義づけています。そして，これらの家族のシステムを正当化するような「家族の物語」（ロマンティックラブ，母性愛，家庭についてのイデオロギー）が付随してくると考えられます。

ロマンティックラブとは，1人の人が運命の人に出会い，たった一度の恋愛をして，結婚して，子どもを育て，死ぬまでをともにするという，性と結婚と生殖が一緒になったイデオロギーです。母性愛は，母親こそが子どもを愛しており，養育すべきであるというイデオロギー，家庭についてのイデオロギーは，貧しくても小さくても楽しい我が家，というような家族の親密さを称揚するイデオロギーです。詳しくはまた，次の unit 以降で述べます。

もちろん，日本には欧米の近代家族とは違って，家の永続を重要な目的とす

る「家」制度があり，欧米の近代家族とはまったく異なった存在であると考える人もいます。しかし，近代日本の「家」制度が，江戸時代の武士の儒教的・封建的な「家」制度とは実は異なっているということは，法制史の領域でも従来から指摘されてきました。むしろ，明治期になって近代国民国家を作る際に，日本の家族の伝統のシンボルとして，「家」制度は，「伝統の発明」（歴史家エリック・ホブズボームの用語。とくに近代社会における「伝統」というのは，意図的に新しく作られ，歴史を遡れば，作られた日付までを特定できるとホブズホームは主張しました）として作られてきたと考えるのが，妥当ではないかと思われます。

また**戸籍**制度は，明治政府が，現住所を把握するために作った制度でしたが，次第に形骸化し，実際に住んでいる行政地域における家族管理である「住民票」に取って代わられました。現実の市民生活では，住民票が行政機能を果たし，戸籍は，「離婚をすると戸籍にバツがついて『汚れて』しまい，『バツイチ』になる」，「婚外でできた子どもに『家』（＝戸籍）に入ってほしくない」「国際結婚をした外国籍の相手を，戸籍に入れなくてもあたりまえだ」などというように，むしろ「家」を守るという象徴的な意味合いで，保守的，排他的に機能しているということもできます。さまざまな事情から戸籍はなくても，住民票はもっていて，生活している人もいます（たとえば，離婚後300日以内に生まれた子どもは前夫の子どもと推定するという民法の規定があるために，戸籍をもっていない子どもたちが大勢生まれてきていますが，地方自治体の判断で，住民票を取れることもあります）。

これら「近代家族」の定義，「家」制度，戸籍制度をどう考えるかについては，さまざまな立場があり，論争がまだ続いているといっていいでしょう。

私的領域としての家族

それでは，家族が私的な領域であるということについて，まず考えてみましょう。先に述べたように，明治以前には，私的な領域と公的な領域が未分化な状態でした。それが明治時代に入ると，家族は，隣の家や，町内会や，学校や役所が，直接には介入できない私的な領域としてできあがってきます。もちろん実際には，学校や役所やうるさい世間（近所の人？）が，家族に介入しているのですが，江戸時代のように，「AさんとBさんは身分が違うから結婚して

はいけない」と，隣の家の人や，町内会や，役所が，直接に命令してくることはできなくなりました。自分たち家族がさまざまなことを決定する主体となるように，家族は**私事化**されたのです。恋愛や生殖，結婚，子育てといったことは，実際には社会的にも国家にも規制されているのですが，見かけ上は本人たちの自主性に任され，少なくとも家族のなかで処理することとして意識されるようになりました。

　本当は，家族はいろいろな力によって規制されています。しかし家族が「公的な領域」から切り離された私的な領域であることは，あたかも権力がまったく介入してこない，権力からの「解放」であるかのような幻想を与えることになりました。でも，自分たちのことは自分たち「家族」で決めるといった場合，家族の力関係のなかで下位に位置づけられた女性や子どもにとっては，夫や父の権力に従属することかもしれないのです。家族における権力関係を無視することはできません。

　いまでは**幼児虐待**と呼ばれている暴力は，しつけという名前のもとに正当化されてきましたし，夫から妻への暴力（**ドメスティック・バイオレンス**，DV と略されることも多い）も，「民事不介入」という名のもとに，警察が取り締まらないできたという歴史があります。いまでも，たとえば，2007 年度の日本における殺人による被害者は，男女合わせて 517 人ですが，そのうち，夫（内縁の夫含む）によって殺された女性は，100 人を超えています。殺害される女性のうちの多くが，夫によって殺されているのです。

　1960 年代以降の第二波フェミニズム（→unit 23）のなかで，「**個人的なことは，政治的である**」というスローガンが打ち出されました。これは「私的」な領域で起きているから，その問題はたんに個人的なことであって，「政治」や「権力」とは関係ないんだと考えられがちな傾向に対する批判でした。近代社会においては，女性たちの居場所はまず「家庭」であると決められました。女性は「私的」な存在に押し込められることによって，自分自身のことを決める権利を失っていきました。近代初期には，女性は結婚することによって，自分自身の財産や法的な「主体」である権利を失っていきます。つまり，結婚することによって，「1 つの家族に 2 人の主人はいらない」とばかりに，妻の権利は夫が代表することになってしまうのです。もちろん女性は，結婚する前にも，子

④ 近代家族とジェンダー

どもという立場で父親に従ってはいたのですが，結婚して夫という新しい「主人」を得ることによって，完全に法的・経済的無能力者とさせられていったのです。詳しくは次の unit で検討しましょう。

政治的・経済的単位としての家族

私的領域に囲い込まれた家族は，政治的・経済的な単位となります。政治的単位であるというのはどういうことを意味するのでしょう。たとえば，5年に1回行われている国勢調査は，世帯単位で行われています。現住所主義で国民の数を把握する際に，個人個人ではなく，世帯が単位となっているのです。また実際に行政の基礎単位である住民票も，世帯単位で作られています。

行政からのお知らせは，世帯単位で来ることが普通です。以前は，選挙のお知らせも世帯単位で来るのが普通で，夫婦で個別の政治行動がしにくいと批判されていました（いまは1人ひとりに通知する自治体が多いようです）。明治時代に徴兵制が施行されたときには，最初は「戸主」には免除規定があったため，急いで結婚した人もいたそうです。これも，家族における地位によって，行政的な処遇が変わった例でしょう。定額給付金などが支払われる際にも，世帯主にまとめて家族の分が支払われると，DV で逃げている妻や子どもにお金が行きにくいという批判があります。

近代社会で「市民」であることは，「世帯主」であることを意味しました。妻子を養っている，もしくは養う能力をもったと認定される成人男子こそが，一人前の「国民」であり「市民」を意味したのです。たとえば，啓蒙思想家のジャン=ジャック・ルソーは，いまでも教育学の名著と名高い『エミール』のなかで，世帯のなかで政治や宗教の意見が食い違うことを批判し，だからこそ女性は，男性に気に入られるように，従属するように育てればいいのだと主張しています。日本でも1925年に成立した「普通」選挙法は，財産によらず「国民」に平等の参政権を与えたといわれていますが，その際の「国民」として，成人男子のみが想定されていたのは，彼らが実際の世帯主であったり，将来の世帯主であったりするからです。「市民」や「国民」の権利は，「世帯主」であることと密接に結びつけられているのです。

経済的な単位としての家族については，いまさら説明も必要ないかもしれま

せん。日本でも1920年代には，都市部で「サラリーマン」が生まれてきました。その際に，男性世帯主が家族全員が暮らしていけるだけの給料をもらうという，**家族賃金**が成立しました。働くお父さんが妻子を養う近代家族が，誕生したのです。家族賃金の誕生は，（専業）主婦の誕生とペアになっています。男性は家族のために働くのであるから，夫がいる女性は働く必要がないと考えられました。しかし，夫に先立たれた女性に十分な賃金が支払われるかというとそうではなく，また未婚の女性の大部分も，低賃金労働に据え置かれていました。家族賃金を中心に据えたシステムでは，夫のいない女性の経済的自立は，なかなか困難になります。

性別役割分業

家族賃金を基盤として，父親であり夫である男性は稼ぎ手，母親であり妻である女性は主婦となることが，近代家族では標準となりました。このように，性によって各々の役割が決められている分担のことを，**性別役割分業**と呼びます。

一家の稼ぎ手は男性であるため，女性は専業主婦であることが基本になりましたが，仕事をもっていて兼業の場合も，主婦と呼ばれることに変わりはありません。女性は，賃労働をしていようとしていまいと，家庭の仕事，つまり家事に責任をもつ立場である主婦役割から，逃れることはできません。最近では，性別役割分業をひっくり返し，女性が稼ぎ手，男性が家事に責任をもつ形態が出てきていますが，この場合男性は，**専業主夫**と呼ばれています。

結婚するときに，専業主婦になるかならないかを最終的に決定するのは，本人です。しかし，「103万円の壁」という言葉を聞いたことはありませんか。夫が妻を養うから税金を免除する配偶者特別控除（上乗せ部分），配偶者控除，またそれに加えて，所得税の免除，住民税の免除，健康保険料の免除，年金の免除，会社の扶養手当など，さまざまな制度が，主婦がパートの範囲を超えて働くと一気に不利になるようにできていて，その多くが103万円を境にしていることが多いのです。103万円を12で割ると，8万円ちょっとですから，主婦は家計補助的に月に9万円を超えないように働くと得する，というようなしくみができているのです。これらの家計補助的なパートタイマーは，正社員に比

べて会社の都合で解雇しやすいので，**景気の安全弁**といわれてきました。このようなしくみができているがゆえに，女性の賃金はさらに低く抑えられがちだったのです。

　1985年に，雇用における男女差別を禁じる**男女雇用機会均等法**が成立しましたが，そのときに同時にできたのが，第3号年金制度です。これは，サラリーマンや公務員（第2号年金者）の妻の国民年金を，それ以外の人たちで負担する制度であり，専業主婦というライフスタイルを優遇する政策です。ちなみに，第2号だった夫がリストラをされて職を失うと，第1号年金該当者となり，国民年金の掛け金を全額自分で負担することになるだけではなく（厚生年金や共済年金は自分の負担額は半分であり，残りは企業などが負担してくれています），妻も第3号の座を失い，自分で掛け金を払う必要が出てきます。自営業者など第1号の妻は，第3号にあたらないため，そもそも免除されていません。さまざまな制度が，特定のライフスタイルのみを応援するように作られていることは，公平さの観点からさまざまな議論が出ています。　　　　　　　　（千田有紀）

読書案内

- 落合恵美子『近代家族とフェミニズム』勁草書房，1989年
  近代家族は，どのような意味でフェミニズムの問題となるのでしょうか。近代家族論を日本に初めて紹介した歴史的な本です。
- 千田有紀『日本型近代家族――どこから来てどこへ行くのか』勁草書房，2011年
  近代家族の歴史研究は，欧米で始まりましたが，日本において近代家族がどのように生まれて変容してきたのかについて概観しています。

unit 5

恋愛や家族をめぐる物語

　一般には近代に入って，共同体は解体され，「個人」が作りだされてきたと考えられています。しかしより正確にいえば，析出されたのは個人ではなく家族です。家族が政治的・経済的単位となり，男性は家族を代表すると考えられ，市民権を獲得したのでした。そして女性が権利を獲得することができなかったのは，家族のなかに居場所を定められたからなのです。

　それではこのような家族はどのように形成されてきたのでしょうか。家族をめぐる物語としては，**ロマンティックラブ・イデオロギー**，**母性**に関する物語，そして家庭に関する物語があります。

ロマンティックラブ・イデオロギーとはなにか

　ロマンティックラブ・イデオロギーとは，「一生に一度の相手と恋に落ち，結婚し，子どもを産み育てる」という物語であり，愛と性と生殖が，結婚を経由することによって一体化したものです。1990年代後半に性に関する規範が大きく変動しましたから，こう聞くと，みなさんは，「古臭い」と思うかもしれません。結婚前に恋人同士で性交渉をもつことはタブーではなくなりましたし，何人もの恋人との交際を経て，結婚することはありふれたことです。しかし，結婚後の恋愛は一応はタブーですし，婚外子出生率は，半分以上が婚外子として生まれるスウェーデン，3人に1人のアメリカに比べれば少なく，戦後はだいたい1％前後でした（2000年代には2％になっています）。4組に1組がいわゆる「できちゃった結婚」をすることを考えれば，結婚しないで子どもを産む人は少数派に属します。つまり，性と愛に関する規範はそれなりに揺らいで

いるものの，生殖は結婚を経由することが求められています。性に関する規範は変動しているにもかかわらず，結婚の制度は強固なものとして残っており，ロマンティックラブ・イデオロギーが完全に過去のものになったとまではいえないのです。

日本におけるロマンティックラブ・イデオロギーの始まりは，作家の北村透谷であると考えられています。北村は『厭世詩家と女性』において，「恋愛は人世の秘鑰(ひやく)なり，恋愛ありて後人世あり，恋愛を抽き去りたらむには人生何の色味かあらむ」，つまり恋愛は人生の秘密の鍵であり，恋愛があって人生があり，恋愛がなければ人生に何の面白味があるだろう，と書いています。

共同体から解き放たれた男性が「近代的な自我」を獲得するときに，大きな役割を果たしたのが，人生と恋愛がこのように並列されるようなロマンティックラブ・イデオロギーです。前近代における性愛の典型は，江戸の遊郭にあると考えられ，近代の「恋愛」とは異なる「好色」が行われ，それが「いき」であると考えられていました。ところが明治20年代中ごろに，英語のloveの翻訳語として「恋愛」という言葉が発明され，広まっていくのと同時に，「人格」という概念も翻訳を通じて確立されていきました。恋愛は「近代的自我」の成立と，深い関係をもっているのです。

ところが北村自身は「近代的自我」に基づく理想の恋愛と，現実の結婚がはらむ矛盾に耐えきれないかのように，自殺してしまいます。考えてみれば，「個人」として生きていくことと，1人の相手を一生愛し続けると誓い，自分の感情をコントロールし続け，相手の愛情に反応するかたちで自分の人格を形成していくことは，論理的には正反対といっていいものです。

そもそもヨーロッパにおけるロマンティックラブ・イデオロギーの起源は，宮廷での恋愛にあるといわれています。中世においては，騎士が貴婦人に思いを寄せることが，1つの恋愛の理想形と考えられていたのです。ここで重要なことは，騎士の恋愛の対象である貴婦人は，すでに結婚しており，恋愛のゴールが結婚と結びつけられてはいなかったことです。このような考え方は，結婚を秘蹟にまで高めようとするキリスト教的な社会倫理とは異なっていますし，また財産や家柄を維持するための相続に関する家父長制的な家族道徳とも異なっています。

つまりロマンティックラブ・イデオロギーは、結婚とは無関係であった愛の物語と、子どもを必要とする生殖の物語を、「近代的自我」を結節点として強引に結びつけたものであるということができます。本来相いれないものを結びつけたがゆえの、矛盾が存在しているのです。

このロマンティックラブ・イデオロギーの矛盾は、とくに女に大きく現れていきます。なぜなら、恋愛や性関係とを家族のなかに閉じ込めるというロマンティックラブ・イデオロギーは、男にとってはある意味建前ですが、女にとってはそうではないからです。男の浮気は甲斐性であり騒ぎ立てない寛大な女が賢女であり、男は狼で性関係をもつためにはさまざまな甘言を弄すものだから、女はしっかりと相手を見定め、結婚前に身体を許すようなことはしてはならない、といった言葉を聞くことはありませんか（後半はさすがに古いかもしれませんが）。それに対し、女の浮気や未婚での妊娠に対しては、相対的に厳しい言葉が投げかけられます。北村透谷が「処女」についてもまた熱を込めて描いているのは偶然ではないのです。

男は婚姻外の性を黙認、ときには奨励されているのに、女の性は管理されて、家庭のなかに閉じ込められてきたのです。男と女のあいだで、このように適用される規範が違うことは、ダブルスタンダード（二重基準）と呼ばれます。女の内部にもまた、二重基準はさらに存在します。それは、男による婚姻内にいる女と婚姻外にいる女のあいだの使い分けです。女が尊重されるのは、婚姻内に収まり母として妻として生きるときであり、婚姻外にいる女、とくに婚姻外で性関係をもつ女は、保護されず搾取の対象となる歴史がありました。女性を「家庭の天使」と呼び、婚姻のなかにいる女性を尊敬した性道徳の厳しいイギリスのヴィクトリア朝では、娼館がもっとも栄えた時代でもありました。男性と女性の、また女性のなかの二重基準の矛盾がもっともよくみえるのではないでしょうか。

またロマンティックラブ・イデオロギーの第2の特徴として、一対の異性愛だけが特権化されることがあげられます。1人の男と1人の女が惹かれあい結ばれることが、崇高で素晴らしいのであって、それ以外の関係は、価値のないものとして貶められてしまうのです。

日本ではロマンティックラブ・イデオロギーはとくに戦後急速に広まり、

1960年代には，恋愛結婚が見合い結婚を上回るようになります。見合い結婚ではなく，みなが恋愛によって結婚を決めるようになる変化は，日本社会の欧米化の進展の証拠として，歓迎されてきました。しかし，見合い結婚にしろ，恋愛結婚にしろ，結婚と生殖の結びつきは保たれたままであったという点では，変わりはないのです。

母性イデオロギーとはなにか

母性イデオロギーとは，母親は子どもを愛するべきだ，また子どもにとって母親の愛情に勝るものはないという考え方のことです。「三つ子の魂百までも」といわんばかりの「3歳児神話」（3歳までは母親が子どもを育てるべきで，そうしないと子どもに取り返しのつかない影響を与えるというような考え方）もこれに含まれるかもしれません。しかし実はこのよう3歳児神話も，母性の神話も，歴史的にどのように作られてきたのか，たどることのできるものなのです。

エリザベート・バダンテールは，『母性という神話』のなかで，1780年にパリで生まれた2万1000人の子どものうち，母親に育てられたものは，たかだか1000人にすぎず，他の1000人は住み込みの乳母に育てられ，残りの1万9000人の子どもは，遠く離れた雇われ乳母のもとに里子に出されていたという警察データを取りあげています。驚きますよね。多くの子どもがお母さん以外の人に育てられていたなんて。子どもたちは5歳にもなれば働けるようになりますから，親元へと返されていきます。

当時子どもは，いまとは違って「かわいい」と考えられていませんでした。フィリップ・アリエスは『〈子供〉の誕生』で，近代以前の子どもは現在とは違って，胴体の比率にくらべ頭が大きくてかわいらしい感じには描かれておらず，大人をそのまま縮めたように，ある意味私たちから見れば不気味なものとして描かれていることを発見しました。昔は子どもを愛らしい存在，かわいがりの対象であるとは考えられていなかったのです。ですから子どもの前でも平気で，下品なことをいっていました（いまの私たちは，子どもは無垢でまっさらな「白紙」で生まれてくるので，教育的な配慮が必要だと感じてしまいます）。

18世紀でも上流階級の女性は，授乳は「動物的な」行為だと感じていました。ですから「乳母」が必要だったのですね。乳母はまさに，授乳をしてくれ

> **コラム**
>
> 「子ども」の誕生
>
> 　アリエスの『〈子供〉の誕生』やバダンテールの『母性という神話』を読むと，前近代の人たちがあまりに子どもに冷たいので，驚いてしまうでしょう。確かにそういった態度のすべてを子どもへの無関心として解釈することはできず，前近代のヨーロッパでは普通だったスウォッドリング（子どもを動き回らないようにぐるぐる巻きにしてしまうこと）なども，むしろそうしないと子どもがぐにゃぐにゃになってしまうのではないかという人びとの不安や関心の現れだったともいわれています。彼らは彼らなりに子どもを愛していたのだろうとは思います。ただ彼らがもし，まだ生まれてない子どもが亡くなったからといって泣く私たちを見れば，驚くこともまた事実だとも思います。乳幼児死亡率が高い社会では，子どもに愛情をかけすぎないことは，心の防御策なのかもしれませんね。

る存在だったのです。また，子どもが死んでもそれほど嘆かなかったといわれています。

　この子どもに対する無関心は，いまの私たちの目からみればびっくりします。

　日本でも江戸時代においては間引きや堕胎が行われていました。これは貧困が原因と思われていますが，ギリギリの貧困によるせっぱつまったものばかりではありませんでした。また女性に期待されていたのは実はよい子どもを産むことだけであり，育てることは期待されておらず，むしろ男の子のしつけなどは，父親に任されていたといわれています。

　しかしこのような子どもと母性をめぐる関係は，乳幼児が将来の「国民」の予備軍であることが意識されはじめることによって，変わっていきます。日本では明治政府はまず，堕胎を禁止します。日本だけではなく，ヨーロッパやアメリカでも，堕胎，そして避妊がタブーとなっていきます。子どもに大きな関心がよせられるようになり，とくに母親が子どもへの世話をすることが規範化されていき，乳母による育児は廃止され，母乳による育児，そして母親による気遣いが，子どもには不可欠なものと考えられるようになります。

　このような変化をヨーロッパで促した1つの原因は，ルソーによる教育の書，『エミール』（1762年）であるといわれています。ルソーは母親の母乳から子どもにさまざまな形質が伝えられ，母親による育児によって，家庭や国家が安定

すると宣伝しました。母性は母乳の出る母親だけがもつ「本能」になっていったのです。

女たちはなぜ，この新しい「母親」という役割に熱狂したのでしょうか。バダンテールは，子どもの教育を引き受けることによって，家族の物質的財産に対する権力と，子どもに対する権力を増大させることができたこと，家の財産と人間に責任を負うことによって，母親は家庭の中心軸になり，「家庭の女王」として君臨するという力をもてたことをあげています。

日本でも母親という役割は，このような一定の権力を女性に与えました。日本における「**良妻賢母**」規範は，江戸時代からある儒教規範ではなく，明治に入って作られたものです。そもそもこの言葉自体も，明治時代の発明品です。1870年代には賢母良妻，1890年代に良妻賢母という言葉に落ち着きます。なんと台湾や朝鮮の賢母良妻という言葉は，日本から輸出されたものなのです。このような良妻賢母規範は，母になる女性にも教育が必要であるという，女子教育を推進する際の根拠として利用されました。

母性という言葉自体もまた，20世紀に入ってから，スウェーデンの評論家エレン・ケイの著作の翻訳のときに作りだされて広まっていった言葉です。1918年から，ケイの著作『母性の復興』を訳した平塚らいてうと与謝野晶子らのあいだで，有名な母性保護論争が起きています。平塚は，女は母になることによって「社会的な，国家的な存在者となる」と主張し，母性保護を求め，与謝野はそれを「依頼主義」であると批判しています（→unit 17, 23）。このころは，与謝野がそれを実践していたように，ロマンティックラブ・イデオロギーの普及期とも重なっています。「家族賃金」が成立し，夫は賃労働，妻は家事という性別役割分業が普及し，ロマンティックラブや母性（や家庭）の考え方が出てきて，「近代家族」が作られていったのです。

「3歳までは母の手で」という「3歳児神話」が作られたのは，戦後1960年代です。1961年，第1次池田勇人内閣の「人づくり政策」に伴って，「3歳児健康診査」が始まりました。またNHKテレビでは，「3歳児」という番組が放映されました。3歳までは母親の手で育てなくては取り返しのつかないことになってしまうという考えは，女性を職場から家庭の専業主婦へと囲い込んでいきました。しかし，このような3歳児神話は，すでに『厚生白書』でも，

「合理的な根拠はない」と否定されています。

家庭イデオロギーとはなにか

家庭イデオロギーは、どんなに貧しくても自分たちの家族が一番である、家族はみな仲がいいはずだというような、家族の親密性にかかわる規範です。

「家庭」という言葉は、もともとは家の庭を意味する中国語から輸入され、ほそぼそと使われていただけだったのですが、明治に入ってから、「ホーム」(home) の翻訳語として作りだされ、広まっていきました。「ホーム、スイートホーム」。このホームという言葉には、19世紀のヨーロッパ、とくにイギリスの中産階級の家庭のイメージが刻印されています（日本ではちゃぶ台を囲む家族のイメージですが）。

19世紀末、啓蒙思想家の福沢諭吉たちが発行した『家庭叢談』などをはじめとして、『家庭之友』や『家庭雑誌』など、相次いで「家庭」という言葉がついた雑誌が発行されました。「家庭」というイメージが日本の知識人をとらえ、この言葉を広く大流行させることになったのです。

この「家庭」規範は、大正期には日本でも都市の中産階級に新しい家族のイメージとして積極的に受け入れられていきました。第二次世界大戦後は、明るく民主的な「家庭」を作っていくことこそが、日本社会が平和に向かって歩んでいくことであると考えられました。1960年に行われた国勢調査では、夫婦と未婚の子どもからなる核家族世帯が増加しているといわれ、63年には「核家族」が一躍、流行語となりました。また同時に、マイカー、カラーテレビ、クーラーからなる「3C」と呼ばれる電化製品をもち、公団住宅に住み、自分たちの家族の生活を優先させる考え方は、「マイホーム主義」と呼ばれ、ときには批判の対象にもなりました。直系家族的な「家」と核家族的な「家庭」のイメージは、しばしば対立しあい、またイメージを重ねあわせながら、親密な家族の物語はつむがれていったのです（→unit 4）。　　　　　（千田有紀）

読書案内

□ 小山静子『良妻賢母という規範』勁草書房, 1991年

良妻賢母というと儒教規範のように思われがちですが、実は日本において近

代に入ってから生まれた言葉でした。この言葉は女性を女性役割に閉じ込めながらも，女子教育を進めるための根拠にもなったのです。

☐　エリザベート・バダンテール（鈴木晶訳）『母性という神話』筑摩書房（ちくま学芸文庫），1998年（原著1980年）

　フランスにおいて「母性」がどのように作られてきたのかについて描いた本です。まとまっていて読みやすいです。

unit 6

未婚化・少子化社会

「少子化」と「未婚化」

　unit 4 と 5 では，近代家族がどのようなものか，近代家族のなりたちをみてきました。男性世帯主を中心として，専業主婦の妻がいて，子どもたちが 2 人いて，愛情に満ち溢れた家庭。このような家庭像はもはやなくなったとはいいませんが，これからは（実はいままでも？）けっして多くの人が経験するものではなく，幻想としてのみ機能していくのかもしれません。

　どういうことかといえば，まず，ここ数十年日本社会で問題とされてきた**少子化**問題があります。少子化は，1990 年にまず 1.57 ショックというかたちで大きな衝撃を与えました。1 人の女性が生涯のうちに産むとされる子どもの数を表す**合計特殊出生率**が，1.57 を下回ったからです。なぜ 1.57 を下回ったからショックなのでしょうか？

　人口が再生産されるためには，途中で亡くなってしまう人などを視野に入れて，合計特殊出生率が 2.08 程度はあることが必要だといわれていますが，合計特殊出生率は戦後急激に下落，その後上下しながらもなだらかに下降し，1960 年代には 2 を切ることもありました。図 6-1 をみていただければわかるように，1966 年にはがくんと出生率が落ちていますね。このときの出生率が，1.58 だったのです。この 1966 年は中国の暦に基づくと丙午（ひのえうま）にあたりますが，この丙午の年に生まれた女性は，気が強く，夫を尻に敷き，夫の寿命を縮めるという俗説がありました。ですので，この年には人びとが子どもを作ることを避けた結果，1.58 という出生率の下落が起こったのですが，その出生率よりもさらに下がったのが 1990 年だったのです（女性の気が強くてはいけないという言

■ 図6-1　出生率および合計特殊出生率の年次推移 ■

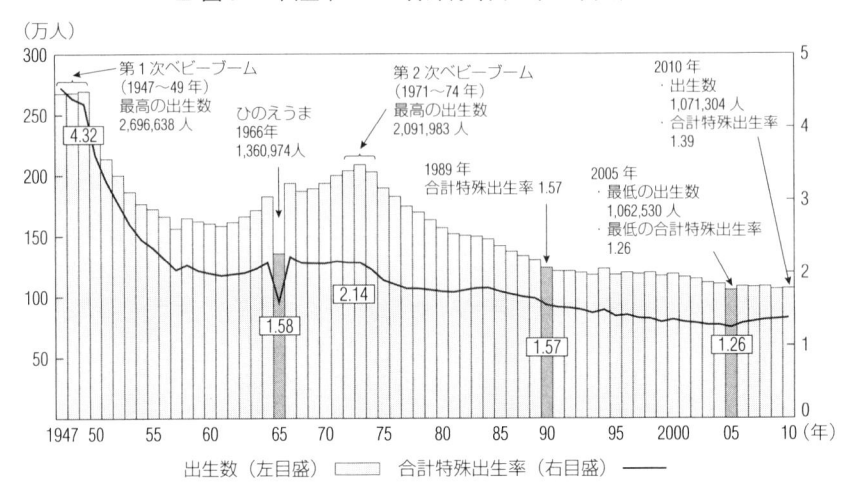

（注）　1947～1972年は沖縄県を含まない。
（出所）　厚生労働省「人口動態統計」（2010年）より，一部修正。

い伝え自体が，ジェンダーの問題ですが）。

　この出生率の低下は，なにによってもたらされているのでしょうか？　結婚した男女が子どもを産まなくなったから？　1980年代には，DINKs（Double Income No Kidsの頭文字をとったもので，結婚しても共稼ぎを続け，子どものいない夫婦のことをさします）なんていう言葉もはやりました。確かに，結婚したからといってすぐに子どもを作る傾向は控えられてきていますし，子どもを作らない選択をする夫婦も増えてくるとは思いますが，実際のところは，結婚した夫婦はだいたい子どもを産んできています。

　子どもの数が減ったのは，結婚した男女が子どもを産まないからではなく，そもそも結婚する男女が少なくなったからなのです。1980年代は晩婚化の時代であるといわれていましたが，90年代になって晩婚化ではなく，日本では**未婚化**が進行していることが明らかになりました。フランスでは2人に1人の子どもが，アメリカでは3人に1人の子どもが結婚していない両親のもとで，非嫡出子として生まれますが，日本では婚外子出生率は2％程度です（2010年現在）。結婚しないで子どもを産む人が少ないのですから，未婚化が進行すれば，出生率は下がっていきます。

興味深いことは，2000年代に入って，合計特殊出生率が上昇傾向をみせていることです。しかし実際の出生数は減っています。これは母体となる女性の数も減っていることで，出生数が減っても合計特殊出生率が上がるというトリックがあるためです。日本が少子高齢化社会になっているのは，間違いないでしょう。

結婚への圧力

それでは，どのように未婚化が進行しているのでしょうか。まず晩婚化しています。30歳代前半の男性の約半分，女性でも3人に1人は未婚です。東京都の大卒の平均初婚年齢は，30歳を超え，全国平均でも男性が30.4歳，女性が28.6歳です。50歳の時点で一度も結婚していない人の割合である生涯未婚率は，男性で2割，女性で1割にのぼり，この数字は上昇傾向にあります（図6-2）。

未婚化が進行する理由はなんでしょうか。みんな結婚が嫌になってしまったから？　ちょっと事情は違います。実は，国立社会保障・人口問題研究所の調査では，男女とも9割の人は，結婚したいと考えています。がしかし，どうしても結婚したいと思っている人は減っています。「よい相手にめぐりあえたら」結婚したいと思い，無理をしてまで結婚する必要はないと思っているのですが，その「よい相手」になかなかめぐりあえないのです。

1970年代はほぼ全員の人が結婚していました。結婚していなければ，女性は社会に居場所を得ることは困難でした。1人で食べていけるだけの職業が少なく，女性の職業は結婚までの腰掛けか，子どもを産んだあとの主婦のパートタイムが前提とされ，低賃金に抑えられていましたので，一部の「職業婦人」以外は，結婚しなければ生きていくことが難しかったのです。また男性も，いまのようにコンビニエンスストアも家事サービスもない時代には，家事をしてもらえる妻がいなければ生活がままならないと考えられていました。また，結婚して妻を養うことが一人前の男性であると考えられていたので，結婚していなければ企業のなかで昇進できないなどの差別もあったのです。

いまは1985年に男女雇用機会均等法が成立して，コース別人事（→unit 8）が行われ，表向きは男女の雇用における差別はなくなりました。それと同時に，

■ 図6-2　年齢別未婚率の推移 ■

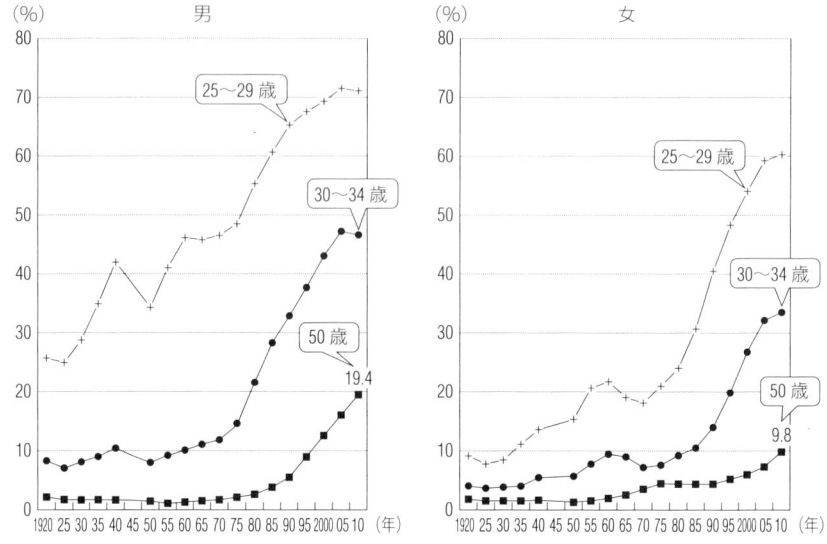

（注）　配偶関係未詳を除く人口に占める構成比。50歳時の未婚率は「生涯未婚率」と呼ばれる（45〜49歳と50〜54歳未婚率の平均値）。2010年は抽出速報集計による。
（資料）　国勢調査（2005年以前「日本の長期統計系列」掲載）。
（出所）　http://www2.ttcn.ne.jp/honkawa/1540.html

日本型経営が急速に崩れてきています。日本型経営とは，終身雇用，年功序列，企業別労働組合を基本的な特徴とする日本の大企業のホワイトカラーの雇用形態のことですが，いまはリストラが行われ，「業績主義」が標榜されるようになり，また非正規雇用化が急激に進められてきています。実は，「男性世帯主」になれるだけの収入を得ている男性の数は減ってきています。非正規雇用の男性が結婚していようがいまいが，企業は注意を払いません。企業が家族を丸抱えで保障するシステムがなくなったことで，結婚への圧力は急激に減ってきたということができます。

理想の結婚相手

いまの女子学生に理想の生き方を聞くと，結婚して子どもを産んだら仕事を辞めて専業主婦になり，子どもの手が離れたら働きたいという答えが多く返ってきます。子育て後の再就職でパートに出れば典型的な戦後の日本の女性の就

■ 図6-3 共働き等世帯数の推移 ■

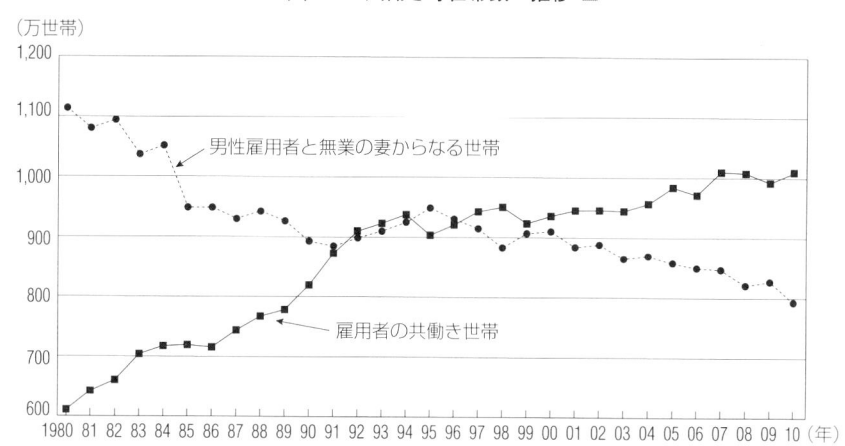

(注) 1：1980年から2001年は総務省「労働力調査特別調査」(各年2月。ただし、1980年から82年は各年3月)、2002年以降は「労働力調査(詳細集計)」(年平均)より作成。
2：「男性雇用者と無業の妻からなる世帯」とは、夫が非農林業雇用者で、妻が非就業者（非労働力人口および完全失業者）の世帯。
3：「雇用者の共働き世帯」とは、夫婦ともに非農林業雇用者の世帯。
(出所) 内閣府『平成23年度版 男女共同参画白書』「平成22年度 男女共同参画社会の形成の状況——第1部 男女共同参画社会の形成の状況：現状編」(http://www.gender.go.jp/whitepaper/h23/zentai/pdf/h23_002-009.pdf)。

労形態である**M字型就労**なのですが、「理想をいえば、生活のためにあくせく働きたくはない。フラワーアレンジメントなどのカタカナの職業を趣味程度に、自己実現のためにやりたい」という答えがつけ加われば、完璧な新・専業主婦志向です。専業主婦の妻は育児、夫は仕事に加えて家事・育児を手伝ってくれることが前提になっていますが、このような都合のいい専業主婦の生活は、一握りしかいない高給取りの男性と結婚しない限り、もう実現不可能になっています（しかも3組に1組は離婚しますから、とてもリスキーです）。

日本型経営の揺らぎとともに、従来専業主婦を抱えていた年収600万円から900万円程度の男性の層が解体してきています。共働き世帯と専業主婦世帯の数は、1990年代にすでに逆転しています（図6-3）。また男性が女性に望むライフコースでは、共働きを求める男性が増えてきました。男女とも雇用が不安定な雇用状況では、片働きはリスクが高いからです。

小倉千加子は、女性の結婚に対する意識をその学歴によって分類しています。

⑥ 未婚化・少子化社会

かなり乱暴な分類ではありますが，それは順に「生存，依存，保存」だそうです。高卒女性にとっての結婚は「生存」のためです。結婚とは生活財であり，結婚して初めて食べられるのです。短大卒と中堅以下の四大卒の女性にとって結婚とは「依存」です。「専業主婦になるので，安心して子育てができるような給料をきちんと運んできてくれること」が結婚の基本条件なのですが，この層が解体していることは先に述べました。四大卒で専門職の女性にとって結婚は「保存」のためです。「経済力は求めない。ただ，私が一生働くことを尊重して，家事に協力的な人であれば」というのですが，男性の意識はそこまで進んでいないことが多いのです。というわけで，みんながいつかは結婚したいと思いながらも，現代日本において理想の結婚相手にめぐりあうことは，なかなか難しいといえるでしょう。

結婚のきっかけ

理想の結婚相手にめぐりあうことが難しくなっていますが，その一方で交際は簡単になってきています。以前は，愛と結婚と性と生殖が一体となったロマンティックラブ・イデオロギー（unit 4, 5）が存在し，結婚するまでは性交渉がタブーだっただけではなく，結婚に結びつかない男女交際自体が認められていませんでした。

しかしいまは結婚前に幾人かのパートナーと付き合うことは普通だと考えられていますし，性交渉自体も，「愛があれば」当然あると考えられています。もちろん，セフレ（セックス・フレンド）などという言葉も誕生し，恋人ではない相手と性交渉をもつこともあるとされていますが，性交渉は一応恋人ともつことが前提とされているからこそ，性交渉をもちながらも恋人ではない人，「友達」と呼んでいるのでしょう。

このような交際の自由化が起こったことによって，人びとは結婚へのきっかけを失っていきます。「誰でも」いいわけではない，自分に合う「誰か」と結婚したいと思っているからこそ，いまいる恋人がその「誰か」であるかどうかに悩むのです。

婚外子出生率がきわめて低い現代の日本では，結婚しないとできないと考えられていることは，ある意味で子どもをもつことだけといえるかもしれません。

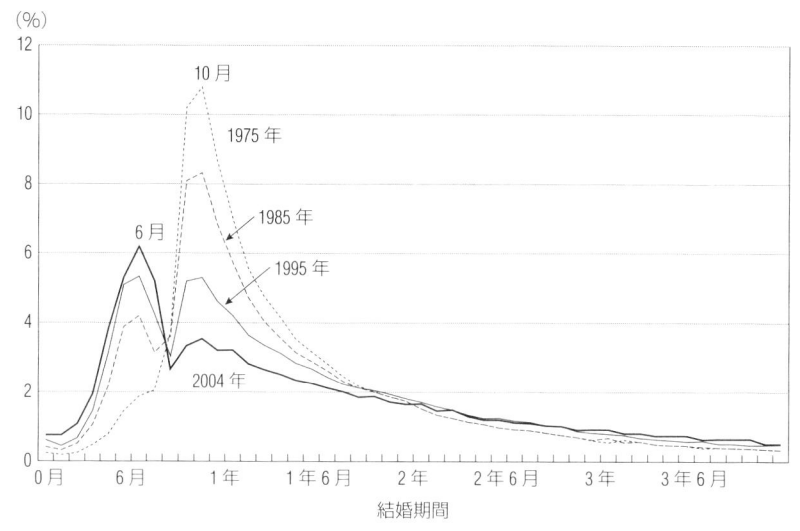

■ 図6-4　第1子出生までの結婚期間別にみた出生構成割合 ■

（注）　1：嫡出第1子についての数値である。
　　　 2：結婚期間不詳を除いた総数に対する構成割合である。
　　　 3：0月とは生まれた月と同居を始めた月が同じ場合である。
（出所）　http://www.mhlw.go.jp/toukei/saikin/hw/jinkou/tokusyu/syussyo05/syussyo3.html

　図6-4は第1子出生までの結婚期間別にみた出生構成割合ですが，1975年では，多くの子どもが結婚して10カ月の山で生まれていることがわかると思います。結婚してすぐに子どもを作ったことによって，いわゆる「ハネムーンベイビー」が生まれています。ここでは結婚することがそのまま子どもをもつことと結びつけられています。

　ところが10カ月のこの山はだんだんと小さくなり，2004年にはほとんどこの山がなくなって，その代わりに6カ月での出生が大きな山となっています。この6カ月での出生は，だいたい妊娠が発覚してすぐに婚姻届を出した場合です。いわゆる「できちゃった結婚」ですが，この妊娠をきっかけとする結婚は26.7％となっています。10歳代の出産の82.9％，20歳から24歳の63.3％がこのできちゃった結婚です。もはや妊娠くらいしか，結婚のきっかけはなくなってきているのかもしれません。

（千田有紀）

読書案内

- 山田昌弘『パラサイト社会のゆくえ』筑摩書房（ちくま新書），2004 年
  未婚で親元に同居するパラサイトシングルはどうなったのでしょうか。1990 年代以降の家族の変化を追っています。
- 上野千鶴子『男おひとりさま道』法研，2009 年
  「おひとりさまの老後」がベストセラーになりましたが，おひとりさまが生まれる背景に迫りながら，男性の老後を考えさせる本です。
- 小倉千加子『結婚の条件』朝日新聞社（朝日文庫），2007 年
  結婚はみんなしたいのに，どうしてそれが簡単ではないのか。社会的背景に切りこみながら，ユーモラスに描いています。

KeyWords 2

- ☐ 生涯未婚率
- ☐ ブレッドウィナー
- ☐ 核家族
- ☐ 戸　籍
- ☐ 幼児虐待
- ☐ 個人的なことは，政治的である
- ☐ 性別役割分業
- ☐ 景気の安全弁
- ☐ ロマンティックラブ・イデオロギー
- ☐ 良妻賢母
- ☐ 未婚化
- ☐ M字型就労

- ☐ 主　婦
- ☐ 家父長制
- ☐ 「家」制度
- ☐ 私事化
- ☐ ドメスティック・バイオレンス
- ☐ 家族賃金
- ☐ 専業主夫
- ☐ 男女雇用機会均等法
- ☐ 母　性
- ☐ 少子化
- ☐ 合計特殊出生率

第3章

労働とジェンダー

仕事モードオン!!
男スイッチ入ります

モーニングKC『働きマン』第1巻より
Ⓒ安野モヨコ／講談社

- 7　女性の労働と賃金格差
- 8　職場慣行
- 9　ライフスタイルの中立とジェンダー
- 10　無償労働とケアワーク

第3章　労働とジェンダー

Introduction 3

この章の位置づけ

この章では広い意味での「労働」とジェンダーの問題について考えます。「労働」という言葉は賃金労働をさすことが多いのですが，実際には多くの女性は「無償労働」（＝賃金を支払われない労働）をしています。労働における女性差別は，1つは賃金労働に携わる女性が男性と同等の扱いをされてこなかった点において，2つには家事労働，ケアワークといった近代社会で主として女性がその役割を引き受けてきた労働に対して賃金が支払われてこなかった点においてと，二重に起きています。

社会保障制度は世帯単位に作りあげられてきました。こうした社会制度の日本的特徴が労働における二重の女性差別を存続させてきたともいえるのです。現実社会にはシングルマザーやシングル女性も多くいることを考えると，これまでの社会保障制度が一部の人を利するものでしかなかったことは明らかでしょう。専業主婦の存在を前提とする日本的雇用慣行も崩壊してきています。

この章で学ぶこと

unit 7　戦後日本社会において女性がどのように賃金労働をしてきたのか，雇用形態や賃金においていかなる差別を受けてきたのかを明らかにします。

unit 8　職場においてどのような性差別があるのかについて焦点をあてます。採用，昇進，職務における男女差別，能力主義が内包するジェンダーバイアス，セクシュアル・ハラスメントについて扱います。

unit 9　福祉や税制度の問題に焦点をあてます。現行の制度では政府が推奨するワーク・ライフ・バランスの実現すら難しいことを指摘します。

unit 10　「無償労働」と呼ばれる賃金が支払われない，しかし近代的家族役割分業化において多くの女性が携わってきた労働に焦点をあてます。代表例として家事労働，ケアワーク，感情労働を取りあげます。

unit 7

女性の労働と賃金格差

働きかたの変化

　unit 6 でもすでに紹介したとおり，ここ数十年，家族や社会のありかたは大きく変化しています。現在の大学生が将来，親世代と同じようなライフスタイルを送る可能性はほとんどありません。「夫はサラリーマン，妻は専業主婦」という夫婦のありかたは現在大きく崩れてきています。たとえば男性の働きかたひとつ取りあげてみても，大学卒業後に就職した企業に一生勤める終身雇用制を必ず期待することはいまの大学生には不可能でしょう。昨今の若い世代の就職難をみると，大学を卒業した人でさえ正規雇用の職を得ることが徐々に難しい社会になってきています。アメリカやイギリスなどでは早くも 1970 年代ごろから「夫婦片働き」から「夫婦共働き」のスタイルへと変容していったことが知られていますが，日本でも「夫婦共働き」が不可欠な時代がきているのです。

　かつて理想とされてきたような，夫の「片働き」で妻と子どもの家族全体を養える時代は過ぎ去ろうとしています。女性が結婚や育児を理由に仕事を辞めることのリスクは以前より格段に高まりました。逆にいえば，結婚や育児を経ても，女性がその労働力をまともに評価してもらえる職場で働き続けられるよう，いまこそ制度や環境を急速に整えていかなければならない時代がきているのです。

　この unit では，戦後日本社会において女性がどのように働いてきたのかを考えてみたいと思います。

「専業主婦とサラリーマン」カップルの大衆化

　実は「夫が働き妻は専業主婦」というスタイルは昔から存在していたわけではありません。戦前期から続いていた農業人口の占める割合の多さは，高度経済成長期を迎え大きな変貌をとげることになりました。農家では「夫だけ働き妻は専業主婦」というスタイルはまずみられません。多くの女性は自分の田畑で働いていたからです。職住接近状態ですから，女性は子どもが生まれても継続して働くことが可能であり，それが嫁の役割の1つでした。つまり女性は戦後の高度経済成長期におきた産業構造の変化とともに「主婦化」したといえるのです。農村から都市に働き口を求めて移動した人たちを中心に「サラリーマンと主婦」というカップルのありかたが広がっていったのです。

　女性が出産以降いったん仕事を辞め，子どもが大きくなったらパートタイムなどの仕事に再就職する働き方をすることは **M 字型就労** と呼ばれています。これは，女性の年齢ごとの就業率を折れ線グラフに示すと，ちょうどアルファベットの「M」のように真ん中（30 歳代前後）の就業率が落ち込むことからそう呼ばれてきたものです。M 字型就労は 1946～50 年に生まれたいわゆる「団塊の世代」にもっともはっきりと現れていたことが知られています。彼女たちが育児期を迎えた時期はちょうど 1970 年代から 80 年代前半にあたりますが，ちょうどそのころから M 字型就労が女性の働きかたとして定着したといえます。しかし団塊の世代より若い人たちのあいだではこの M 字の「底」は徐々に上がっているのです。アメリカやイギリスでも一時期，女性の就労パターンはこの M 字型を示していたことがありましたが，いまでは「底」のない「台形」を示しています。女性は育児期に入っても仕事を辞めなくなったのです。今後の日本社会でも専業主婦はきわめて少数派になり，女性の就労パターンも台形に近くなっていくと考えられています。なぜならそうでなければ経済的にやっていけない時代がきているからです。

パートタイム労働の問題点

　1980 年代ごろまでの女性の再就職先はほとんどがパートタイムの仕事でした。女性たちがそれを選んだというより，それしか選択肢がなかったというべきでしょう。パートタイムは一見，時間の融通がきく自由な働き方のようにみ

えるかもしれません。女性が家に帰って子どもの世話や家事をするためにはパートタイム労働のほうが都合がいいのではないかと思う人もいるかもしれませんね。しかし実態はそんなに甘いものではないのです。パートタイム労働者の実際の労働状況をみると、とても「パートタイム」とは呼べないような長時間労働をさせられていることも少なくありません。実際には正社員と同様の業務を任されている場合も多かったにもかかわらず、賃金はパートタイマーであるという理由で低く抑えられていました。

パートタイムでは仕事内容や労働時間は正社員とほとんど変わらない場合でも、賃金や社会保障の点での待遇が著しく悪いのも特徴です。昇進や昇給の機会は著しく少なく、ボーナスや残業手当も支給されないのが通常です（「所定の働いてもらった時間分だけ給与を支給する」のがパートタイム労働のタテマエですから）。雇用主はパートタイム労働者の福利厚生も保障する必要がありませんし、当時は正社員の育児休業制度でさえ整っていませんでしたから、パートタイマーが育児休業はもとより、産前産後休業をとることはほとんどできませんでした。そんなことを理由に休まれるくらいなら別の人を雇ったほうが簡単だからです。

パートタイム労働者は、雇用主にとって非常に「お得」な労働者なのです。雇用期間を自在に決められることから、雇用の「調整弁」として使われることもしばしばです。日本経済は長い間、このような労働条件の悪いなかで低賃金で働いてきた主婦パートによって支えられてきたといえるのです。

非正規問題の「男性化」と労働者派遣法のカラクリ

21世紀に入り、主婦パートと同様に雇用の調整弁として使われはじめたのが男性の非正規雇用者たちです。2003年に成立し、04年に施行された改正労働者派遣法により、ほとんどの職種において派遣労働者を雇うことが可能になりました。非正規雇用は「主婦パート」に代表されるようにもともと中高年の女性に多くみられる形態でしたが、昨今の変化はそれが若い世代を中心に男性にも広がっていったところに特徴があります。皮肉なことに男性にも非正規雇用が広がったことで、ようやく人びとがその問題に着目しはじめたのです。いまや若い男性（15〜24歳）の4人に1人が非正規雇用者となっています。もっ

とも同世代の女性の非正規雇用率は3人に1人以上と、事態は男性より深刻です。

改正労働者派遣法のなかでも女性労働者とのかかわりが大きかった点をあげれば、まず一般事務業務に派遣労働者を受け入れることができるようになったことがあります。それまで女性たちは一般職の正社員として、かろうじて雇用されてきたわけですが、そのポストが次々と派遣労働者に切り替えられていったのです。さらにこのとき、派遣労働者の契約更新の上限は3年までと定められました。それ以前に「主婦パート」として働いていた女性たちは、不安定な身分ながらも結果的に長期間契約更新を繰り返すことができていたのですが、派遣法改正後は3年働いたところで契約を打ち切られる現象が続出したのです。フルタイムであれパートタイムであれ、かつて女性たちが働いていた現場の雇用条件は急速に悪くなったわけです。

実は改正労働者派遣法には、3年以上働いてもらいたい人は4年目になったら優先的に正社員として雇用するという定めがあります。法律自体はこの決まりに従い、非正規雇用者が正規雇用者へとステップアップできることをめざしたのですが、現実にはそれとは逆の動きが起こりました。人件費を削減したい各企業はこの決まりを逆手にとり、派遣社員の契約が3年を経過する前に次々と打ち切ってしまったのです。現在の経済状況下では非正規雇用であれ働きたい女性は次々現れます。企業側にとって3年ごとに新しい派遣労働者を見つけることは簡単で、古くからいた人をわざわざ高い給与を払う正社員として登用しなおすよりも新しい派遣社員を雇ったほうが支出は少ないというわけなのです。以前から不安定なパートタイム労働に従事していた女性たちの雇用がますます不安定になったのはいうまでもありません。

男女間賃金格差の現状

厚生労働省の賃金構造基本統計調査によれば、パートタイムの人を除いた一般労働者の男女間所定内給与格差は2011年では男性100に対して女性は70.6でした。ここから正社員だけ取り出して比較した場合は、男性100に対して女性73.1で、いずれにせよ7割程度にとどまっていることがわかります。これでも**男女間賃金格差**は以前よりは縮小しているのです。もっとも、最近の男女

間賃金格差の縮小は女性の平均賃金の上昇によるものではなく，男性全体の平均賃金が10年ほど前から下がりつづけていたことによるものです。男性労働者間の格差の広がりが，男性全体の平均賃金を引き下げ，結果的に女性との格差縮小につながったのです。

　もちろん諸外国でも男女の賃金格差はみられますが，日本の場合，その格差が他国に比べて大きいことが特徴です。労働政策研究・研修機構『データブック国際労働比較』(2012年版)によると，主要先進諸国の2010年段階の男女間賃金格差は男性100に対してアメリカ81.2，イギリス80.1，ドイツ82.2，フランス82.5であり，これに対して日本は69.3といった状況です。ここからは日本の男女間賃金格差が他国と比べかなり大きいことがわかるでしょう。

　ところでこのような男女間賃金格差が生じる理由についてはさまざまな要因が考えられます。元来，男女の勤続年数や役職者率には差があるため，賃金格差は男女差ではなくそうした他の要因によって生じているものともいわれてきました。ではこうした各要因の影響はそれぞれどの程度大きいものなのでしょうか。男女間賃金格差を生み出すと考えられる各要因が，どの程度の影響力を持つのかを算出してみると次のことがわかりました。

　まず男女間賃金格差を生み出している最大の要因は「職階」であることがわかりました。つまり係長・課長・部長などの役職についている女性の割合が低いことが賃金に影響しているというわけです。続いて影響力が大きいのは勤続年数でした。やはり，女性が長く働き続けられないことが女性の平均賃金を押し下げてしまっているということです。いずれにせよ，女性の平均賃金を上げるには女性の役職者を増やすことが重要なわけですが，次のunit 8でも述べるように，女性が昇進することはなかなか簡単なことではありません。とくに日本は諸外国と比べて管理職に占める女性の割合がきわめて少ないことが知られており，働く環境を整備したうえでの女性管理職の拡大が急務といえるでしょう。もっとも，こうした要因分析を行ってみてわかるのは，仮に女性の管理職率や勤続年数などを，男性のそれと等しくしてみても，相変わらず男女の賃金格差はゼロにはならないということです。男女間賃金格差の問題は複合的な問題であり，解決までの道のりはまだまだ遠いといえそうです。

> **コラム**
>
> セカンドシフト
>
> 　男女別賃金格差の要因分析をつうじて，男女の「勤続年数」の違いが男女の賃金格差に 2 番目に強い影響を与えていることがわかりました。女性たちが出産・育児をきっかけに仕事を中断してしまうことの負の効果がここに現れているといえるでしょう。確かに近年こうした M 字型就労をする女性の割合は徐々に減ってきたとはいえ，これは女性が一生涯に産む子どもの数が減ってきている影響もありますから，子育てをしながら仕事をすることが依然として女性に大きな負担となっていることには変わりありません。
>
> 　働く母親たちにとっては，帰宅後も「家庭」という第 2 の職場が待ち受けていることを指摘したのはアメリカの社会学者アーリー・ラッセル・ホックシールドでした。「**セカンドシフト**」とは，ホックシールドがこの第 2 の職場につけた名称です。共働き家庭では夫婦がともに働いているのにもかかわらず，夫に比べて妻のほうが仕事に没頭することを後ろめたく思うこと，子どもの細かな日常生活により気を遣うのは夫よりも妻であることに着目したホックシールドは，働く母親たちが二重働きの状態にあることの大変さを明らかにしたのです。著書である『セカンドシフト』は 1989 年に出版されたものですが，21 世紀の日本の女性をとりまく現状を考えるうえでも貴重な指摘をしてくれる本といえるでしょう。

同一価値労働同一賃金の原則

　「**同一価値労働同一賃金**」(Equal pay for work of equal value) 原則とは，こうした賃金格差を是正するための国際基準で 1951 年に ILO が定めた条約です。詳しくは次の unit 8 で扱いますが，現実問題として女性の労働者は，「ガラスの天井」と呼ばれるような障壁にしばしばぶつかり，また男女の従事する仕事自体に性別職務分離と呼ばれるような偏りがみられます。そのため完全に同じ仕事に男女が従事したときにどのような賃金格差が生じているかを確認することは容易なことではありません。どういうわけか女性の多い仕事は低賃金である傾向にあるのですが，その仕事がもともとその程度の価値しかないからなのか，それとも女性が就いている仕事だから低く価値づけられているのかが判別しにくいのです。

　さて ILO が「同一労働同一賃金」ではなく「同一価値労働同一賃金」という名称でこの条約を定めたのは，こうした男女の昇進機会の格差や性別職務分

離の問題も加味したうえで賃金格差の問題を解決するためでした。「男女が従事している仕事や職階が異なるため，見かけ上，両者に賃金格差が生じているにすぎない（だから男女差別ではない）」という不当な正当化が行われないようにしたのがこの原則なのです。よく例としてあげられるのは「女性の看護師と男性のトラック運転手の職務の比較」というたとえですが，両者の職務の価値が同一であるなら，同一賃金が支払わなければならないということなのです。

日本政府は 1967 年にこの条約を批准しています。しかし国内法や制度の整備が著しく遅れてきたため，長らく男女間賃金格差が是正されないまま今日に至っているのです。日本の男女間賃金格差の大きさは国際的にも問題視されており，しばしば ILO 条約勧告適用専門家委員会や，国連の**女性差別撤廃委員会（CEDAW）**から是正するようにという「意見」がつきつけられてきました。

1990 年代以降，同一価値労働同一賃金の原則は日本国内でも広く知られるようになりました。そして 2001 年 9 月には「京ガス賃金差別裁判」において日本で初めてこの同一価値労働同一賃金の原則を採用した判決が出されました。このとき，原告の女性と男性管理職の職務が「同一価値労働」にあたるかどうかが裁判にかけられ，「役職」の有無という違いはあるもののそれぞれの職務の価値に大きな差はないと判断されたのです。原告の女性が実際に行っていた職務は他の会社では役職者が担っていた仕事でもありました。たとえ，その会社で役職を与えられていなくても，原告女性の労働の価値は他の男性管理職の労働と同等と判決によって認められたのです。　　　　　　（中西祐子）

読書案内

- 落合恵美子『21 世紀家族へ――家族の戦後体制の見かた・超えかた（第 3 版）』有斐閣，2004 年

    戦後日本社会における産業構造の変化と「夫はサラリーマン，妻は専業主婦」のカップルの誕生とその後の変化をわかりやすく解説した本です。

- 森ます美『日本の性差別賃金――同一価値労働同一賃金原則の可能性』有斐閣，2005 年

    同一価値労働同一賃金原則について考察された本です。日本社会の分析に加え，欧米の議論や運動の展開も紹介されています。

- 北九州市立男女共同参画センター"ムーブ"編『ジェンダー白書2 女性と労働』明石書店，2004年

  労働とジェンダーについて，男女雇用機会均等法，同一価値労働同一賃金，パートタイム労働，非正規雇用など多様な問題が取り上げられています。

unit 8

職場慣行

女性社員，いま昔

　1985年に成立した**男女雇用機会均等法**以前は，女性社員は「女性である」がゆえに採用，給与，定年などで男性社員とのあいだに差をつけられることがあたりまえのように行われてきました。多くの企業では女性社員にのみ「若年退職制度」が適用され，女性たちは高校や短大を卒業したあとはいったん就職しても結婚や25歳になったことを契機にほとんどが職場を去っていったのです。一部には例外的に長く働き続けることができた女性もいましたが，仮に仕事を続けられたとしても昇給・昇進の機会は男性社員と比べて著しく制限がありました。なかには女性の「上司」が男性の「部下」より給与が低いというケースさえあったのです。**定年差別**もあり「男性55歳，女性50歳定年」といった年齢差が設けられていることもありました。

男女雇用機会均等法とコース別人事採用制度

　男女雇用機会均等法以降，企業が性別に基づいて社員の処遇の差をつけることは表向き禁止となりました。しかしこれで男女の処遇の格差がなくなったかといえばそうではありません。なぜなら男女雇用機会均等法の成立とともに別な方法でもって企業が男女別の採用を温存できるような制度がこの時期確立したからです。**コース別人事採用制度**と呼ばれるこの制度は，社員を「総合職」と「一般職」に分けて採用することを認めるもので，前者が幹部候補生，後者が補助業務をする人のためのコースとして設定されたものです。男女雇用機会均等法が作られたことで，従来のようにおおっぴらな男女別の採用枠を設ける

ことが不可能になったのと同時期に，さまざまな企業がこのコース別人事採用制度の導入を始めました。

雇用機会均等法以前，大卒男性は「幹部候補生」，学歴にかかわらず女性はみな「補助業務」と，区別して採用されてきました。雇用機会均等法成立以降，多くの企業では男性を全員総合職として採用し，多くの女性は一般職として，そしてわずかばかりの女性だけを総合職として採用するという「裏技」を生み出しました。コース別人事採用制度は表面的には「男女別」採用ではないため男女雇用機会均等法には違反しません。しかし実質的な機能は「男女別採用制度」そのものです。その結果，給与や昇進構造の男女差別は正当的に温存されたまま今日に至っているのです。男女雇用機会均等法は制定されたものの，同時期にコース別人事採用制度が成立したことにより，企業内の旧来的な男女別処遇の格差を是正することはなかなかできなかったのです。

ガラスの天井

この時期わずかではあれ総合職に採用されるようになった女性たちもいましたが，彼女たちがみな男性と同じような昇進機会を得られたわけではありませんでした。厚生労働省平成23年度雇用均等基本調査によると，雇用機会均等法第一世代が40代後半に差し掛かった今日でも，係長以上の管理職に昇進した女性は30人以上の企業規模の企業のうち1割に満たない（8.7％）のが現状です。性別を理由に昇進機会を制約することは法律で禁止されているにもかかわらず現状はこのとおりなのです。

どうしてこれほどの差ができてしまうのでしょうか。そのカラクリはこんな感じです。まず同じ総合職として採用されたといっても，女性社員と男性社員に同じ仕事が割り振られるかどうかはわかりません。同じ幹部候補生として新人研修をスタートさせたとしても大口の仕事はもっぱら男性に回ってくるといったような場合，女性は後々の昇進レースにおいて非常に不利になるでしょう。表向きその仕事の割り振りは「女性だから／男性だから」を理由とするものではありません。「男性にもいろんな仕事が割り振られている」のだからその一環だというわけです。しかし結果的にみると，女性社員には絶対回ってこない仕事というものがあるのです。

このように，女性社員にとって昇進というものは「手が届きそうなのだけれど，そのあいだには目に見えない障壁がある」ものであることが少なくないのです。このようなかたちで女性の昇進が頭打ちになることを，**ガラスの天井**と呼ぶこともあります。

性別職務分離

　総合職には男性が，一般職には女性が多いのと同様に，社会をみわたしてみると女性と男性の従事している仕事には偏りがあることがわかります。職場内での男女の仕事内容の「住み分け」は，個々の職場のなかを観察してみるとさらに細かく行われていることがわかります。たとえば同じ病院内に勤めていたとしても，医者には男性が，看護師には女性が多いのはその典型といえるでしょう。このように男女の労働者が携わっている職業や職務が偏っている現象は**性別職務分離**と呼ばれています。

　企業のなかにおける性別職務分離についてみてみると，たとえばデパートなどでは職場の「外」に出ていく外商や外交販売の仕事には男性が配置されることが圧倒的に多く，女性はもっぱら職場の「内」部で物を売る仕事を任されていることがわかります。あるいは銀行では男性は法人を対象とした取引先係や融資・外為係に，女性は預金係として窓口業務や関連した事務作業を行う場所に配置されるといった職務分離がみられるのです。

　性別職務分離もまた雇用機会均等法以降，企業によって給与体系や昇進機会にみられる男女の違いを「正当化」する隠れ蓑として使われているものです。細かく分かれたそれぞれの業務をどのように評価するかは企業側の裁量に任されてしまうものであり，同じ企業内で働いているとしても「職務評価」において高い業務が男性に，低い業務が女性に割り振られていれば，両者の給与にはおのずと差が開いてしまうからです。あるいはむしろ実際に行われていることはその反対かもしれません。どのような職務が「評価が高い」とみなされるかは客観的な基準で決められるわけではないことには注意する必要があります。男性が担っているからその職務は高く価値づけられるというベクトルも存在します。したがって職務評価の高い業務が男性に任されるのか，あるいは男性率が高い業務だと職務評価が高くなるのか本当のところはわからないところがあ

> **コラム**
>
> **ガラスのエスカレーター**
>
> 　介護福祉士や保育士，看護師といった職業はこれまで主に女性によって担われてきた職業でした。これら女性の占める割合の高かった職業に就く男性が最近の日本でも増えてきています。
>
> 　これらのかつて女性が多くを占めていた仕事に従事する男性たちは，同僚の女性たちよりも昇進が早い傾向にあることも知られています。この現象は一般的に女性労働者の昇進が頭打ちになる「ガラスの天井」に対して**ガラスのエスカレーター**と呼ばれることもあります。「ガラスのエスカレーター」(Glass Escalator) とは，アメリカの社会学者クリスティン・ウィリアムズによってつくられた言葉です。ウィリアムズはアメリカで女性労働者が占める割合の高い典型的な4つの職業（看護師，小学校教師，図書館司書，福祉職）において，数的にはマイノリティであるはずの男性労働者が優遇される傾向にあり，昇進も早いことを明らかにしています。男性が占める割合の高い職業に女性労働者が参入することには**困難**がつきまといますが，男性が女性割合の高い職業に参入することは歓迎される傾向があるのです。

ります。

　1つ面白い現象を紹介しましょう。最近，介護福祉士や保育士，看護師のようにこれまで女性が大半を占めていた仕事に就く男性が増えてきている職業がいくつかあります。これらの職業のなかには「男性が増えたため」給与体系のみなおしが検討されようとしている職業もあります。つまり職務内容は変わらなくとも男性雇用者が増えてくると社会的な評価も報酬も高くなるというわけです。したがって性別職務分離を基盤に給与体系や昇進機会の男女差を設けることは「職務が違うから仕方がない」と正当化できるものではけっしてありません。その職務についている男性の割合が給与や昇進機会に何らかの影響を与えていないか注意深く見守る必要があるのです。

「能力主義」のパラドクス

　それでは性別にも年齢にもとらわれない「能力主義」の職場を作れば女性が働きやすい環境が整ったといえるのでしょうか。実はことはそれほど簡単でもないのです。ここで属性を排除した業績主義あるいは能力主義を徹底することがもつパラドクスについても再検討しておく必要があるでしょう。

たとえば同じ職場で同じ時間働き，同じような業績を上げようとしても，帰宅が遅くなっても家では食事の用意から今日着ていた服の洗濯までしてくれる妻がいる男性社員と，帰宅後，家では夫や子どもの食事の準備や世話が待っている女性社員とでは「遅く帰宅すること」のもつ意味が大きく違うことは明らかでしょう。結果的に世話を必要とする家族のいる女性は業績競争においてもっとも不利な状況におかれてしまいます。社員の「能力」(業績)でもって評価をするといわれても，そもそも100％その人の「能力」を発揮できる条件下で生活しているかどうかが人によって違うのです。

　また世の中には，夜遅くから深夜にかけて働けることが大きな業績となる職種もあります。たとえば新聞記者は翌朝の朝刊一面トップになるような記事を書くことが大きな評価につながる職業といえます。しかしそうした記事を書くためには朝刊記事を入稿する締め切りギリギリの時間帯（深夜2時や3時）までにいかに取材を続け，いかに最新の情報をアップデートした記事を書き上げられるかが勝負なわけです。結果的に「子育て世代」の女性記者たちが，深夜時間帯の競争が必要とされる勝負に勝てるわけがありません。

　その他にも，たとえば「外回り」によって業績を稼ぐいわゆる「営業の仕事」などでは，取引先の企業が女性担当者を信頼せず「男性を寄こしてくれ」と注文をしてくる場合もあります。あるいは営業に伴ってキャバクラや風俗店での接待が必要とされる慣行がある業界もいまだにあり，そうした業界では女性社員が営業業務において不利な立場に立たされたり，そうした労働環境そのものがセクシュアル・ハラスメントにつながったりするのです。ようするに「同じノルマをこなせば女性も男性も平等に扱う」という能力原理に基づく企業側の言い分自体が女性にまったく勝ち目のない競争をもたらしている可能性があるというわけです。なにができることを「能力がある」とみなすかという基準の設定自体にバイアスがかかっているのです。

セクシュアル・ハラスメント

　日本で職場の**セクシュアル・ハラスメント**問題への対策が本格的に始まったのは1999年施行の改正男女雇用機会均等法以降のことでした。もちろんそれ以前にセクシュアル・ハラスメントの問題がなかったわけではありません。長

いあいだその問題は「当事者間のプライベートな問題」とみなされてきたのですが，1999年以降は企業組織内で起きる「労働環境上の問題」としてその防止に取り組むことが各企業に義務づけられたのです。

しかしそれから10年以上が過ぎた今日でもセクシュアル・ハラスメントに対する企業の対応はけっしてかんばしいものではありません。企業「内部」の部署が企業「内部」の人間同士のトラブルを対処する難しさから，正当な判断を下せないままに終わることも少なくありません。

アメリカの法学者キャサリン・マッキノンは，職場のセクシュアル・ハラスメントとは職場における女性の地位や賃金の低さと密接に結びついて発生するものだと指摘しています。これまで2つのunitにまたがって紹介してきた男女間賃金格差，性別職務分離，ガラスの天井といった女性労働者に降りかかる「困難」は，それ自体が職場内のセクシュアル・ハラスメントを生み出しやすい土壌となっているのです。こうした議論を経て今日に至るアメリカ社会では，セクシュアル・ハラスメントとは労働者に対する重大な人権侵害，労働権の侵害であるというスタンスがとられています。女性の就業率が高まるなか，日本でも働く女性の権利保障を総合的に考えていかなければならないときがきているのです。

（中西祐子）

読書案内

□ 木本喜美子『女性労働とマネジメント』勁草書房，2003年
　性別職務分離研究の重要性を指摘し，労働組織内部においてジェンダー関係・規範が構築されるメカニズムについて，複数の組織におけるケーススタディを行っています。

□ 熊沢誠『女性労働と企業社会』岩波書店（岩波新書），2000年
　「能力主義」原理のパラドクスについて鋭く指摘した本です。さまざまなタイプの女性労働の現状に光を当てています。

□ キャサリン・マッキノン（村山淳彦監訳，志田昇ほか訳）『セクシャル・ハラスメント・オブ・ワーキング・ウィメン』こうち書房，1999年（原著1979年）
　セクシュアル・ハラスメントの社会学の出発点ともいえる本です。職場の他の問題とセクシュアル・ハラスメントが関係していることを明らかにしています。

unit 9

ライフスタイルの中立とジェンダー

近代家族と社会保障

　unit 6 でもお話ししたように，日本社会においては未婚化が急速に進んでいます。多くの人が結婚しなくなる事態が出てきて，とくに男性の稼ぎ手と専業主婦からなる近代家族をモデルとする社会制度のあり方の矛盾点が見えやすくなってきています。

　日本の近代家族のあり方は，日本型経営と密接な関係をもっています。稼ぎ手である男性には，年功序列と終身雇用が保障されているシステムです。もちろんすべての男性労働者が日本型経営の恩恵にあずかったわけではありませんが，一応男性の完全雇用がめざされていた社会システムだったといえるでしょう。このような状況で，男性労働者は新卒一括採用で「同期入社」した同僚と競い合いながらキャリアの梯子を登っていき，そのなかではそれほどの賃金格差もなく暮らしていきます。だからこそどのような企業に就職するかが重要だったのです。同じ企業に雇用されている男性労働者のあいだでは，それほどの賃金格差はありませんでした。企業は男性労働者に妻子を養えるだけの賃金，**家族賃金**を保障していたのです。

　女性は専業主婦として夫を支え家計補助の範囲で働きます。夫の扶養の範囲に収まっていれば，年金を掛ける必要もありませんでした（第3号年金）。女性の賃金が，年間70万円を超えなければ，夫の収入から配偶者控除，配偶者特別控除，合わせて76万円が控除されましたし（それ以降は段階的に控除），住民税，本人の所得への課税，健康保険や年金などの保険料なども一定の所得がなければ免除されました。さらに多くの企業で配偶者手当などが出されてきまし

た。

このような社会システムのもとでは、学歴の差よりもむしろ男女の性別の差のほうが大きくなります。企業のなかでは終身雇用が保障される男性正社員が多く、いまのように正規雇用と非正規雇用の雇用形態による格差は少なかったのですから、男性労働者のあいだではある意味で、同一価値労働同一賃金の原則（→unit 7）は守られていたといえます。男女のあいだでは不公平にみえますが、女性は補助的な仕事を与えられることが多かったため、賃金格差を問題とすることは難しかったのです。男性と同じような待遇を求めることは、女性が養われるという前提でできている家族賃金をさらに女性が要求するという矛盾であると考えられたのです。このようなシステムのもとで女性は、自分が稼ぐことよりもむしろ、多く稼ぐ男性労働者を結婚相手として選択することが重要になったのです。

保障からこぼれ落ちる人びと

このような制度のもとでは女性は、結婚していることによって生活の糧を得ることになります。ところがいったん離婚すると、まずは雇用がありません。低賃金の「フルタイムパート」で働かざるをえなくなります。これはフルタイムのパートタイムという矛盾した言葉ですが、女性の雇用が家計補助を前提とした職しかなかったためです。新卒一括採用を前提とした日本型経営では、女性が結婚や子育てで退職したあとまた働くという中断再就職コースで、それなりの雇用を得ることはとても難しくなります。シングルマザー自身の平均年間就労収入は、181万円ほどしかありません（2011年度全国母子世帯等調査結果）。

自らの意思で離婚した（と考えられる）子どもをもつ女性と、子どもを残して夫が死亡した人、そもそも婚姻届を出さないで子どもを産んだ女性（さまざまな事情があるので「非婚派」ばかりではありません）は、同じシングルマザーでありながら、待遇は異なります。夫と死に別れた人は相対的には保障も手厚く、遺族年金を受け取ることができます。しかし離婚した場合は、妻は夫が掛けてきた厚生年金を受け取ることができませんでした（2007年4月から離婚時の年金分割制度が始まりました）。厚生年金の場合は家族賃金をベースにしており、夫婦が生活することを想定されているのにです。その代わり、自分名義のわずか

な国民年金を受け取るしかありませんでした。

　また，夫と死別したり離別したりした場合は寡婦控除があり，年収のうち一定額が所得税から控除されます。しかし，はじめから結婚していないシングルマザーの場合，この控除はありません。また，子どもが認知されている場合は，実際に扶養を受けていなくても，離別女性がもらえる児童扶養手当ももらえないという時代が長く続きました。

　同じようなシングルマザーという立場でも，どのような経緯でシングルマザーになったかによって適用される法律や制度が違い，結果としてかなりの待遇の違いが生じていることは，「標準的なライフコース」を外れた人たちの問題といって切り捨てていいのでしょうか。

　そもそも年金制度にも矛盾があります。unit 4 でも述べたように，1985年に男女雇用機会均等法と抱き合わせで成立した年金制度，サラリーマン（第2号）の妻である専業主婦（第3号）の年金の掛け金を皆が負担するという制度は，特定のライフコースだけを優遇していないでしょうか。自営業者（第1号）の妻は第3号にはなれないので，自分で国民年金の掛け金を負担しているのです。非正規雇用の人の多くや失業者も第1号になりますから，自分で年金を掛けています。またサラリーマンの夫が失業したとたん夫は第1号になりますから，それまで企業が半分負担してくれていた年金を全額自分で掛けなければならなくなるだけではなく，その妻も第1号になるため，夫が失業すると同時に年金の掛け金を自分で払わなければならなくなるという皮肉があります。

　このような矛盾は，社会保障の制度設計の単位を「世帯」にしていることから生じています。そもそも，近代家族を前提とした「世帯」を前提として制度を設計した場合，その標準的な世帯を形成しない人にとっての制度は，生きづらいものとなってしまいます。日本の税制はさまざまな控除を設けていますが，控除は高収入で扶養家族が多くなるほど有利になります。ですから，不平等を表すとされるジニ係数が，税金を引いたあとにさらに大きくなるという事態が起こっています。

　また男性の非正規雇用ばかりが問題にされますが，女性の非正規雇用の増加の割合は，それよりもずっと多いのです。シングルの女性にとっても安心して生きることができる社会とはいえません。私たちがどのようなライフスタイル

75

をとったとしても，同じような雇用や社会制度が平等に保障される必要があります。ライフスタイルに中立な制度設計を考える必要があるのです。

大きな政府から小さな政府へ

「世帯」を中心としたさまざまな制度は，1990年代以降，急速に崩れはじめました。配偶者特別控除の上乗せ分が廃止になり，多くの企業で扶養手当がカットされ，離婚後は第3号年金者も夫の厚生年金を分割して受け取ることができるようになりました。これはある意味で，いままでジェンダー平等の観点から求められてきた「世帯」単位のあり方を脱して，「個人」単位への移行が実現しているということもできるかもしれません。

しかし手放しで喜ぶことができないのは，これらの流れが，できるだけ政府の負担を小さくして，福祉を削減しようという「大きな政府から小さな政府へ」という流れに位置づいているからです。このような考え方は，**新自由主義（ネオリベラリズム）**と呼ばれます。これは「個人」の「自己責任」を強調し，市場原理を実現するために強力に国家が介入して規制緩和を行い，さまざまな公的サービスを市場に任せるような思想実践です。収入に対する課税も累進課税を緩和し，富裕層に有利で，格差を拡大する政策が採られます。

ですから世帯単位の福祉を削減するのは，ジェンダー平等のためというよりは，たんに企業や政府の負担を減らすというコスト削減のためといったほうがいいかもしれません。シングルマザーは「自立」すべきだと児童扶養手当の削減がもくろまれたり，非正規雇用が増えたりしていますから，不平等はむしろ拡大しています。確かに1985年に成立した男女雇用機会均等法以降，女性の雇用機会は増え，一部の女性の能力を活用しようという動きはありましたが，その一方で，女性の非正規雇用化は進行するばかり。女のあいだで進行する格差のことは，**女女格差**と呼ばれることもあります。ある意味で「主婦」が女の運命だった時代，みなが結婚して，同じような暮らしができるという幻想がもたれていた時代は終わりを告げて，競争が激化しているのです。

ワーク・ライフ・バランスとはなにか

ワーク・ライフ・バランスとは2001年にアーリー・ラッセル・ホックシール

ドという社会学者が使ったことによって英語圏に広まった言葉です。日本では行政が主導して受け入れられ，2006 年の内閣府の『男女共同参画白書』で「女性の活躍とワーク・ライフ・バランス」という特集が組まれています。これは簡単にいえば，「仕事と生活の調和」をめざす考え方であり，この考え方が少子化対策と男女共同参画推進の中心に据えられたという見方があります。

　unit 6 でも検討したように，日本社会の少子化は進行するばかりです。正社員の男女は長時間労働にあえいでいます。そんななか専業主婦の妻は平均 7 時間 43 分，働いている妻でも平均 4 時間 53 分の時間を家事に費やしているのに，夫はわずか 40 分ほど（「平成 23 年社会生活基本調査」）。企業が家族に優しく（ファミリーフレンドリー）になってくれて，夫も妻も余裕のある暮らし，余裕のある生活ができたら，少子化が止まると行政が考えても不思議ではありません。実際国際比較をしてみると，家事・育児時間に占める男性の割合はカナダやノルウェーでは 40% を超えているのに，日本では 10% ちょっと。先進国のなかではほとんど最低のランクに属します。

　ちなみによく，「働く女性が増えたから少子化が進行した」といわれますがそれは間違いです。確かに 1970 年代には女性の労働力率の高い国は少子化が進行していました。しかし 80 年代には関係がなくなり，それ以降はむしろ，女性の労働力率の高い国は，合計特殊出生率が軒並み高いのです（図 9-1）。つまり，女性が安心して働ける制度が整っている国のほうが，女性は子どもを産んでいるのです。

　仕事も生活もどちらも充実していて，ほどほどにバランスが取れている——そんな生き方ができたら素敵ですね。でも実際にはなかなか，ワーク・ライフ・バランスは一部の人を除いては，まだまだ絵に描いた餅にすぎないようです。多くの女性が就労している非正規雇用では，育児休業を取るというのも夢のまた夢。もちろん法的には保障されていますが，妊娠がわかると派遣の契約を更新しない派遣切りなどが横行しています。そもそも「ワーク」がないのに，どうやってバランスなんかが取れるのか，というのが，多くの人の本音かもしれません。

　外国では，たとえば EU では 1997 年にパートタイム労働指令が制定され，パートタイムとフルタイムの労働者の均等待遇が決められています。また，

図9-1　OECD加盟24カ国における女性労働力率と合計特殊出生率

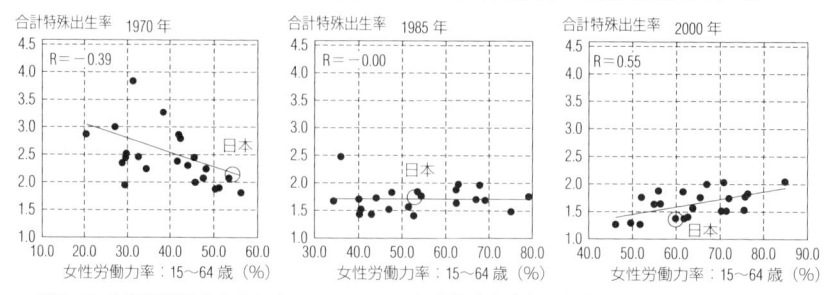

[1970年: R=-0.39／1985年: R=-0.00／2000年: R=0.55 の散布図3点。横軸は女性労働力率: 15～64歳（%）、縦軸は合計特殊出生率。各図に「日本」の位置が示されている。]

(注)　Rは相関関係をあらわす。R=-0.39は合計特殊出生率と女性労働力率とのあいだにややマイナスの相関があり、R=-0.00はほとんどなし、R=0.55は相関があると考えられる。
(出所)　http://www.gender.go.jp/whitepaper/h18/web/danjyo/html/zuhyo/fig01_03_08.html
(資料)　内閣府「少子化と男女共同参画に関する社会環境の国際比較報告書」より作成。

2008年のEU臨時派遣労働者指令では、派遣労働者と常勤者の差別が禁止されています。ところが日本では、何度も繰り返しになりますが、同じ労働をしていたとしても雇用形態によって賃金も、年金や保険などの社会保障も異なります。このような差別をなくし、雇用を安定させ、男女とも働きやすい環境を整えることが重要です。

　また女性が働く際に必要とされるのは保育所です。幼稚園の定員が余り気味であるのとは対照的に、保育所に入りたくても入れない待機児童の数は年々増え続けています。明らかに女性の就労希望は増え続けているのです。しかし保育所も、先ほど述べた新自由主義的な政策のもと、民営化が進められています。国が保育の責任を地方自治体に任せ、交付金のあり方を変えたため、高額な人件費がかかる保育所費用を地方自治体は負担したくないのです。その結果、人件費を削減した営利目的の企業に保育が委託され、安心して子どもを預けられないからと、仕事を辞める女性も出てきています。また収入に応じて保育料を負担するのではなく、一律に利用料を決め、保育所に利用者を選んでもらおうという制度改革も進められています。このような制度は、富裕者に有利となります。すべての女性が安心して働ける、保育所の量だけでなく、保育の質も確保することが求められています。

(千田有紀)

読 書 案 内

- □ 大沢真理『現代日本の生活保障システム──座標とゆくえ』岩波書店，2007年

   ジェンダーをはじめとする不平等を内包し，グローバル化のなかで行き詰まっている従来の社会保障システムを批判的に検討しています。どのような制度が好ましいのか，具体的に考えることができます。

- □ 萩原久美子『迷走する両立支援──いま，子どもをもって働くということ』太郎次郎社エディタス，2006年

   子どもをもちながら働くときに，女性はどのような困難にぶつかるのか──家庭と仕事の両立の難しさを豊富なインタビューなどによって明らかにした本です。

- □ 山口一男・樋口美雄編『論争 日本のワーク・ライフ・バランス』日本経済新聞出版社，2008年

   論争形式で議論が収められているため，日本のワーク・ライフ・バランスでなにが重要なのか，論点がはっきりみえます。

unit 10

無償労働とケアワーク

　労働とジェンダーの関係を考えると，賃金や職場慣行，仕事に就く機会や働き方，社会保障へのアクセスや時間の使い方にまで男女差があることがわかってきました。そこでは，労働をして収入を得，その収入で家族を養う男性と，家族の面倒をみながらその男性を支える女性，というジェンダー規範が現在でも生きているようです。しかし，収入を得るための仕事だけが「労働」なのでしょうか。家族の面倒をみることなど，収入を伴わない仕事は「労働」ではないのでしょうか。それを考えるのが，この unit です。

アンペイド・ワークとシャドウ・ワーク

　収入を伴わない仕事を「**無償労働（アンペイド・ワーク）**」(unpaid work) と呼びます。収入を得る男性とそれを支える女性という組み合わせが家族の基準になり，それが男女間のさまざまな不平等につながってきたということで，この解消に向けて国際機関や各国政府が対策を立てはじめたとき，女性が担っていることの多い収入にならない仕事を認知するため，この言葉が使われるようになりました。「国連女性の 10 年」以降のことです。とくに，1995 年の北京女性会議におけるいわゆる「成果文書」が，無償労働が経済活動を阻んでいることを女性の貧困の原因の 1 つと指摘して以降，各国でまずこれを数値換算し可視化することが課題となり，日本でも内閣府（当時は経済企画庁）が 1996 年から「無償労働の貨幣評価の調査」をするようになりました。

　そこでは無償労働は，国際的な基準に照らして「家事（炊事，掃除，洗濯，縫物・編物，家庭雑事），介護・看護，育児，買物，社会的活動」と定義されてい

ます。計算方法によって違うのですが，内閣府経済社会総合研究所の見積もりでは，2006年時点で男性は年間26万から48万円，女性は135万から186万円に値する無償労働をしていたと換算されています。もっとも多く無償労働をしているとされたのは専業主婦で，約300万円分にあたりました。国税庁が発表した同じ年の平均給与は男性500万円，女性263万円ですから，単純に考えて，無償労働分を合わせれば男女の経済活動のお金に換算した価値の差はだいぶ縮まりますね。

ところで，収入を伴わない仕事に対してはもう1つ「**シャドウ・ワーク**」（shadow work）という表現があります。こちらは，イヴァン・イリイチという哲学者が1980年代初めに世に出した概念です。イリイチは，さまざまな社会の原初的な「生きるための」営み（「サブシステンス」と呼ばれることもあります）を西洋近代資本主義が席巻し，制度化し，市場で売り買いされるものに変えたことを批判しました。そのなかで，賃労働が主な労働となるにしたがって金銭に換算されない他の労働は影におかれ，女性が担ってきた家事もそこに入れられたことを指摘したのです。

しかしイリイチの考え方も，前近代のジェンダーを相補的で自給自足を支えるものと理想化し，女性の男性への従属を固定化するものでした。イリイチは，「先進国」の「途上国」に対する搾取と，国連，国家，資本が主導する経済開発・経済成長を鋭く批判しながら，そこに組み込まれた女性に対する搾取を軽んじていました。けれども，現代の世界は，貧富の格差が広がり，大量のエネルギー消費による環境破壊が日々の実感となり，グローバルな価格競争に投げ込まれた農業が崩壊の途にあるといわれる世界です。そのことと，家事のほとんども，育児，看護，介護など，人の世話をする仕事（**ケアワーク**）も市場で売り買いされる有償労働になりつつあることは，無関係ではありません。イリイチの轍を踏まず，経済成長を基準としない持続可能な社会システムを作る方向で，ジェンダー平等をめざすことはできないものでしょうか。

家事労働に賃金を

国連が問題にするより前に，違った観点から「無償の家事労働」を女性に対する搾取として問題にしたフェミニストもいました。イタリアの「**家事労働に**

賃金を！」運動はよく知られていますが，同名の『家事労働に賃金を』を著したマリアローザ・ダラ・コスタがその理論的中心でした。ダラ・コスタは，家事労働者としての女性（主婦）が，快適な衣食住とセックスを提供することによって賃労働者としての夫の鋭気を養い，翌日の労働力を再生産し，子どもを産み育てることによって次世代の労働力を再生産する労働を担っているにもかかわらず，無償で搾取されていることを不当だと訴えました。さらに，「愛」の名のもとに女性自身が積極的に参加することによって，この搾取が正当化されてしまうことも指摘しました。ダラ・コスタは，このような女性の労働に「賃金をよこせ！」ということによって光を当て，再評価をうながしたのです。

しかし一方で，当時は多くの女性たちが賃労働をする権利を求めて運動していたのですから，「家事労働に賃金を」という主張は論争を呼びました。主要な批判の一点は，現在の男女不平等社会のなかで女性の無償労働を実際に有償労働にしたところで，安く買いたたかれる労働者を大量に生み出すだけだ，というもの。もう一点は，無償労働を象徴的に評価したところで，ジェンダーによる分業が強化されるばかりでよけいに女性（主婦）を家庭内に閉じ込めることになるというものでした。

ダラ・コスタ自身はこれに対して，もし家事労働に十分な対価が支払われたなら多くの女性は地位も賃金も低い市場の労働に就かなくてすむし，もし家事労働が十分に労働として認識されたなら，多くの女性は他の労働者が妻や母から受けているのと同じようなサーヴィスを受けることができるはずだと反論しました。つまりダラ・コスタは，家事労働の価値が無視されているからこそ，それを担う女性の地位も労働も安く据え置かれていることを強調したのです。論争は結着したわけではありませんが，家事労働を女性が無償で行うことは，資本主義と家父長制に組み込まれているということが理論化され，以降，アンペイド・ワークもある種の価値を生む労働だという理解が社会に浸透した，という大きな成果がありました。

アンペイド・ワークの国際化と女性の「主婦化」

また，途上国に対して開発の過程で行われる搾取にも改めて光が当てられました。先鞭をつけたのが，マリア・ミースなどの「世界システム論」にのっと

> コラム
>
> ### 「メイドさん」がやってくる？
>
> 　2006年，日本のケアワークにとって歴史的な出来事が起こりました。それまでかたくなに閉ざされていた現業労働者に対する滞在資格の門戸が開かれ，外国人に看護・介護労働が解禁されたのです。二国間経済連携協定を結んだ国との取り決めのもと，4年間は研修を受ける「看護師候補者」という制限付きですが，はじめにフィリピン人，次にインドネシア人の看護師・介護士が空港に降り立ちました。
>
> 　4年後，協定どおり，看護師国家試験に合格しなければ彼女たちの滞在資格は切れ，国に帰らなければなりません。しかし，最初に来日した約283人のうちの合格者は3人。その後，年々合格率は上がっていますが，ほぼフルタイムで働くかたわらの4年間で，医療専門職試験に日本人と同じ条件で合格するのは至難の技です。現場の人も研究者もはじめから懸念していたことでした。この協定は，相手国では有資格である人材を安く使い捨てるものになる，と。
>
> 　日本側の思惑は，少子高齢社会を支えるための看護・介護労働力の確保。相手国側の思惑は，来日する本人たちも含めて，価値の高い円を稼ぎ，国の経済，各家庭の経済を潤すことと，専門家としての経験を積むことです。医師の資格をもった人までこの機会に看護師としてやってきました。けれども，日本側はこの人たちを専門家としては扱っていません。言葉の壁，習慣の壁もあり，汚物の掃除や器具の洗浄，おむつ替えなどしか任されず，不満をもらす人も出ます。にもかかわらず，フィリピン女性は明るくて優しくて看護師としては最高だ，インドネシア女性はつつましくて敬老精神があって昔の日本人のようだ（インドネシア人看護師は男性も多いのに），など，ステレオタイプの噂がよく聞こえてきます。
>
> 　ジェンダー化されたケアワークの搾取がグローバルに広がった顕著な例です。そして現在，外国人の家事労働も解禁されようとしています。

った考え方です。ミースらは，専業主婦などいないような途上国の農村にまで「近代化」あるいは「開発」の名のもとに主婦の美徳が喧伝され，そのことが，生産労働を担ってきた彼女たちの労働を「無償で当然のもの」として軽んじる役割を果たした，と分析しました。そしてこの現象を，同じグローバル経済の世界システムのもとで，先進国の都市の女性と途上国の農村の女性がともに**「主婦化」**されること，と名づけました。ただしミースらは，だからといって世界中の女性たちの連帯が容易にできるとは考えず，先進国女性は先進国経済に（無償で）貢献することによって，意図していなくても，途上国女性を搾取

する立場にあることも厳しく指摘したのでした。

ミースらは，この洞察を，かつて資本主義市場の外にあった「生きるための」営み（サブシステンス）を尊重することと組み合わせ，搾取的でない新しい生産と労働の方向性を提案しています。そして，先に述べた各国の「無償労働の貨幣評価」などによって無償労働の貢献が把握された後には，女性の有償労働市場への参加と無償労働の有償化を求めるだけでなく，家事やケアワークそのものの貨幣に変えられない価値を再評価することが必要だという議論もあります。さらに，この評価を世界的な再分配につなげようとする政策指針も出てきています。一例をあげると，1983年に発効したILO（国際労働機構）の「家族的責任を有する男女労働者の機会及び待遇の均等に関する条約」は，男女ともが育児や介護の責任を果たすことができ，そのことが雇用関係上の不利益にならないよう，参加国の政策策定をうながしています。

「愛の労働」とケアワーク

「家事労働に賃金を！」運動のなかからは，では，「愛」の名のもとに女性を無償労働に参加させる力とは何か，という議論も生まれました。それを『愛の労働』という著書にまとめたのがマリアローザ・ダラ・コスタの妹のジョヴァンナ・F．ダラ・コスタです。ジョヴァンナは，女性の労働が不払いであり，個人的な空間で個人的なケアのために個人的な感情にのっとって行われ，しかも，その密室性，永続性，心的，身体的な結びつきから，「愛の労働」は搾取だけでなく暴力にもさらされやすいことを論じました。ドメスティック・バイオレンスの核心に迫る初期の仕事ともいえます。

そのような関係に人をひきつける「愛」とはなんなのでしょうか。ここでは「愛」について包括的に考えることはとうていできませんので，労働とジェンダーとの関係で考えられていることだけをいくつか指摘しておきましょう。

「愛の労働」は，人の世話をするケアにかかわっています。そして，ケアされる人がなにを必要としているか（その人のニーズ）にもかかわっています。それは，人間の平等とはなにか，権利とはなにかについての重い問いにもなります。たとえば，障害者のニーズとそれに応えるケアを提供する人のあいだには，後者が無償で行われ労働として評価されなかったとしても，そのことを搾取と

して糾弾してしまっては決定的なものを逃してしまう「なにか」が存在する気がします。それは相手が乳幼児や重病人の場合にもあてはまるでしょう。

そこには，ケアを提供する側が感じる責任があり，充実感があり，その他もろもろのネガティブな感情があり，愛がある，といっていいでしょう。ようするに，人の生は他の人のケアなしには生きられない状態で始まり，またその状態で終わるのだから，それに応じるケアの，お金に換算されない価値を認めないような世の中はおかしい。そして，それがお金に換算されない「愛」だからといって，女性だけの役割とされる世の中もおかしい，ということに「愛の労働」議論はつながっています。ここから，エヴァ・フェダー・キテイのように，そのような労働を特定の人たちだけに押し付けて疲弊させないための公的福祉，誰もがそのような労働をしつつも自由を失わず，その他の不利益も被らない政策等を発展させなければ平等理念は意味がない，という議論も始まっています。

感情労働と「ピンクカラー」

では，「愛の労働」が市場で売り買いされる場合はどうでしょうか。家事労働やケアワークは，「ほんらい無償の」「愛の労働」であるべきだ，と考えられていることと，そのような労働を提供することに積極的にかかわる人びとがいることが特徴でした。そしてもう1つ，たとえばゲームソフトを設計するなどの労働とは違う特徴があります。それは，この労働をする人が，労働の対象となる相手とのコミュニケーションのなかで，相手の期待に応え，あるいは応えているように相手から見えるよう，みずからの感情や表情や態度をコントロールすること，そして，そのことに価値があることです。このような労働を**感情労働**と呼びます。この言葉を生んだのはアーリー・ラッセル・ホックシールドの1983年の著書でしたが，ホックシールドは，フライト・アテンダントがなにを売っているのかを研究するうちにこの概念にいきついたのでした。

以降，この概念でケアワークについて多くの説明がなされています。そこでは，感情労働には相手との画一化できない（個人的な）人間関係が影響しやすいこと，そして，なにしろ感情を使うわけですから，労働と，その労働をする人の気持ちや性格，さらには人格といった重要な属性が区別しにくくなること，したがって，これを一生懸命すればするほどいわゆる「燃え尽き症候群」に陥

りやすいことが共通に指摘されています。

　感情労働が労働の大きな部分を占めるケアワークは，具体的には，看護，介護，教育，保育にかかわる労働で，場合によっては無償労働として行われることの多い仕事です。フライト・アテンダントのような対人サーヴィス業，性産業に携わる労働を入れて考える場合もありますが，総じて「女性の仕事」と考えられてきたものばかりです。この「女性の仕事」を，一般的な事務職を表す「ホワイトカラー」や一般的な現業職を表す「ブルーカラー」に対して，「ピンクカラー」の仕事とする和製英語もあります。ただし日本でも，1999年の男女雇用機会均等法の改正に従って，性別を労働者募集の条件にすることが原則禁止になり，これらの職種にも男性が増加しています。「看護婦」「保母」「スチュワーデス」（stewardess は女性形名詞）など，性別を特定する職名が公に禁止されたのもこのときです。

　なお，お金に換算されない価値があるからという理由で市場で売買されるべきでない，したがってこれを労働と認めるべきでない，といわれる最たるものに性産業における取引があります（→ unit 21）。しかし，性労働を労働と認める側の議論も，上記の家事労働，ケアワーク，**ピンクカラーワーク**とセックスワークとの共通点を感情労働にみて，それを市場で売ってはならないという考えこそが搾取や差別を助長している，として反論しています。「家事労働に賃金を」の議論と同じく，決着をつけることは難しいでしょう。　　　（青山　薫）

読書案内

□ エヴァ・フェダー・キテイ（岡野八代・牟田和恵監訳）『愛の労働あるいは依存とケアの正義論』白澤社，2010 年（原著 1999 年）
　　立場性を重視し，介護者も巻き込んで展開されるケアワーク論。従来の正義論の普遍主義を超えようとしています。

□ 中村陽一・川崎賢子編『アンペイド・ワークとは何か』藤原書店，2000 年
　　アンペイド・ワークに関する日本の論客を一堂に集めました。持続可能なライフスタイルの教科書としても読めます。

□ アーリー・ラッセル・ホックシールド（石川准・室伏亜希訳）『管理される心──感情が商品になるとき』世界思想社，2000 年（原著 1983 年）
　　社会学の確固とした伝統にのっとりながら，「感情労働」という新しい分析

概念と理論をつむぎ出した記念碑的一冊です。

⑩ 無償労働とケアワーク

第3章 労働とジェンダー

KeyWords 3

- ☐ M字型就労
- ☐ 男女間賃金格差
- ☐ 同一価値労働同一賃金
- ☐ 男女雇用機会均等法
- ☐ コース別人事採用制度
- ☐ 性別職務分離
- ☐ セクシュアル・ハラスメント
- ☐ 新自由主義（ネオリベラリズム）
- ☐ ワーク・ライフ・バランス
- ☐ シャドウ・ワーク
- ☐ 家事労働に賃金を！
- ☐ 愛の労働
- ☐ ピンクカラーワーク

- ☐ 主婦パート
- ☐ セカンドシフト
- ☐ 女性差別撤廃委員会（CEDAW）
- ☐ 定年差別
- ☐ ガラスの天井
- ☐ ガラスのエスカレーター
- ☐ 家族賃金
- ☐ 女女格差
- ☐ 無償労働
- ☐ ケアワーク
- ☐ 主婦化
- ☐ 感情労働

第4章

教育とジェンダー

© ヤマシタトモコ／祥伝社フィールコミックス

ヤマシタトモコ『HER』祥伝社
＊オンナたちの本音を描く全6篇の連作オムニバス

11　かくれたカリキュラム
12　教育の男女格差
13　ジェンダーフリー

第4章 教育とジェンダー

この章の位置づけ

　この章では,学校のなかで「ジェンダー」がどのように作りあげられているのかを学びます。学校は,他の社会的組織に比べてジェンダー平等概念が浸透しているとみなされることも多い場と考えられがちです。しかし実のところ学校では,社会全体のジェンダー秩序が脈々と再生産されています。そしてまた,学校が独自に生み出すジェンダー構造も存在しています。この章ではまず学校教育を通じて,近代社会のジェンダー秩序がいかに構築されているかを考えます。加えて「ジェンダーフリー教育」と呼ばれる既存のジェンダー秩序の問いなおしと,それが受けたバックラッシュについても紹介します。

この章で学ぶこと

- **unit 11**　私たちが暗黙のうちに学んでいる「かくれたカリキュラム」というものを通じて,近代社会のジェンダー秩序がどのように生産・再生産されているかについて焦点をあてます。
- **unit 12**　戦後の日本社会において形式的に開かれた男女平等な教育機会が,現実においては教育結果の格差を是正していないことを明らかにし,その背景には何があるのかについて考えます。
- **unit 13**　「ジェンダーフリー教育」と称される,学校において導入されようとした教育実践が,どのように誤解され,どのような政治的論争が巻き起こったのかについて解説します。

unit 11

かくれたカリキュラム

大学生「席取り」現象の不思議

まず図11-1をみてください。これはある日の私の大学でのゼミ風景です。

■ 図11-1　大学生の座席とり ■

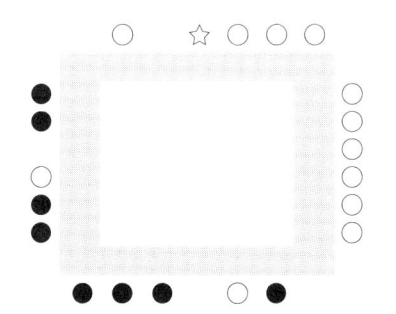

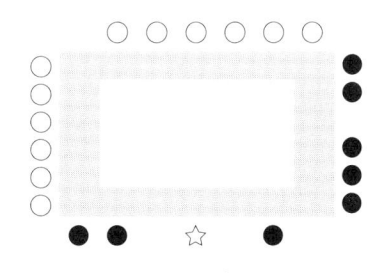

3年ゼミ（出席者20名）　　　　4年ゼミ（出席者20名）

○：女子学生
●：男子学生
☆：教員

　どうも今日の大学生は教室内では男女別のグループに分かれて席に座っていることが多いようなのです。大教室の講義の授業でもこれと同じで、教室内には男女別の小さなグループがたくさん散らばっています。私の勤め先は共学大学ですが、キャンパス内では予想以上に「男女別に分けられた世界」が作られているようです。

　なぜ学生たちは男女別々のグループを作ってしまうのでしょうか。その背後には人びとが高校卒業までの長いあいだ「学校」という場で生活するなかで知らず知らずのうちに身につけてしまった「ある知識」がかくれているのです。

私たちが学校のなかで学んでいるのは国語，数学，社会，音楽……といった時間割上に示された知識だけではありません。それに加えて，授業を行っている教師すら意識しないうちに，ひそかに生徒に伝わってしまう知識というものが学校には存在しています。**かくれたカリキュラム**とは，こうした「教師がそれを教えようとしているわけでもないにもかかわらず生徒に伝わってしまう知識」のことをさす言葉です。

かくれたカリキュラムにはその社会のなかで望ましいとされる価値観や人びとに期待される行為のルールなどが反映されています。ジェンダーとのかかわりでいえば，その社会のなかで「望ましい」とされるジェンダーのあり方が学校で教えられる授業や学校生活を通じて気づかないうちに生徒たちに伝わってしまっているというわけです。

フォーマル・カリキュラムとかくれたカリキュラム

一方「学校で教えられる内容として正式に決められた知識」のことはフォーマル・カリキュラムと呼びます。フォーマルとは，「公式の」という意味です。時間割にしたがって教えられる各教科はその典型的な例です。

戦前期の日本の学校では男女別学制がとられていました。そしてそこで教えられる教育内容も異なっていました。たとえば女子の通う高等女学校では修身や裁縫といった「女子が身につけるべき技術や素養」とされるものがカリキュラムのなかに加えられていましたが，男子の通う旧制中学校ではこうした科目はありませんでした。戦後の学校でも「技術家庭科」の授業では同じクラスの男女が分かれて授業を受けることがしばらく続いていました。クラスの男子が技術科の授業で金属や木材の切り方や，電気の配線について学んでいる同じ時間帯に，女子は家庭科の授業で調理や裁縫，家計簿のつけ方などを学んでいたのです。

近代社会における学校教育の本来の理念とは，性別や人種・エスニシティ，出身階層など，その人のもって生まれた属性の違いにかかわらずあらゆる人びとに平等な教育を施すことにありました。学校は次世代の社会を担うべき子どもたちが，これら属性に基づく不平等を乗り越えられるような知識を与えることを期待されてきたのです。それにもかかわらず男子には技術科を，女子には

家庭科を教えるという区分が公的に認められてきたことは，戦後日本の学校が抱えてきた大きな矛盾ともいえるものでした。

1990年代に入り，ようやく技術家庭科の男女別教育は終わりました。1993年には中学校で，翌94年には高校で**家庭科の男女共修**が始まったのです。それから20年近くがたつ現在，それでは女子生徒と男子生徒は完全に同じような学校生活を送ることができているのでしょうか。実は話はそれほど簡単ではないのです。確かにフォーマル・カリキュラムのレベルで伝達される知識の男女差はなくなりましたが，今日ではもっと「かくれた」プロセスを通じて相変わらず女子生徒と男子生徒には異なる知識が伝わっているのです。むしろ学校や教室が共学化し，表面上「平等化」した今日のほうが，その問題性の告発は難しくなったといえるでしょう。それゆえ今日，かくれたカリキュラムのレベルに潜むジェンダーの問題に着目することは，非常に重要なのです。

教科書，制服，教員の配置

かくれたカリキュラムを通じて社会全体のジェンダー構造が伝達される事例には，①学校で使われる教科書，②男女別に決められた制服，③学校教員の配置，④教師と生徒のやりとり（専門用語では「相互行為」と呼びます），⑤生徒同士のやりとり（相互行為）などがあります。

たとえば国語の教科書の登場人物は現実よりも過度に強調された女性像，男性像が描かれていることが少なくありません。泣き虫の女の子，乱暴な父親といった人物はしばしば国語の教科書に登場するものですが，これらの「女性像」「男性像」は知らないうちに「女性／男性というものはこういうものだ」という知識を子どもたちに与えてしまうのです。

最近の若い女性の私服は一昔前に比べてずっとパンツ姿が多くなりました。街中を歩く女性のファッションを観察してみるとパンツ姿のほうを多く見る日も少なくありません。ところがいまだに女子生徒用の学校制服はそのほとんどがスカートのみを指定しています。このこともまた「現実以上に**ステレオタイプ化した女性像**」でもって生徒たちの身体を縛っているといえるでしょう。

では教室で授業をする教師はどうでしょうか。中学や高校では教師の担当する教科が決まっていますが，国語や英語などいわゆる「文系」の科目には女性

教員が，数学や理科などいわゆる「理系」の科目には男性教員が多いことが知られています。さらに保育所・幼稚園から大学までの学校段階別に教員の男女比を算出してみると，保育所・幼稚園や小学校では女性教員が多く，高校や大学では男性教員が多いことがわかります。これらは生徒たちに「数学や理科は男性に向いている」「幼少期の子どもの世話は女性に向いている」「高度で複雑な知識を教えるのは男性に向いている」といった誤ったメッセージを伝達しかねません。生徒たちの将来の進路は本来，無限に選択肢があるはずですが，こうした教師の姿そのものが「かくれたカリキュラム」として働き，しばしば教師の世代が構成していたジェンダー構造を再生産するような結果へと導かれていくのです。

教師と生徒の相互行為

教師と生徒あるいは生徒同士の相互行為もまた，かくれたカリキュラムとして働きます。たとえば教師があらかじめ女子生徒と男子生徒に異なる期待を抱いているような場合，それらが知らぬうちに生徒への働きかけや生徒評価に影響してしまっているのです。実際に教室内で教師と生徒のやりとりを観察すると，教師は圧倒的に男子と多くやりとりをしていることがわかります。男子のほうが質量ともに多くの働きかけを教師から受けているのです。

高校時代の進路指導の場面などでも，教師が自明視しているステレオタイプ的な男女像が反映されてしまうことがあります。「女子は浪人しないほうがよい」「男子は理系に行ったほうがよい」といわれた経験があるという高校生，大学生はいまだにいます。進路指導を行っている教師自身も気づかないうちに「女子に向いている進路／男子に向いている進路」という思い込みが再生産されてしまいかねないわけです。

ピアグループの圧力

クラスルームは「男子の雄弁・女子の沈黙」によって支配されている世界です。教師からの積極的な働きかけがない場合でも，生徒からの自発的な発言はその多くが男子に集中しているのです。

女子が教室内で沈黙してしまう背景には，男子生徒による女子の発言の妨害

や女子の真面目さに対する「からかい」が潜んでいるといわれています。教室内を観察していると男子生徒たちが女子生徒の発言をからかうシーンを目にすることがしばしばありますが、それが女子生徒たちの発言意欲を削いでしまうのです。ピアグループ（仲間集団）からの圧力は男子同士や女子同士のあいだでも発生しています。力のある男子集団が「女子のように真面目な男子」や「女子のように弱い男子」を仲間はずれにしたり、女子としては逸脱的な行動をとろうとする女子を他の女子が批判したりするのです。

　ようするに、生徒同士のやりとりを通じても社会のジェンダー構造は強化され再生産されています。ピアグループ内での「からかい」や、ときには「仲間はずれ」のような行為を通して「望ましい女性像／男性像」から外れた生徒は排除され、「望ましい」とされる規範への同調行動がうながされるのです。

性別カテゴリーを生み出す学校文化

　このように学校では社会全体のジェンダー構造が脈々と再生産されています。しかし学校のもつ働きはこれだけにとどまりません。学校は学校特有のかたちで「女／男」というカテゴリーをこの世の中に生み出す働きさえもっているのです。

　たとえば幼稚園や小学校では、授業を進める際に、教師が「男子はこうして、女子はこうして」と「**性別カテゴリー**」を用いて集団統制をすることが頻繁に行われます。集団生活をスタートしたばかりの子どものなかにはその指示の意味するところがわからず、「間違った」グループに混ざろうとするケースも少なくありません。しかしそうした場合にも子どもたちは、「○○ちゃんはこっち」という教師による指導を通じて自身の所属する性別カテゴリーを理解していく（どちらに所属すれば注意されないかと理解する）のです。つまり生徒たちは「性別カテゴリー」というものを、他でもない幼稚園や学校での集団生活を通じて学んでいるといえるのです。

　ある研究者が聞いた小学校教師の発言には「全校集会でも、子どもたちはこちらがなにもいわなくても男、女と並びますよね。それは学校が作りだしたものだと思う」というものがあったそうです。「学校が作りだしたもの」と現場の教師でさえはっきりと認識してしまうほど、子どもたちはそれを学校を通じ

> **コラム**
>
> **性別カテゴリーと集団統制**
>
> 　1人の教師が多人数の生徒を相手に授業を行わなければならない学校では，生徒をグループ化することが有効な教授法として導入されることがあります。その際，生徒の能力に応じた「能力別カテゴリー」や，まったく外的基準のない「ランダムカテゴリー」が用いられることもありますが，幼稚園や小学校の教室観察をした研究者たちによると，本来「ランダムカテゴリー」を用いてもよい場面でも教師は頻繁に「性別カテゴリー」を使用する傾向にあるという指摘がされています。たとえば「お弁当をがんばって食べる」「指示された順にプールに入って泳ぐ」ことは，トイレや更衣室を男女別にすることとは異なり（これもセクシュアルマイノリティーやプライバシーの問題を考えると，男女別のみの集団に分けた更衣室やトイレだけでよいのかどうかは再考の必要がありますが），本来男女に分ける必要はないものです。ところがこうした場面においても「男子はこっち，女子はこっち」というグループ分けが頻繁に用いられていたというのです。
>
> 　小学校で性別カテゴリーを用いずに授業をしようとしたところ，かえって子どもたちが混乱してしまったという報告もあります。学校独特の「性別カテゴリーを用いた集団統制」はそれほど「あたりまえのこと」になっているわけです。

て学んでいるのです。そのプロセスもまたかくれたカリキュラムの1つなのです。

　この unit のはじめに紹介した大学生の「席取り」現象は，まさしくこの「学校が作りだしたもの」の集大成といえるでしょう。大学生は保育所・幼稚園時代から小・中，高校時代に至るまで，十数年にもわたる学校生活を通して男女別グループ形成を繰り返し経験してきました。そのためいまではそれを「当然なこと」として再現してしまっているわけです。

　しかし考えてみると，世の中で男女を均等に分けることができる場所なんて，学校以外にほとんどないといえるでしょう。日本全体の人口は女性のほうが多いですし，家庭内や職場，地域社会，趣味のサークルなどにおける男女比は偏っている場合のほうが多いのです。小・中学校とは異なり男女比のバランスが均等ではない大学では，学生たちを性別カテゴリーを用いてグループ分けすることはほとんどありません。だとするならば，各クラスがなるべく男女半々ずつになるように小・中学校のクラスを編成することが「あたりまえ」とされて

いる学校文化そのものを，そろそろ問いなおしてもよいころなのかもしれません。

(中西祐子)

読書案内

- □ スー・アスキュー，キャロル・ロス（堀内かおる訳）『男の子は泣かない——学校でつくられる男らしさとジェンダー差別解消プログラム』金子書房，1997年（原著1988年）

    かくれたカリキュラムとジェンダーについてわかりやすく書かれている本です。男子生徒とジェンダーの問題を扱っている点でも興味深いです。

- □ 木村涼子『学校文化とジェンダー』勁草書房，1999年

    日本の学校でみられるかくれたカリキュラムとジェンダーの問題を扱っています。「男子の雄弁と女子の沈黙」が作りあげられていくプロセスがわかります。

- □ 宮崎あゆみ「学校における性別カテゴリー」亀田温子・舘かおる編『学校をジェンダー・フリーに』明石書店，2000年

    性別カテゴリーというものが，教師にとっても生徒にとってもいかにあたりまえなものとして用いれてきたのかを明らかにした論文です。

unit 12

教育の男女格差

男女平等教育の成立――戦後の教育制度とジェンダー

　明治期に作られた近代日本最初の教育制度は男女平等からはほど遠いものでした。第二次世界大戦以前の日本では女性は「女性である」がゆえに大学入学資格がなかったのです。いまの中学・高校にあたる学校もすべて男女別学で，それぞれの学校では異なる教育内容が教えられていました。男子が中学校で勉学中心の時間を過ごしている一方で，女子は高等女学校でかなりの時間を割いて裁縫や家事など勉学とは異なる知識・技術を教えられていたのです。

　第二次世界大戦後の教育改革の目標の1つには，男女の教育機会を平等化することがありました。学校は**男女共学**が基本となり，男女には同じ教育内容を提供することが大原則となったのです。もっとも unit 11 でも触れたとおり，技術家庭科における男女の教育内容の区分はその後も半世紀近く続きました。それだけでなく 21 世紀に入った今日においても，男女間の教育格差はいまだにさまざまな場面でみられています。

男女別大学進学率の推移

　図 12-1 は戦後日本社会において高校，大学に進学した男女がどのくらいの割合を占めていたかを示したグラフです。この半世紀のあいだに，より高度な教育を受ける人の割合が男女ともに急速に拡大してきたことがわかります。同時に教育機会の拡大時期には男女でズレがあることもわかるでしょう。たとえば 1950 年代は男子の高校進学率の上昇がまず起こり，女子の進学率が男子の割合に追いつくのはそれから 5 年ほど遅れています。1960 年代半ばになると

■ 図12-1　戦後日本社会の高校・大学進学率の推移 ■

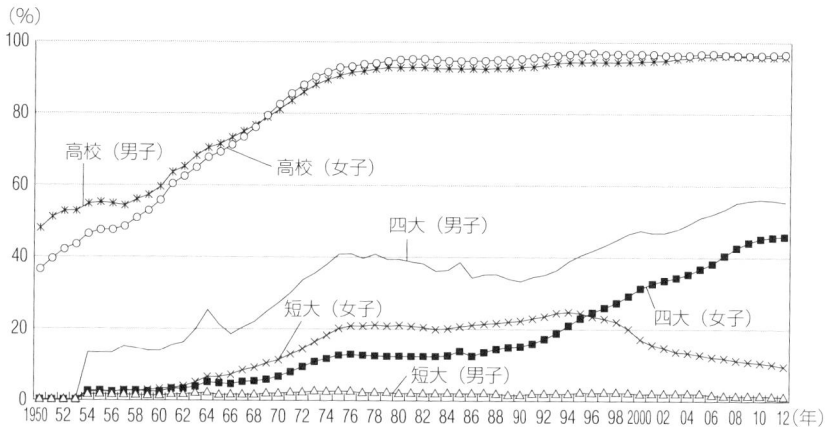

（出所）　文部科学省「学校基本調査」年次統計データより。

　高校進学率の男女間格差はなくなりましたが，それ以降も四年制大学への進学率の男女差は解消していません。2012年の四年制大学進学率（浪人生を含む）は男性が55.6%であったのに対し，女性は45.8%とほぼ1割低い値を示しているのです。

機会の平等・結果の平等

　なぜこのような進学率の格差が生まれてしまうのでしょうか。第二次世界大戦後行われた教育改革によって大学の門戸は形式的には女性にも等しく開かれました。しかし実際の進学状況をみると，開かれたはずのその機会は今日においてもなお男女間に格差があることがわかります。

　このとき重要なのは，**機会の平等**と**結果の平等**の違いというものです。実は両者はまったく別物といえます。「機会の平等」とは法律などの整備を通じて性別や国籍あるいは身分などに基づいた門前払いをなくすことを求めるものです。しかし大学進学の機会が開かれたからといって，そこにたどり着くまでの道のりがあらゆる属性の人たちのあいだで等しいわけではありません。たとえば入学金や授業料が払えない家庭の子どもは大学進学をあきらめなければなりませんし，子どもたちが身につける学力そのものを伸ばすのも塾や家庭教師を

つける経済的余裕がある家庭の子どものほうが有利になってしまいます。あるいは家族や周囲の大人たちに大学に進学した人がまったくいなければ，大学に行くことが非常に遠い世界のことに思えてしまうかもしれません。なかでも日本では子どもの四年制大学進学に対する親の期待に明確な男女差があることが知られています。息子には四年制大学を期待する一方で，娘には短大か高卒でもよしとするといった違いです。こうした不利な状況の積み重ねが開かれたはずの機会を享受できない人たちを生み，男女間の不平等（「結果の不平等」）へとつながってしまうのです。

　大学進学において「結果の平等」が達成されるということは，その人が男性であろうと，女性であろうと，大学進学者の割合が等しく保障されることを意味します。重要なのは，結果の平等とは集団間の平等の問題であるということです。確かに世の中には，ほとんどの人が大学に進学していなかったころから大学院まで進学した女性がいることや，なかには有名大学の教授になっている女性がいることも確かです。しかしそれらのごく一部の女性を取りあげて「教育の面で男女は平等になった」とはいえないのです。なぜなら女性のなかでそうした地位に到達した人たちの割合は，男性に比べて著しく少数に限られているからです。

　そう考えると日本における大学進学における男女の「結果の平等」は，依然として達成されているとはいえません。実は今日，ほとんどの OECD（経済協力開発機構）諸国では女子の四年制大学進学率が男子のそれを上回っていることが知られています。男女の四年制大学進学率の格差がこれほどまでに大きな値を示している国は OECD 諸国のなかでは日本だけなのです。

　アメリカの大学では，集団間に存在する進学機会の格差を是正するためにマイノリティ・グループに属する学生向けの入学者枠を確保する制度が導入されているところもあります。こうした対策は**アファーマティヴ・アクション**と呼ばれています。それが社会的に公正だと考えられているのは，「機会の平等」を確保しても「結果の平等」に結びつかない理由が，当人たちの「潜在的能力」の違いにあるのではなく，当人たちを取り巻く家族，学校，社会に潜む不平等な条件からこそ引き起こされたものだと考えられているからです。社会的に作りあげられた格差を是正するには社会的な処方が必要だというのがその理

> **コラム**
>
> **女子校のメリット／デメリット**
>
> 　女子校と共学校，どちらが女性の教育機関としてより望ましいかについての議論は結論を出すのが難しい問題です。まず，勉強する環境という点から考えてみましょう。女子校で行われる教育が，戦前期にあったように「女子向けの教育機関」だからと，力を入れるカリキュラムや授業内容の違いを生んでしまうような場合は，男子が同じ学校にいれば教えられていたはずの知識に女子が触れることを妨げてしまうことにつながりますから，女子校は教育機関として問題が大きいといえます。ところがやっかいなのは，共学校という環境も両刃の剣なところがあることです。unit 11 でも紹介したように，共学校であってもクラスルームのなかでの男女のパワーバランスはけっして同じではありません。男子生徒が教室空間を支配しがちな共学校では，女子の学習意欲がかえって削がれる場合も少なくないのです。こういった場合はむしろ，女子だけの学習環境のほうが，女子がその学力を伸ばすには適切だともいえます。この unit でも紹介しているように，とりわけ女子が敬遠しがちな理系分野の才能を伸ばすには，女子のみクラスで教えたほうがメリットがあるという海外の実験結果もあります。
>
> 　それでは学習環境以外の面ではどうでしょうか。今日の日本でも，女子校に入学した新入生が，生徒会長が女子であることにまず驚くという話を聞くことがありますが，こうした経験の積み重ねが「女性でもリーダーを担える」というあたりまえの知識を伝達する良い機会につながっているのです。しかしその一方で，その学校での教育が女性を囲い込み，「年ごろの女性の身体を保護（管理）する」という処女信仰的な発想や，「女性が生まれながらにもった特性を伸ばす」という性別特性論的な発想につながる場合には，女子校はデメリットの方が大きいでしょう。
>
> 　女子校，共学校，どちらで学ぶにせよ女子の学習環境は，つねにリスクにさらされているものといえます。各学校形態がもたらす問題性に意識的になり，それらを除去していこうと取り組むことが重要といえるでしょう。

念なのです。

理系女子はなぜ少ないのか

　男女の高校卒業後の進路の違いは大学での専攻分野の偏りにも現れています。たとえば 2012 年度の四年制大学学部在籍者の男女比を専攻分野別に算出すると，工学（11.7％），理学（26.1％）等の理系分野には女子が圧倒的に少ないこと

がわかります。こうした「理系女子」はなぜ少ないのでしょうか。

実は、女子が科学や数学を敬遠しがちであるという現象は、日本に限ってのことではありません。アメリカやイギリスでは、早くも1980年代以前より女子の理数系嫌いが問題視され、改善するためのさまざまな教育プログラムが導入されています。たとえば1980年代のイギリスの小学校で行われた実験のなかには、算数を女子のみクラスと男女混合クラスで教えどちらが女子の成績がのびるか確かめるというものがありました。この実験の結果、女子クラスで算数を学んだ女子のほうが、算数の成績が伸びるということがわかりました。

もちろん、女性は生まれながらに理数系科目の能力が劣っているというわけではありません。たとえばPISAと呼ばれる、OECDが2009年に行った15歳児を対象とした学習到達度調査の男女別得点をみると、日本では統計的な有意差ではないものの、科学的リテラシーの得点は女子のほうが男子より12点高いことがわかります。それにもかかわらず、さまざまな調査では、物理や化学などの科目を「嫌い」だと答える女子高校生が男子よりも多いことも明らかにされています。日本は他の先進諸国に比べても、理系分野の女子学生比率がとりわけ低いことがよく指摘されますが、理科教育との親和性を高めるためにも大学入学以前の教育プログラムの開発が急務と言えるでしょう。そのためには、unit 11でも触れたとおり、フォーマル・カリキュラムのレベルでのプログラム開発だけでなく、かくれたカリキュラムのレベルにおいて、「女子は理系に向かない」といった知識が伝達されることのないよう、抜本的な改革が必要なのです。また学校現場だけでなく、理系分野を卒業した女子の就職先の整備も急務です。受け皿となる産業界が女子を門前払いするようなことがないよう（→unit 8）、社会全体でのバックアップが必要といえるでしょう。

親の教育期待と大学進学機会の男女差

先進諸国のなかには大学の授業料が無料であったり、奨学金で授業料や生活費がカバーされている国も少なくありません。しかし奨学金制度が十分に整っていないうえ、私立大学が数的に大きなシェアを占めている日本では、子どもを大学に行かせるための授業料や入学金を負担しているのは、多くの場合その親たちです。国際比較統計によると、日本は他の国に比べて教育費に占める公

的支出の割合がきわめて低いことも知られています。つまり家庭の格差が子ども世代の教育格差につながりやすいということです。

1990年代後半以降、家庭の経済状況の悪化がとりわけ女子高校生の大学進学アスピレーションに負の効果をもたらすようになったという指摘がされています。「進学アスピレーション」とはその学校に進学したいと考える達成動機のことですが、高校生に将来の進路希望を質問すると「大学に進学したいが経済的に無理だから」「家計を助けたいので」という理由から高校卒業後の就職を選ぶと答える人が、男子よりも女子に増えてきているというのです。

もっとも、日本の親たちの子どもに対する教育期待が子どもの性別に応じて大きな格差があることは以前から知られていました。息子には四大進学を希望する一方で、娘には短大卒か高卒でよいとする親が多かったのです。確かに今日では、かつて「女子向き高等教育」とみなされてきた短大に進学する女子もかなり少なくなりましたが、それでも親が子どもたちの学歴達成に対してもつ期待は、娘より息子に対するほうが高いことはいまでも続いています。こうした男女の子どもに対する親の教育期待の格差が、とりわけ不景気になると女子高校生の大学進学にマイナスに働いていると考えられるのです。

新たな課題──「男子の学力低下問題」はどのような「問題」なのか

さて、日本以外のほとんどのOECD諸国では男性よりも女性の大学進学率のほうが高いことはすでに紹介したとおりです。そのようななかイギリスでは、近年「**男子の学力低下**」の問題がクローズアップされ、ジェンダーと教育の問題が男子の問題にシフトしはじめています。

もっともそこで男子の学力低下が問題視される場合、かつて女子の学力達成の問題が議論されてきたときとはまったく異なる議論の立て方がなされていると指摘する専門家もいます。男子の学力低下問題は、「本来は能力があるはずの男子」「やれば勉強ができるはずの男子」というジェンダー観を前提にくみたてられているというのです。歴史を振り返ると、女子の学業成績が男子のそれより低い状態にとどまっていた時代は長く続きました。ところが女子の成績不振が問題視されるまでには長い時間がかかり、ジェンダーと教育研究にとってまず必要とされたのは「女子は生まれつき能力がないから成績が悪いのでは

ない」ということを社会に納得させることでした。女子の成績不振は生得的要因ではなく社会的要因によるものであることからまず議論しなければならなかったのです。

ところが近年クローズアップされている「男子の学力低下」の問題は，それが観測できるようになってすぐ「社会的な課題」として焦点づけられたという特徴があります。つまりそれは本来の姿ではないと人びとが考えているからこそ，男子の学力低下は短期間のうちに社会的問題として認識されるようになったわけです。女子の場合と異なり男子はたとえ低学力であったとしても，それが「生まれつき」であるという議論にはけっしてならないこともまた興味深くないでしょうか。このようにジェンダーと教育をめぐる問題構成それ自体もまたジェンダー化されたものであるといえるのです。　　　　　　　（中西祐子）

読書案内

☐ 小山静子『戦後教育のジェンダー秩序』勁草書房，2009 年
　戦後の日本社会で浸透したはずの男女共学制度の裏に潜むジェンダー秩序について指摘している本です。共学化＝男女平等ではないことがわかります。

☐ 木村涼子・古久保さくら編『ジェンダーで考える教育の現在』解放出版社，2008 年
　21 世紀に入った今日の日本社会においてもなお「ジェンダー公正」な学校教育が実践されているとはいえないことを明らかにしています。

☐ 村松泰子編『理科離れしているのは誰か』日本評論社，2004 年
　理数系を専攻する女子は依然として少ないままです。ジェンダー研究の視点に立つと，理科教育にはどのような課題が残されているかを考察した本です。

unit 13

ジェンダーフリー

ジェンダーフリー・バッシング

「学校でなにを教えるべきか」は実はきわめて政治的な問題です。学校で伝達される知識はけっして中立的なものではなく，必ずその社会のなかで権力をもつ集団に有利になるように構成されているのです。戦後日本の学校でも学校で教えられる「知」をめぐる論争が何度も起きています。たとえば教科書裁判はその典型的なケースですし，家庭科が女子生徒にのみ必修の教科とされたり，そのあと男女共修になるまで長い論争があったりしたのもその1つです。

2000年度に入り日本国内では**ジェンダーフリー教育**を激しく批判する発言が現れるようになりました。これはまさに学校的知識をめぐる論争の典型例といえます。**ジェンダーフリー・バッシング**（「ジェンダーフリー」叩き）と呼ばれる一連の動きが主として攻撃の対象としてきたのは次の2つでした。1つは，ジェンダーフリー教育は「子どもたちを中性化するものだ」という批判です。実はこれは大きな誤解です。ところがバッシング派は，ジェンダーフリー教育が子どもたちから「男らしさ／女らしさ」を奪ったり「家族の絆」を壊してしまったりする危険な思想だと攻撃したのです。なかには，「男も女も同じだと主張するジェンダーフリー教育は，男女の更衣室やトイレを一緒にしようとしているのだ」と事実無根の主張をするものも現れました。しかし間違ってはいけないのですが，本来，正しくジェンダーフリー教育の視点に立つならば，女性の人権侵害になるような男女同一の更衣室や同一のトイレなんて発想は出てこないはずなのです。

ジェンダーフリー・バッシングが，もう1つ攻撃の対象としたのが性教育で

> **コラム**
>
> ### 「男女混合名簿」をめぐる言説構成
>
> 　戦後長らくのあいだ，日本の学校では男女別名簿が当然のように使われてきました。1985年の国際女性会議のときに行われた調査で，男女別名簿を学校で使用している国が日本以外にはほんのわずかであったことがわかりました。以降，国内でも徐々に**男女混合名簿**の導入が始まりました。ちなみにアメリカやヨーロッパでは男女別名簿を使用している国はまずありません。その発想すら思いつかないといった状態のようです。
>
> 　この新しく導入された男女混合名簿は，近年の「ジェンダーフリー・バッシング」の強まりとともに批判されるようになりました。学校のなかには再び男女別名簿に戻したところも少なくありません。いまの大学生に高校までどのような名簿を経験してきたかと聞くと学校教育の途中で名簿の並び方が変わったという経験を話してくれる人は多くいます。男女別名簿から男女混合名簿になった経験をもつ人もいれば，男女別名簿のままだったが女子が先に並ぶようになったという人，あるいは男女別名簿が一時期混合名簿になり，その後再び男女別名簿に戻ったと話す人もいます。いまの大学生がちょうどこの名簿論争にさらされている世代であることがよくわかるエピソードです。
>
> 　男女別名簿が「差別」にあたるかどうかについて意見を聞いてみるとさまざまな発言が飛び出します。それらを分析してみると，どうやら世の中の男女差別がどのくらい深刻であると認識しているかということと，男女別名簿を「差別」だと考えることには相関があるようでした。一方，ほとんどの大学生は，仮に人種別・階層別の名簿を学校で使用してみたらどうかという話題については拒否感を示すようです。「分けること自体世の中にある圧倒的な差別につながっていくのでは」という意見もみられました。
>
> 　さて，はたして男女別名簿は「別に問題ない」程度の問題なのでしょうか。読者のみなさんにはこの本を読みながらひとつ考えをめぐらしてみてもらいたいところです。

した。このとき「過激な性教育」としてバッシング派がやり玉にあげたのが，東京都内のある特別支援学校（旧養護学校）で行われていた性教育実践でした。その学校では人形を使って性器の名前やその仕組み，性行為について子どもたちに教えていたのですが，これが「過激」と批判されたのです。しかしなぜ特別支援学校において人形を使って具体的に目に見えるかたちで性教育を行わなければならなかったかという個々の学校がもつ文脈を考えてみると，この批判

がまったく的外れであることがわかるでしょう。特別支援学校に通う生徒たちのなかには抽象度の高い説明のままでは理解することが困難な子どももいます。思春期を迎えた生徒たちに性に対する正しい理解を得てもらおうと教員が工夫した教授法が人形を使っての性教育だったのです。

バッシングの背景にはなにがあったのか

「ジェンダーフリー教育はなにもかも男女が一緒でなければならないとする思想」という理解は大きな誤解です。実はバッシング派はその点を誤解していたどころか正しく理解していたのです。そうではなくて意図的に「ジェンダーフリー教育は危ない」という議論を作りあげていったことがいまではわかっています。ではその背景にはいったいなにがあったのでしょう。

「ジェンダーフリー」という言葉が日本において使われるようになったのは1995年のことで、東京女性財団が『ジェンダー・フリーな教育のために』『あなたのクラスはジェンダー・フリー？』を発行したことに始まります。この「ジェンダーフリー」という言葉が生み出された当初、国内には大きな反論はみられませんでした。

この用語が本格的にバッシングの対象になったのは、その後2000年代になってからのことです。そのころは、学校がさまざまな点において排外的ナショナリズムや新保守主義的な思想をもつ政治家や学者たちの発言や運動にさらされることが非常に多くなっていった時期でもありました。たとえば2001年に教科書検定に合格した「新しい歴史教科書をつくる会」の作成した歴史・公民教科書はその典型といえるでしょう。実はジェンダーフリー・バッシングの担い手のなかには「新しい歴史教科書をつくる会」のメンバーも含まれており、両者は政治的思想の上できわめて近いものであることが今日では確認されています。

2000年代に入ったこの時期、日本国内では家族の絆や女性が家族役割を担うことの重要性が次々と主張されるようになります。そのなかでは選択制夫婦別姓に対する反対署名や、1994年にようやく実現したばかりの家庭科の男女共修に対する反対意見すら出されました。夫婦別姓や家庭科の男女共修は「日本のよき伝統である家族制度」を破壊するものというのがその主張だったので

す。2002年から03年は学校で行われる性教育に対するバッシングが非常に高まった時期でしたが、こうした時代の流れのなかでジェンダーフリー教育は、「男らしさ／女らしさを否定する」「行きすぎた教育」「フリー・セックスを信仰するもの」といった言説がバッシング派によって作りあげられていったのです。

バッシング派の「敵」は「ジェンダー」概念にあり

2004年には前年まで性教育を追及していたバッシング派の矛先がいよいよ「ジェンダーフリー教育」に向けられることになりました。「ジェンダーフリー」は「男女それぞれの特性（男らしさ／女らしさ）を否定する主張」だと批判されるようになったのです。2005年に入るとジェンダーフリー・バッシングはさらに勢力を増し、政府閣僚によってもバッシングが始まりました。それとともにその背景に隠されていた政治的思想（新保守主義的な家族観、国家観）が見えかくれするようにもなりました。つまり「ジェンダーフリー」はこれら新保守主義的な家族観、国家観にとってはやっかいな「敵」だったわけです。

当初は教育現場をめぐる「ジェンダーフリー教育」の批判に集中していたバッシング派の批判の矛先は、この年以降「ジェンダー」概念そのものへのバッシングへと向かっていきました。たとえばあるフェミニストが、地方自治体が企画していた市民講座の講師に招聘されたとき、「ジェンダーフリーの思想を語るかもしれない」という理由から、都が講演会をやめるよう圧力をかけたということもありました。危険視されていたのは「ある教育実践」というよりも「ある思想」だったわけです。また、全国さまざまな地域の公共図書館で「内容が過激すぎる」という理由からフェミニズムや性教育に関する書籍を書架から撤去させるような働きかけが起き、実際に図書館から本が撤去されてしまうという事件も続けて起こりました。バッシング派の攻撃対象は「ジェンダーフリー（教育）」から「ジェンダー概念」や「フェミニズム思想」そのものへと移行していったのです。というよりは、バッシング派にとってははじめから「ジェンダー」や「フェミニズム思想」あるいは「男女平等」概念そのものが批判の対象にあったのだと考えられます。

確かに「ジェンダーフリー」という用語はその意味がとらえにくく、その意

味するところが誤解を受けやすいところもあるという指摘もありました。それゆえその用語をめぐる議論は当のフェミニストたちのあいだでも行われてきたことも事実です。しかしいま、改めて2005年以降のバッシング派がなにを攻撃の対象としはじめたかを振り返ると、バッシング派にとっての「真の敵」は最初から「ジェンダー概念」や「フェミニズム思想」にあったといったほうがよいでしょう。なぜならバッシングの担い手には、ジェンダーフリーをめぐる論争以前から、「新しい歴史教科書」の作成や、「慰安婦」をめぐる問題や、家庭科教科書に描かれた家族像をめぐる論争に関与してきた新保守主義的な思想をもつ政治家や学者たちが名前を連ねていたからです。

　冒頭で述べたとおり「学校でなにを教えるべきか」は、実はきわめて政治的な問題です。日本と同じようにイギリスやアメリカでも、「バックラッシュ」と呼ばれる現象がみられてきたことが知られています。たとえば1980年代末のアメリカでは、フェミニズム思想に基づいて生み出された「ジェンダー概念」そのものが伝統的家庭を崩壊させるものだと攻撃の対象にされたことがありました。そして中絶の完全禁止が主張されたり、女性のキャリアとは職業達成にあるのではなく結婚や出産にあるように教育することの必要性がこのとき主張されたりしたのです。両者を並べてみると、20世紀末から21世紀冒頭にかけて日本に沸き起こったジェンダーフリー・バッシングも、これとよく似た構造をもつものといえます。それは学校を舞台にした「知をめぐる闘争」の1つだったのです。

「ジェンダーフリー」vs.「性別特性論」

　さて「ジェンダーフリー」や「ジェンダー」概念そのものに対する反論としてよく持ち出されてきたのが「男女は生まれながらに異なるのだから、すべてを同じにすることはできない」「女性や男性が生まれながらにもつ良さ（特性）を尊重しなければいけない」という言説です。これらは「**性別特性論**」と呼ばれることもあります。性別特性論自体は「ジェンダーフリー」という用語が日本で使用されるようになる以前から存在していました。戦後の学校カリキュラムが変遷するなかで、当初は設定されていなかった家庭科の女子のみ必修を復活させた1950〜60年代の議論のなかでもこの性別特性論は頻繁に引用されて

いたといいます。

「女の人には女の人の良さがある」「男の人には男の人の良さがある」「だからそれらを尊重しよう」といわれると，なんとなく納得してしまいたくなる人が少なくないかもしれません。だとしたら unit 14 で紹介する議論に触れてみてください。私たちが思い描く「女の人はこういうものだ」「男の人はこういうものだ」というイメージは，現実の人びと（「女性」や「男性」として私たちの社会によって分類される人びと）の姿とはかなり異なるものであることが unit 14 でわかるでしょう。むしろ私たちが積極的にそのキャラを演じることで，私たちはようやく「女性」や「男性」になっているだけなのです。教育現場で持ち出される性別特性論においてもこれとまったく同じことがいえるでしょう。そこで「女性／男性がもつ特性」と想定されてきたものは，現実にいる個々の人びとがもつ諸特性とは大きくずれているものです。それにあらゆる人びとがあらゆる「特性」をもっているなかで，それらを「女性の特性」と「男性の特性」のたった2つにしか分類していないことも不思議な話ではないでしょうか。

その意味において，性別特性論において持ち出される女性像／男性像もまた，「幻想としての女／男」にすぎないのです。ここにもある意味「知のトリック」がかくれています。①ごまんと生み出すことができる分類方法のなかでなぜ女性と男性のみの区分を持ち出すのか，②仮に人間を女性と男性にグループ分けするとしても（それ自体は瞬間的には不可能ではありませんが）グループ内の分散をどう説明するのか，あるいはその分散を無視して当面どのような「特性」が「女性／男性の特性」として代表されているのか，といった点におけるトリックです。そう考えると「女性／男性の特性」というものがかなり人為的に構築されたものであることがわかってくるのではないでしょうか。

さて，この unit では「ジェンダーフリー」に対する近年のバッシングが，なにを誤解しているものなのか（人びとが誤解するように仕向けてきたのか）という点から話を始めました。unit の最後でジェンダーフリーと性別特性論の対立を取りあげると，「やっぱりジェンダーフリーは人びとを中性化する危険な議論なのではないか」と心配になってしまう人もなかにはいるかもしれませんね。そうした心配が杞憂であることをお伝えするために，最後にもう一度説明しておきましょう。ジェンダーフリーとは，あなたがいまこの瞬間，あなたが

女性あるいは男性であると自認していること自体についてなんら口をはさむつもりはないものです。「その性を捨てろ」という主張ではまったくありません。しかし，もしあなたがあなたの自認する性別のせいで他者から不当な扱いを受けたり生きにくさを感じていたりするならば，それを生み出している社会の構造を暴いていかなければいけないとジェンダーフリーは主張するのです。社会が構築してきたさまざまなジェンダー・バイアスから人びとを解放すること，そのことこそが昔からジェンダーフリーという言葉が真に目的としてきたことだといえるでしょう。

(中西祐子)

読書案内

- 若桑みどりほか編『「ジェンダー」の危機を超える！』青弓社，2006年
  ジェンダーフリー・バッシングに抗議するため2006年に行われたシンポジウムでの議論をまとめたものです。バッシング派の政治的背景がよくわかります。
- 木村涼子『ジェンダー・フリー・トラブル』白澤社，2005年
  「ジェンダーフリー」「男女平等」「性教育」「家庭科教科書」等に対するバッシングが広がるなかで，なにが曲解され問題が起きているのかを分析した本です。
- 日本女性学会ジェンダー研究会編『Q＆A 男女共同参画／ジェンダーフリー・バッシング——バックラッシュへの徹底反論』明石書店，2006年
  巷に流布するジェンダーフリー教育についての誤解を解くために作られた本です。ジェンダーフリー教育とは本当はどういうものなのか，何をめざしているのか，Q＆A形式でわかりやすく解説されています。

第 4 章 教育とジェンダー

KeyWords 4

- ☐ かくれたカリキュラム
- ☐ ステレオタイプ
- ☐ 男女共学
- ☐ アファーマティヴ・アクション
- ☐ 男子の学力低下
- ☐ ジェンダーフリー・バッシング
- ☐ 性別特性論
- ☐ 家庭科の男女共修
- ☐ 性別カテゴリー
- ☐ 機会の平等・結果の平等
- ☐ 理系女子
- ☐ ジェンダーフリー
- ☐ 男女混合名簿

第5章

日常生活とジェンダー

講談社コミックス Kiss『海月姫』第1巻より
© 東村アキコ／講談社

14　演じられるジェンダー
15　ストリートハラスメント，デートDV

Introduction 5

この章の位置づけ

　この章では，私たちのさまざまな日常生活に着目し，「ジェンダー」の問題を考えます。

　私たちはこの世に生まれたときから，「女」あるいは「男」として二分法的な見方にさらされがちです。たとえば赤ちゃんが生まれると，医者はまずその子が女の子か男の子かを家族に伝えようとします。しかしそれは私たちのモノの見方（認識枠組み）がそうなっているからにすぎません。同じ新生児に女の子用の服と男の子用の服を交互に着せて大人たちの前に紹介すると，大人たちは伝えられたとおりの性別の赤ちゃんであると錯覚し，「女の子」と紹介されれば丁寧に，「男の子」と紹介されればやや乱暴に扱うという実験結果も報告されているほどです。この章の前半では，「女」あるいは「男」というものが，私たちの日常の行為（パフォーマンス）によっていかに作りあげられているのかを指摘します。

　後半では，日常に潜む暴力，とくに性暴力に着目します。街中で起きるストリートハラスメントや，親しいあいだで起きるドメスティック・バイオレンスやデートDVの問題は，全世界的に共通して起きている問題であり，その撲滅に向けたグローバルな運動が始まっています。また，これらの性暴力は，私たちの社会が共有する「男性性」と無関係ではけっしてなく，旧来の「男性性」を定義しなおすことが，防止につながると考えられているのです。

この章で学ぶこと

unit 14 日常生活において私たちがどのようにジェンダーを作りあげているのかということについて考えてみたいと思います。

unit 15 街中や，親しいあいだがらで引き起こされる性暴力に対するグローバルな取り組みについて紹介します。

unit 14

演じられるジェンダー

名前を与える／ジェンダーを与える

　ある生命保険会社の調査によると2012年に生まれた赤ちゃんの名前のトップ5は女の赤ちゃんが「結衣」「陽菜」「結菜」「結愛」「ひなた」など，男の赤ちゃんが「蓮」「颯太」「大翔」「大和」「翔太」などだったそうです。このように私たちの名前はそれを聞いただけで女性か男性かが瞬時にわかるようになっているケースがほとんどです。

　したがって私たちに名前が与えられる瞬間とは，私たちにジェンダーが与えられる瞬間だともいえるでしょう。私たちは直接知らない人の性別をその名前をみて判断することがよくあります。あるいはトランスジェンダーを自認する人のなかには，生まれたときに与えられた名前が自分の認識する性と一致しないため苦しみを抱えるケースもあると聞きます。名前が表すジェンダーの記号性はそれほど大きいものなのです。

　かつてフランスの哲学者であるシモーヌ・ド・ボーボワールが「人は女に生まれない，女になるのだ」と語ったことは有名な話です。ボーボワールのこの言葉は，人間の性別というものが本質的に決まるものではなく人びとによって構築されたものであることを指摘しているといえるでしょう。人間の性別は生まれたときに決まるというよりも，生まれてから死ぬまでの一生のあいだ，繰り返し他者から「女／男であること」を呼びかけられたり，また自らそのジェンダーを演出し続けたりすることで初めてこの世に出現するものだと考えられます。最近，よく使われる言葉に「キャラ」という言葉がありますが，要するにジェンダーも一種の「キャラ」の演出といえるのです。

ファッションとジェンダー──機能か演出か

　親戚や親しい友達の家に赤ちゃんが生まれたと聞いて赤ちゃんの誕生祝いを贈りたくなることもあるでしょう。そこでデパートの子ども服売り場に足を運んでみると，私たちは驚くべき現象を目にすることになります。

　赤ちゃんの洋服やおもちゃというものは，新生児のころからはっきりと男女別に分かれているものです。女の子の洋服の代表的な色はピンクで男の子の場合はブルーです。贈り物をする赤ちゃんの性別を知らされてなかったりすると一大事です。男女兼用になりそうな色の服を探そうとすると，これがかえって難しいからです。それほどまでに**性別二元論**が厳格に適用されているのが赤ちゃん用品売り場なのです。

　まだ寝がえりもハイハイもできないような月齢期の子どもの洋服に機能的な面から男女の違いをつける必要はほとんどないといってよいでしょう。ましてやピンクやブルーといった洋服の色が，赤ちゃん自身の日常生活に不可欠だとはとても考えられません。すなわち赤ちゃん服にみられる「女」「男」の違いは，その身体的な特徴（それはきわめて一部分であり身体全体からするとわずかな「違い」ですが）や機能上の必要性からそうなっているというよりも，大人たちが勝手に「女の子」用と「男の子」用として作りあげたものにすぎないのです。いいかえると赤ちゃんは，「女の子」用の服を着ることで初めて「女の子」になり，「男の子」用の服を着ることで初めて「男の子」になるといえるでしょう。大人たちのファッションも多かれ少なかれこれと同じことがいえるのです。ファッションは自身のジェンダーを演出する際の小道具の1つなのです。

「他者」によって作られるジェンダー

　子どもが保育所・幼稚園に行きはじめると，男女別に二分化された世界に触れる機会がいっそう高まります。むしろ，それは集団生活のなかでこそいっそう強化されていくのです。たとえば幼稚園に通うまでは赤い服を平気で着ていた男の子が幼稚園に通いだしたとたんに「赤い服はイヤだ」と拒否するようになったという話を耳にしたことがないでしょうか。子どもたち同士で「どんな服を着れば女／男としての仲間に入れるのか」についての確認作業を頻繁に行っているからです。そこから仲間はずれにされないために，所属したい性にふ

> コラム

スポーツの世界が守るジェンダー秩序

　スポーツの世界では男女が明確に分かれていることがほとんどです。オリンピックをはじめほとんどの競技が男女別に行われている理由については「女子と男子は体力差があるから」と説明されるのが一般的です。

　では男女の体力差というものは実際にどの程度あるのでしょうか。文部科学省が行っている「全国体力・運動能力，運動習慣等調査」の 2010 年度報告をみると，50m 走の成績の男女別分布図はその大部分が重なり合っていることがわかります。言い換えると男子より足の速い女子もたくさんいるわけです。男女の体力差というものは世の中で信じられているほど大きくはないようです。

　中学校の男女混合の柔道部でフィールドワークを行ったある研究者は，その部では男女の部員にまったく同じ運動メニューが組まれていたにもかかわらず，ランニングのときは男子が前方，女子が後方に分かれ，部全体に練習の指示を出すのは男子のキャプテンで，女子のキャプテンは女子のみに指示を出し男子には出さないといった奇妙な境界線の存在を発見しました。さらに武道場での「乱取り」の練習では女子と男子の取組がほとんどみられないこと，例外は実力の劣る男子や下級生の男子と上級生の女子との組み合わせに限られていることがわかりました。さらに調べていくうちに，こうした奇妙なルールを柔道部員たちが守り続ける背景には「強いはずの男子を弱い女子が負かすようなことがあってはならない」という〈男性優位〉神話を守り通すための暗黙の了解があることがみえてきたといいます。

　どうやらスポーツの世界が男女に分かれている理由は「男女の体力差」ではなく「男女に体力差があるという神話」を守ろうとするところにあるようです。万が一女子が男子に勝つようなことがあれば「男子の立場がなくなる」からです。スポーツの世界においても「強い男性」と「か弱い女性」は過度に演出されてきたといえるのです。

さわしい人物であるよう，子どもなりに「キャラ」づくり（自己演出）を始めているわけです。

　自分が誰であるかという自己アイデンティティの構築には必ず他者の存在が必要です。人はつねに一貫したアイデンティティをもっているというよりは，周囲にどんな他者がいるかに応じて自己の演出を少しずつ変えているものです。たとえば女子校や男子校の生徒同士のなかでは「女子であること」や「男子であること」が意味をもたなくなり，何か別の差異化の記号を用いて自己を主張

しはじめるようになるのはその一例です。子どもたちは家族のなかでは「親」に対する「子ども」として、あるいはきょうだいに対する「兄」「姉」「弟」「妹」としてのアイデンティティを構築することはむしろ多いでしょう。「女」や「男」としてのアイデンティティそのものが構築されるのは、家族よりも保育所・幼稚園や学校など多くのピアグループ（友達集団）が周囲に存在し、その記号による差異化が意味をもつ場に限ってなのです。

したがって自分が「女」であるか「男」であるかのアイデンティティも、私たちが生まれながらにもっているというよりも、誰かしら「他者」の存在を通じて初めてこの世に生み出されるものといえるでしょう。

「ジェンダー」を演じる

逆にいえばジェンダーは、ある程度の知識をもっていれば、自己演出できるものでもあります。若者たちがファッション雑誌をみて自分のファッションやメイクあるいはヘアスタイルを真似するときにもこうしたジェンダーの自己演出は行われています。

ところで現実の男女の姿とイメージのなかの男女、とりわけメディアなどの世界に現れる男女の「表象」にはかなりのギャップがあることも知られています。アメリカの社会学者アーヴィング・ゴフマンは広告に現れる男女の姿を分析し、そこにデフォルメされた男女の姿が描かれていること、そこに現れている男女の姿は「現実の男女」というよりは私たちが「これが男／女だ」と想定している（幻想の）姿にほかならないと指摘しています。ゴフマンを持ち出さなくても、私たちが目にするファッション雑誌には現実に身の回りにいる男女より格段にスタイルの良い男女が写っていることはみなさんも知っているでしょう。コンピューター技術の進んだ今日では雑誌に掲載されるモデルの肌の質感や足の細さすらも、はたして本当にそのモデル本人の姿なのかすら怪しいものです。しかし私たちはそうしたメディアに現れる男女像を「理想の男女」として消費しているのです。

ゴフマンは人びとの行為もまた、ある種の演技によって成り立っていると指摘します。私たちが誰かとコミュニケーションするとき、その行為はつねに自らをどう演出し、どう演じるのかについての戦略のうえで行われているといえ

るのです。私たちが演出しているジェンダー・アイデンティティについてもこれとまったく同じことがいえます。

　ダスティン・ホフマン主演の映画『トッツィー』をみると,「女」や「男」というものが人びとの演技によって作りだされるものであることを非常にわかりやすいかたちで理解できます。映画の主人公である「男優」マイケルは,あることをきっかけに「女優」ドロシーとして自身を売り出すことになるのですが,マイケルがドロシーの姿になっていくプロセスでは,バスルームで無駄毛の処理をし,鏡の前で念入りに化粧をし,カツラのヘアスタイルをドライヤーで丁寧にセットするといった「女性」ができあがっていく一連の流れをみることができます。しかしよく考えてみるとこの「ニセモノの女」が作りあげられていくプロセスは,現実社会で「ホンモノの女性」たちが身だしなみを整えていくプロセスとまったく同じものであることに気づきます。だとするならば,現実社会において私たちが目にしている女性や男性の姿もまた「ホンモノの女性／男性らしい姿」を装っているだけにすぎないのではないでしょうか。こうした興味深い問いをこの映画は提供してくれるのです。

　あるいはアメリカの社会学者ハロルド・ガーフィンケルが出会った性同一性障害の「女性」アグネスも,人びとが日常的に行っているジェンダーの実践を逆手にとっていた点において同じといえます。アグネスは男性の身体をもって生まれましたが性自認は女性であり,女性として**パッシング**（やりすごし）してきた人物でした。自身の秘密を守るためアグネスの日常生活はいくぶん窮屈なものだったかもしれませんが,現代の若い女性たちが痩せようと必死にダイエットに励む姿をみると,「女性をする」ことはトランス・ジェンダーの人でなくても並大抵のことではないのではないかとさえ感じてしまいます。

「ジェンダーする」（Doing Gender）

　こう考えてみると目の前にいる人が女性や男性の姿をしているということは,その人の身体がどうであるかということとはまずもって無関係なのではないかという疑問が沸き起こってきます。重要なのはそのときどきにその人がどのような姿を他者にみせようとしているかということなのです。その人がそのときどのような姿を他者にみせているかということによって,初めてその人は「女

性」または「男性」に「なる」といえます。私たちはテレビや雑誌などで見かける架空の「女性」や「男性」の姿を手がかりに，その真似をすることでかろうじて「女性」や「男性」になることができるのです。このような行為実践のことをアメリカの社会学者キャンディス・ウェストとドン・ジマーマンは「ジェンダーする」(Doing Gender) と呼んでいます。

　私たちは強制的性別二元論の社会に生きています。それは私たちの身体が生まれながらにして男女2つに分かれているからというよりは，人間が作りあげた性別二元論のルールに私たちが忠実に従ってきたからにほかならないのです。たとえば異性愛者同士のデートの場面では，このルールにそった男女像をお互いが主体的に演出するシーンに頻繁に出くわすことになります。あるいは先にあげた『トッツィー』やアグネスの事例は，この性別二元論のルールを混乱させる存在であるかのようにみえるかもしれませんが，実際には「彼女」たちの行為こそ性別二元論の秩序に非常に忠実に従ったものといえるのです。

（中西祐子）

読書案内

- 江原由美子『ジェンダー秩序』勁草書房，2001年
  　ジェンダーというものがいかに構築され，それがいかに「性支配」の構築へとつながっていくのかを理論的に整理した本です。
- ハロルド・ガーフィンケル「アグネス，彼女はいかにして女になり続けたか」ハロルド・ガーフィンケルほか（山田富秋・好井裕明・山崎敬一編訳）『エスノメソドロジー――社会学的思考の解体』せりか書房，1987年（原著1967年）
  　性同一性障害をもっていたアグネスが，日常生活においてどのように「女性」としての実践を積み重ねていたのかについて考察した論文です。
- 羽田野慶子「〈身体的な男性優位〉神話はなぜ維持されるのか――スポーツ実践とジェンダーの再生産」『教育社会学研究』第75集，2004年
  　中学校柔道部のフィールドワークを通じて，スポーツの世界における「男性神話」がいかに守られているかを明らかにした興味深い論文です。

unit 15

ストリートハラスメント，デートDV

ストリートハラスメント

　2005年に財団法人日本性教育協会が行った青少年の性行動全国調査結果をみると，街なかで性的被害を受けた経験がある女子学生の割合はけっして少なくないことがわかります。たとえば「電車のなかなどで身体を触られた」，いわゆる痴漢被害の経験があると答えた女子大学生は42.0%にものぼります。痴漢防止対策として導入されてきた女性専用車両について違和感を表明する人や，痴漢冤罪問題について指摘する声を耳にすることもありますが，実際に被害にあっている女性たちがかなりの割合にのぼっていることは忘れてはいけないでしょう。

　公共の場において，他者から受ける，無礼で，不快な，ときに脅迫的な，ジェンダーにまつわる嫌がらせのことを**ストリートハラスメント**と呼びます。街なかを歩いていて，見知らぬ人に口笛を吹かれたり，性的なからかいを含んだ言葉をかけられたりすること，身体をじろじろみられたり，性器をみせつけられたり，性行為を連想させるようなジェスチャーをみせられたりすることなどはみな，このストリートハラスメントにあたります。

　ストリートハラスメント撲滅を目的としたアメリカのNPO団体，ストップ・ストリートハラスメント（Stop Street Harassment）は，世界中で8割以上の女性が，一生のうち，なんらかのかたちでのストリートハラスメントの経験をすることになると指摘しています。また，セクシュアル・マイノリティにあたる**LGBT**（レズビアン，ゲイ，バイセクシュアル，トランスジェンダー）の人たちも，ストリートハラスメントのターゲットにされやすいことが知られています。

ストリートハラスメントは，女性たちの公共の場における自由な行動を抑制する大きな要因となります。この意味においてもストリートハラスメントは，女性たちの基本的人権を脅かすものといえます。どこかに遊びに行きたいと思っても，そこにたどり着くまでの路上で危険な目にあったり，不快な思いをしたりする日常生活だとしたら，それは当事者にとってきわめてストレスです。

　インターネット時代の利点を生かして，ストリートハラスメント撲滅に向けた，いくつかのグローバルな動きも生まれています。先述のNPO団体ストップ・ストリートハラスメントのみならず，ストリートハラスメントの問題性を喚起するための「ホラバック！」（hollaback!）と呼ばれる地域運動を立ち上げる団体も各地で現れています。「ホラバック！」の運動は，2012年12月現在，ヨーロッパやアメリカ大陸を中心に，25カ国62市にわたる広がりをみせています。両者に共通するのは，ストリートハラスメントの問題性を理解するため各種のレポートやビデオなどの資料がオンライン上で提供されていることに加え，ハラスメントを受けた当事者同士が，自身の体験を語り，経験を共有できるネット上のスペースを確保して，問題解決の重要性を訴えているところにあります。

　ストリートハラスメントを防止するためには加害者をなくすことがもちろん重要ですが，それに加えて，ハラスメントが起きた瞬間にその場に居合わせた人たち（**バイスタンダー**）がハラスメントを止めさせようと行動を起こすことも大変重要です。こうしたバイスタンダーの果たす役割の重要性については，このunitの最後に紹介するアメリカの性暴力防止のためのNPO団体，メン・キャン・ストップ・レイプ（**Men Can Stop Rape**）による取り組みにおいても強調されていることがらです。日本社会に性暴力防止プログラムを導入する際にも，そこから学べることは数多くあります。

デートDV

　一方，顔見知り，そのなかでもきわめて親しい人によって引き起こされる暴力というものもあります。夫婦間の暴力である**ドメスティック・バイオレンス**（DV→unit 4）はその代表例といえるでしょう。「夫婦喧嘩は犬も食わない」ということわざにもあるように，日本では長い間，夫婦間の暴力やトラブルには

> **コラム**
>
> ### バイスタンダーの責任
>
> バイスタンダー（bystander）とはストリートハラスメントやデートDVが起きようとしているときに，加害者，被害者と同時にその場に居合わせた人たちのことをいいます。アメリカの性暴力防止プログラムでは，事件が起きたときにこのバイスタンダーの果たす責任が重要視されています。
>
> メン・キャン・ストップ・レイプの啓発プログラムでは，ストリートハラスメントが起きたとき「Stop!（やめろ！）」と声をあげることこそが「力を示すこと」だと伝えます。実際にこのプログラムを受けたティーンの若者が，バスのなかで起きた女性へのストリートハラスメントに「Stop!」と声をあげ，それをきっかけにみてみぬふりをしていた周囲の男性たちが被害者女性を助けたという出来事があったそうです。性暴力は第三者がその周囲にいただけでは防げません。むしろ周辺の人のなかには，自分に被害が及ばないよう，みてみぬふりをする人のほうが多いのです。その意味でも誰かが「Stop!」とまず声をあげることは，性暴力の防止にきわめて重要です。
>
> アメリカの大学で行われているデートDV防止プログラムでも，このバイスタンダーの役割の重要性が指摘されています。たとえばセックスは，当事者が泥酔した状態だと，本人の同意が確認されないまま行われてしまう危険性があります（ちなみに日本では，相手が泥酔して正常な意思を確認できないままのセックスは「**準強姦罪**」と呼ばれる犯罪になります）。ですので泥酔した友だちが他の誰かといっしょに寮で自分の部屋に行こうとしているような場合，それに気づいたバイスタンダーは，2人を止めに入ることが重要なのです。
>
> バイスタンダーは，一見，性暴力の当事者ではないかのようにみえますが，実際には加害者側に加担した当事者の1人といえます。アメリカの大学では，デートDV防止プログラムのなかで，バイスタンダーもそれに気づいた時点で性暴力を防ぐための大きな責任を背負っていることを，学生たちに伝えている大学もあります。

他人が口出しするものではないというスタンスが主流でした。夫婦間で深刻な暴力行為が起きても，警察は「民事不介入」とみてみぬふりをしてきたのです。

こうしたなか，日本で2001年に制定され，2013年に改訂されたのが「**配偶者からの暴力の防止及び被害者の保護等に関する法律**」（通称「DV防止法」）です。その直前の1990年代末には東京都や内閣府で成人男女を対象にした女性に対する暴力の実態調査が行われていますが，1999年に全国20歳以上の男女4500

人を対象に行われた内閣府の調査では，女性の約 20 人に 1 人は夫から命の危険を感じるほどの暴力を経験していることがわかりました。DV 防止法の制定以降，夫婦や生活を共にしているような親しい者同士であっても，刑事事件に発展するような暴力も発生しうるという認識がようやく定着しはじめたのです。

DV 防止法の適用範囲は，2013 年の改正後は，現在あるいは過去において法的な婚姻関係にある（あった）配偶者間や事実婚に加えて，婚姻意思がなくとも「生活の本拠を共にする交際相手」からの暴力に対しても準用されるようになりました。もっとも，同じ「親しい者同士」といっても，生活を共にしていない恋人間で起きた暴力や同性愛カップル間での暴力はこの法律の対象外です。その背景には，結婚や生活を共にしているほどの関係性とは異なり，単なる恋人関係は流動的なものであるという誤解があります。たとえ恋人から暴力を受けたとしても，その関係を解消すればよいだけの話じゃないか，と思われてしまうのです。しかし，人は，恋人の暴力からそれほど簡単に逃れられるものではありません。

近年，恋人間で起きる DV についても，デート DV という呼称を付けて，その問題性に光が当てられるようになりました。ところが当の若者たちのあいだでは，このデート DV について意外にも認識されていないようです。たとえば彼女が別の男性としゃべっただけで彼氏が不機嫌になること，彼女が男性のいる飲み会に行くことを彼氏が許さないこと，彼氏の携帯電話を彼女が逐一チェックすることなど，恋人の行動に対して過度な制約を要求することは，デート DV へと発展しかねない危険な兆候と指摘されています。しかしこうした恋人からの束縛は，しばしば被害者によって「自分が愛されている証だ」という錯覚のもとに見逃されがちなのです。恋人から暴力を受けたり，お金を要求されたりするような場合でも，「相手を愛しているなら自分もこれくらい理解しなければ」といった恋愛幻想にしばしば被害者は取り込まれてしまい，問題の発覚が遅れてしまうのです。

相手の合意はとった？（Got Consent?）

恋人からの暴力は，恋愛関係が進行するほど被害を受けやすくなること，加えて恋人からの性的暴力は，女性のほうが被害にあいやすいことが知られてい

ます。冒頭で紹介した性教育協会の調査では、大学生女子の10％が恋人から嫌な性的行為を強要されたことがあると答えています。さらに恋人から無理やりセックスをさせられた経験のある人も8.0％にのぼっています。若い女性の約10人に1人が恋人とのあいだで望まないセックスをした経験があるというのは見逃せない数値です。

■ 図15-1 Got Consent? ■

　同じ調査では、恋人同士がセックスを行う際にイニシアティヴをとるのは、男性であることが多いことも明らかにされています。また、セックスのときに避妊をしない理由を男女間で比較すると、「面倒だから」と答える人の割合は男性に多く、一方「言い出せない」と答える割合は女性に多いのです。セックスの場面における力関係が、男性優位であることは重要なポイントです。

　若者たちのデートDVに対する認識が低い一方、相手の意にそぐわないセックスをしているカップルは必ずしも少数ではありません。大学進学後、学生たちが自宅を離れ、若者同士で寮生活やルームシェアをして過ごすことが大部分のアメリカの大学では、デートDVを未然に防ぐための対策が導入されています。たとえばニューヨークにあるコロンビア大学では、新入生オリエンテーションのなかで、デートDV防止のためのレクチャーが行われています。筆者が2009年に訪問した際には、そこでは「Got Consent?」というメッセージを書きこんだミントキャンディーが新入生に配られていました（図15-1）。

　「Got Consent?」とは「合意をとった？」という意味です。セックスをする際に、相手の合意を得ることの重要性を説くメッセージがキャンディーのパッケージに書いてあるのです。アメリカでは、どの大学においてもデートDV対策は、歴史的にまず被害にあった人の心身のケアから始めたところが多いのですが、最近ではむしろ加害者を生み出さないための取り組みが重視されはじめているということです。「Got Consent?」キャンペーンは、まさしくデートDVの加害者になることを未然に防ぐための取り組みなのです。

◻ メン・キャン・ストップ・レイプ（Men Can Stop Rape）

　性暴力の男性加害者を生み出さないための取り組みを積極的に行っているのが，アメリカの首都ワシントンDCに本部を置くNPO団体，メン・キャン・ストップ・レイプ（Men Can Stop Rape）です。1997年創立のこの団体では，団体に所属するボランティア男性を中心に，性暴力防止のためのさまざまなプログラムが提供されています。「メン・キャン・ストップ・レイプ」とは，「男はレイプを止めることができる」という意味です。ようするに，よくあるレイプ幻想の1つ「レイプしたくなるのは男の本能だ」という思いこみをその団体名で否定しているのです。

　メン・キャン・ストップ・レイプの取り組みで興味深いことが2つあります。1つは，性暴力を防ぐために重要なのは**「男性性」**について定義しなおすことだと考えていることです。社会のなかで「男らしい」と思われていることは，力強いこと，荒々しいこと，多くの女性とセックスすること，異性愛であること，相手を支配できること，などいろいろありますが，これらの男性性はともすれば性暴力を肯定する方向に向かいやすい性質でもあるという問題があります。そこでこの団体では，自分たちの男としてのアイデンティティを，性暴力を肯定するのではなくそれを防ぐために発揮しようとする一種のパラダイム転換を提案しています。

　メン・キャン・ストップ・レイプのウェブサイトをみると，「Show Your Strength」（あなたの強さをみせて）というスローガンがあるのに気づきます。ここでいわれている「強さ」とは，女性を従わせるために暴力をふるうのではなくて，自分や他者が暴力をふるいそうになったときに，そこに立ち向かい，暴力を止めるための「強さ」なのです。たとえば彼女がセックスに対してはっきりとした決断が下せなかった場合や，当初OKしていた意思を変えたような場合，たとえ自分がセックスをしたくても先に進むことを止める「強さ」，相手のテンションが高すぎて正確な判断ができていると思えないときにはセックスを先送りする「強さ」，彼女の意思を聞き，その答えを聞いていまはセックスをしないと決める「強さ」，こうした場面に「男としての強さ」をみせろとメッセージを送っているのがメン・キャン・ストップ・レイプの取り組みの特徴的なところです。

ウェブサイトにアクセスするとわかりますが，メン・キャン・ストップ・レイプのスローガンをかかげているポスターに載っている男性モデルたちは，どちらかというと，筋肉質のマスキュリンな外見をしています。いまどきの若者たちが「イケてる」と感じるようなポーズをした男性モデルが「私たちがレイプを止めるんだ」とメッセージを送っているところにこの団体の狙いがあるといえるでしょう。

　すなわち，力で女性を支配するのではなく，女性を傷つけないように自分の力を使うことこそイケてる男性だということです。性暴力をなくすためには，男性がみずからがもつ加害者性に気づくことは重要なことです。ただし，みずからが加害者になる可能性を責め立てるだけでは，当の男性たちはアイデンティティ・クライシスに陥りかねません。そこでメン・キャン・ストップ・レイプが打ち出したのが，自分には自身や他者の暴力性をストップする力があるのだという新しい男性像です。こうした新しい男性性イメージの構築によって，男性たちの自尊心を傷つけることなく，むしろその自尊心に訴えて性暴力を撲滅しようとすることができるのです。

　メン・キャン・ストップ・レイプの取り組みの特徴は，周囲の人が性暴力を犯す可能性があるのに気付いたときには，それを勇気をもって止められる「強さ」を積極的にもとうと男性たちに伝えているところにあります。「性暴力はいけないことだ」と友人たちを説得できること，それができることこそ「男らしい」のだ，というわけです。このように，ピア・プレッシャーの効果を利用して性暴力を防止するという戦略は，予想以上に効果を上げているようです。バイスタンダーのもつ責任に着目した点では，冒頭で紹介したNPO団体，ストップ・ストリートハラスメントの戦略とも共通しています。

　ところでメン・キャン・ストップ・レイプが男性加害者を生み出さないようにするためにとりわけ重視しているのが，中学生や高校生の段階から啓発活動を始めることです。団体に所属するボランティアたちが，地域の中学・高校の要請に応じてワークショップを開きに行くという活動も行っています。そこで行われているのは，日々メディアやピアグループのなかで再生産されている，その社会のなかで支配的な男性イメージをいったん解体することです。新しい男性イメージを取り込むにはなるべく早期の啓発活動が大事であると考えられ

ているのです。実はこうした教育プログラムは、被害者になりうる女性たちを救うだけでなく、加害者になりうる男性たちを救うものだとメン・キャン・ストップ・レイプのボランティアたちは語ります。なぜなら、アメリカ社会では、一度でも犯罪をおかすということは、その後の人生は転落しかないことを意味するからです。若者たちの転落を未然に防ごうとしているのがこの団体の取り組みなのです。同じような教育プログラムの導入は、日本の中学・高校・大学でも有効ではないでしょうか。

(中西祐子)

読 書 案 内

- ☐ 日本性教育協会編『「若者の性」白書――第6回青少年の性行動全国調査報告書』小学館，2007年

  1974年以降、6回にわたり日本国内で行われてきた「青少年の性行動全国調査」の報告書です。現代の若者たちの性行動の時代、世代による違いがわかります。最新版である第7回（2011〜12年）調査結果の報告書は2013年夏に刊行が予定されています。

- ☐ 伊田広行『デートDVと恋愛』大月書店，2010年

  デートDVとはなにか、どのようにすれば防止できるかがわかりやすく解説されています。防止にはカップル単位の恋愛観からシングル単位の恋愛観への発想転換が重要であることが説かれています。

- ☐ Men Can Stop Rape のウェブサイト http://www.mencanstoprape.org/

  アメリカの若者向けデートDV防止教育プログラムを提供しているNGOのウェブサイトです。旧来の男性性から脱却し、自分や周囲の性犯罪を防ぐために男性としての「力」を発揮することを重視しています。リンク先の資料やポスターも参考になります。

KeyWords 5

- ☐ 性別二元論
- ☐ Doing Gender
- ☐ LGBT
- ☐ メン・キャン・ストップ・レイプ
  （Men Can Stop Rape）
- ☐ 準強姦罪
- ☐ デートDV
- ☐ 男性性
- ☐ パッシング
- ☐ ストリートハラスメント
- ☐ バイスタンダー
- ☐ ドメスティック・バイオレンス
- ☐ 配偶者からの暴力の防止及び被害者の保護に関する法律
- ☐ 性暴力

第6章

国家とジェンダー

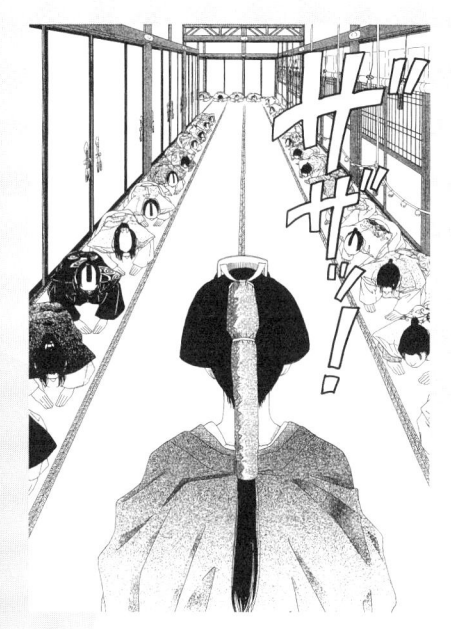

『大奥』第1巻より　©よしながふみ／白泉社

16　国民国家・人権とジェンダー
17　戦争と性暴力
18　参政権と政治参加における男女格差
19　グローバリゼーションとジェンダー

Introduction 6

この章の位置づけ

近代国民国家と人権概念の基礎を作ったフランス人権宣言の紹介からこの章は始まりますが，当時「人権をもつ市民」のなかに女性は含まれていませんでした。

この章では，現在でも女性の政治参加率は男性に比べて低いことなどの問題を明らかにします。一方で，平等な権利の獲得をめざして国家に貢献しようとした女性たちが，戦争協力を免れえなかった過去にも照らして，ナショナリズムとジェンダーの関係にも焦点をあてます。

国民をその構成員とする国民国家は，ジェンダーばかりでなく民族その他の要件で人に権利を与えたり剥奪したり，暴力をふるう「装置」ともいわれます。経済力や軍事力の強い国家が，それらの弱い国家に属する人びとの人権を侵害することが多々あります。また，所属する国家から遠く離れて暮らす人びとの人権が守られない問題も明らかになってきました。

私たちはいま，近代国民国家から独立した人権概念を考えるべきなのでしょうか。みなさんにもぜひ考えてほしいと思います。

この章で学ぶこと

unit 16 人権の普遍性と人の平等を実現するための障害を見極め，変化しつつある権利概念の広がりと将来性についても考えます。
unit 17 暴力装置としての国家を視野に入れ，とくに，女性に対する戦時性暴力を，ナショナリズムの問題としてとらえなおします。
unit 18 世界各国のなかでも，とくに日本で女性の政治参加率が低いのはなぜか，これを改善するためにはなにが必要か，解決のヒントも提供します。
unit 19 国際開発がもたらした格差をジェンダーの視点で分析し，底辺からの脱出をめざす人びとの移住に注目します。

unit 16

国民国家・人権とジェンダー

　ここまでの章で，家族，労働現場，教育現場，日常生活のなかで，男女が平等に扱われていないことの問題がわかってきたと思います。この，人が「平等に扱われないこと」を問題とする考え方の基礎にあるのが人権概念です。「人権」とは，すべての人が社会関係のなかで生と自由を享受すること，幸福を追求することができるための根拠で，人が生まれながらもっている尊厳に基づくものと言われています。人権は，人類に普遍的で，すなわちすべての人の平等を裏づける重要な原理なのです。

　しかし，その重要性を念頭におきつつ，それが現実にはどんな困難にさらされているのかを見極めなければ，これを実現することはできません。人権について考えるときにはまず，それを普遍的であるべきものというだけでなく，誕生したときから国家との関係で一定の限界を内在させていたこと，ときの流れのなかで限界に対する挑戦を受けるたびに変化してきたこと，したがってこれからも変化していくであろうことなどを押さえておきたいと思います。

　誕生直後の人権に挑戦したのは「女性の人権」がそこから抜け落ちているという異議申し立てでした。それがフェミニズムの出発点の1つだったといえるでしょう。そしてジェンダー概念は，人権がなんであるかを批判的に検証し，変化させていくための原動力であり続けています。この unit では，以上のような視点で人権の歴史を振り返り，現在進行している変化につなげていきましょう。

国民の人権と女性の人権

「すべて国民は，法の下に平等であつて，人種，信条，性別，社会的身分又は門地により，政治的，経済的又は社会的関係において，差別されない」——日本国憲法第14条1項の条文です。「基本的人権の尊重」の内容を示す憲法第3章のなかに位置づけられています。日本でジェンダーによる差別が法的に許されないことも，この憲法第14条を根拠としています。

「国民は〜差別されない」ということですから，ジェンダーなどによる差別を受けない主体は憲法上は「国民」ということになります。それでは「国民」とは誰のことでしょうか。憲法と国籍法で定められている「日本国民」は，日本国籍を有する者です。つまり，「国民」は限られた人たちであり，「国民の権利」は，その限られた人たちだけに与えられた特権ということになります。ここに，「国民」という枠組みの問題があります。「国民」の枠組みはその内側に平等な権利をもつ主体を作りだしながら，同時にその外側に不平等に扱われる「国民でない」人びとを作りだすのです。

実はこの問題は日本だけの問題ではなく，人権そのものの歴史的な問題であり，権利をもつ主体が国民であるとする国民国家の問題であり，人権が国家と対になって存在してきたことの問題でもあります。アメリカ独立宣言における人権も，それを受けて作られたフランス人権宣言に謳われた人権も，そういう限界をもったものです。

この限界を，人権概念の基礎をつくった革命当時のフランス人権宣言のなかに見出したのが，オランプ・ド・グージュでした。「人権宣言」は，フランス語で *La Déclaration des Droits de l'Homme et du Citoyen* といいます。直訳すると「男性と男性市民の諸権利の宣言」ですが，フランス語の homme は「男性」とも「人間」とも訳すことができます。英語の man が男性と人間の両方を意味するのと同じです。ド・グージュは，これを意識して「男性」を「女性」に「男性市民」を「女性市民」に書き換えた「女性と女性市民の諸権利の宣言（**女権宣言**）」を発表しました。そして，女性の参政権を要求しました。諸権利を実現するための政府の運営に女性も参加すべきと考えたからです。しかし，当時のフランス社会は，女性が政治的な意見を表明すること自体を受け入れない社会でした。ド・グージュは「女性としての徳を忘れた」と批判され，

最終的には「反革命の罪」で処刑されてしまいます。

ド・グージュの死後も長いあいだ，フランスに限らず多くの国で，国民の代表として信託を受けて政府を運営することができる者（被選挙権者），あるいはそのような代表を選ぶことができる者（選挙権者）は，どんな身分にあるかとどれだけ資産があるかで決められていました。やがてそのような制限をなくした「普通選挙」が実施されるようになりましたが，普通選挙権を有するのも最初は男性に限られていました。女性は，子どもなどの扶養家族と同様，家長である父，夫，兄などの男性に付属する者として，「法の下に平等な権利」を有する「人」には含まれていなかったのです。

女性参政権運動と戦時体制への参加

欧米の多くの国で男性普通選挙が成立したのは19世紀後半でした。日本を含むアジアでは20世紀を待たなければなりませんでした。そして，**女性参政権**が達成されるのは，ヨーロッパでは第一次世界大戦後，アジアでは第二次世界大戦後が多くなっています（独立国としてはタイがもっとも早く1932年に達成しています）。先駆的な「女性の権利宣言」を生みだしたフランスでは，世界初であった男性普通選挙権成立から約100年後，スイスを除く西ヨーロッパでもっとも遅い1944年にやっと実現しています。

しかし，女性参政権運動は，欧米でも日本でも1910年代から盛んでした。まず，パンカースト母娘に代表される中産階級の社会主義フェミニストに導かれ，労働者階級との連帯もめざし，ハンガーストライキなどの実力行使をしながら進められたイギリスの女性参政権運動は，世界的な影響力をもちました。しかし，議会で賛否両論が交わされるうちに第一次世界大戦が勃発したため，参政権の主張者たちも，兵役を担う男性に代わって銃後の家庭を守り基幹産業の働き手となって国家に貢献することになりました。

日本では，1924年，市川房枝，平塚らいてう，奥むめおなどが「婦人参政権獲得期成同盟」を結成して女性の政治参加を求めましたが，25年に成立した普通選挙法において女性は排除され敗北を味わいます。市川らは，個人が平等に権利をもつと同時に国家に対する公民としての責務を果たすことが重要である，という民主主義思想にのっとって女性参政権を追求しました。それが否

定されることは，女性が日ごろ責任をもっている生活の問題が改善されないだけでなく，女性の領域であり社会の重要な単位である家庭を国家の大事から分離するよくないことと考えました。しかし，そういった社会貢献の志こそが，後に「婦人参政権獲得期成同盟」を戦意発揚のための「大政翼賛会」に統合し，国家への貢献として戦争協力をすることに結びついてしまったのです。

　日中戦争が第二次世界大戦へと拡大するなか，国家の側も躍起になって女性を戦争へ動員していました。たとえば国は，兵力増強のため，1930年代の終わりから「産めよ増やせよ」のスローガンのもとで多産を奨励しました。マスメディアも協力し，女性はまさに女性の領域である母になることによって国家に貢献できる，するべきだ，という意識が人びとに定着したのです（→unit 17, 20）。

　このような女性の権利と国家との関係は，平等を保障される「国民」という枠の内側に入ろうとすることが，戦時には，男性に引けを取らない「国民」として戦争に駆り出されることと同義であることを示しています。また，この問題は，ジェンダーが民族や植民地支配とどう関係しているかも考えさせるものです。たとえば，日本の植民地であった朝鮮の男性と日本人女性の対照的な立場にそれが表れています。普通選挙成立以来，朝鮮人男性は「内地」に住んでいれば日本の「国民」としての参政権がありましたが，第二次世界大戦が終わって朝鮮が解放されると，日本「国民」でなくなった彼らは選挙権を失いました。時を同じくして，日本人女性は参政権をもつ「国民」に昇格しました。

　近代国家の基礎を作ったフランス革命と同時に生まれた人権は，国家抜きには成り立たないのでしょうか。人権を，「国民」の枠組みや国家に対する個人の責務から解き放つ構想はできないものでしょうか。人権に対するド・グージュの抗議は，これらの問いにつながっています。

普遍的人権と文化相対主義

　基本的な人権を保障するための法規を作り，これが守られているかを監督する機関はその国家の立法・行政・司法機関だけではありません。そもそも，「国民」の枠組みが同時に「国民でない者」を作りだすことが当面避けられないとしたら，「国民でない」人びとの人権の侵害については国民国家でない別

の機関が保障する必要があるわけです。

　現在この根拠となっているのが，国際人権規約や，**女性差別撤廃条約**（CEDAW），人種差別撤廃条約，奴隷禁止条約など，国連で採択され発効した各種の国際条約です。国際条約には法的強制力・処罰力はありませんが，条約加盟国には遵守の義務があり，これを果たさなければ国際社会から道義的な非難を受けます。また，国連は加盟国家の存在を前提としてはいますが，基本的人権を有する者の枠組みを一国の「国民」に限定していない，つまり，人権の普遍性を国籍も超えて追求している点は重要です。

　しかし，国際条約を基準とする人権の普遍性にも異議が申し立てられています。その1つは，「人権は国や文化によって相対的なものであり，外部からの介入を許すものではない」という**文化相対主義**の主張です。文化相対主義の立場に立つ人びとは，まず国連主導の人権概念がいわゆる西洋個人主義のたまものであり，それによって，たとえば個人の利益よりコミュニティの調和や宗教上のモラルを優先する文化的価値観を否定することはできないと反論します。そこには，人権と文化の対立というだけでなく，いわゆる先進国を中心とした人権政策が「援助供与の条件に人権を用いる」ことと，その背後にある植民地支配の歴史への途上国側の抗議の表明という側面もあります。ただし，このような主張を国際舞台でしたのも国家の代表者やエリート層で，彼らの主張もまた，家父長制的文化と，しばしば独裁を伴う経済開発を優先するために，個人の，とくに女性の人権を抑圧するものと批判されました。

　家父長制はもとより経済開発優先政策のもとでも，再生産労働を担う女性の無償労働が利用されることが多いのですが（→unit 19），そのため，女性の性と生殖に関する権利や自己決定権，同性間で性関係をもつことなどを含む性的自由の権利を認めることへの抵抗が強くなる傾向があります。たとえば，unit 20でも触れる女性性器切除（FGM），レイプされた女性が姦通罪に問われること，同性間性行為が重犯になることなどは，もっとも深刻な人権侵害と指摘されています。

　普遍的人権と文化相対主義の対立は，フェミニストのあいだにも議論を呼びました。なかでも**第三世界フェミニズム**または**ポスト植民地主義フェミニズム**は，一方でみずからの国や地域や文化における家父長制と闘い，他方で，旧宗主国

などで歴史的なヘゲモニーを握ってきた人びとが主張する「女性の人権」は，支配されてきた側にいる女性のニーズを反映していないと批判する，困難な作業に取り組んできました。そしてその作業を通して，文化相対主義が依って立つ，いわゆる発展途上国（あるいは第三世界）の文化が先進国とは違う特殊なものであるという考え方自体が，西洋中心主義によって作られたものではないか，そして，そのような「文化」を個人の権利と対立するものと考えること自体が，国内的国際的な政治経済権力構造を覆い隠す道具になっているのではないか，と問い続けてきました。

ここで，文化相対主義の問題を「第三世界」や「発展途上国」だけの問題と勘違いしないように，日本政府と女性差別撤廃条約との関係という身近な例をあげておきましょう。加盟国で女性差別撤廃条約が守られているかどうかは，女性差別撤廃委員会が審査しますが，2009年の審査の結果，委員会は日本政府に対して文化・法制度・教育制度・メディアへの対応などを改善するよう勧告を出しました。なかには，性と生殖に関する権利，性的自己決定の権利にかかわる数々の法律や社会習慣の撤廃・改善要求が入っています。婚姻可能年齢の男女差，婚姻の際の夫婦同姓が強制であること，婚姻内のレイプ防止策の不足，女性にのみ課せられた再婚禁止期間，性別役割分業，公人による性差別的発言，性暴力を肯定するビデオゲームや漫画の販売，人工妊娠中絶に際して女性のみを罰する「堕胎罪」などが対象です。これに対して日本政府は，女性差別の存在は大筋で認めながら，そして長年にわたり何度も勧告されている案件があるにもかかわらず，独自の文化的・歴史的背景などを理由にほとんどの改革を先送りにしているのです。

それでは，文化相対主義にはまったく積極的な意味がないかというと，それも違います。異なる歴史をもった異なる国や地域の文化が尊重されることは，個人の人権が尊重されることと同様に重要です。しかし，自文化を絶対視し他者の批判をはねつけることは，逆に他者の文化を認めていないという逆説に陥ることになります。文化相対主義が積極的な意味をもつのは，異文化間の対話を促進することができるときでしょう。そして，自文化を尊重するときには，女性を含む社会的不利益を被っている人の人権が保障されるような対話に開かれていることが大切ではないでしょうか。1993年の「世界人権会議」で採択

されたウィーン宣言は、文化相対主義の主張を受け、「国家や地域の特性や歴史的，文化的，宗教的背景は考慮しなければならない」ということと同時に，「すべての人権の保障はそうした違いにかかわりなく国家の義務である」ことを謳っています。

親密な関係に関する権利とその未来

このように人権は，絶対的なものとして存在してきたというよりは歴史的に作られ発展してきたものといえます。そもそもフランス人権宣言の主体であった「市民」は，先に述べた国家の枠のなかにある限界と同時に，「国民」と違って国家と対立してでも権利を獲得すべきものであるという理念をもっていました。そのような近代的市民の権利には，法の下の平等に基づく法的市民権，政治参加の平等を裏づける政治的市民権，社会生活や福祉を享受するための社会的市民権があり，ほぼこの順序で歴史的に現れ発展してきたといわれます。

ここに，近年「新しい権利」として，「環境権」などさまざまな市民権が付け加えられるようになってきました。その1つで，性に関する権利に**親密な関係に関する権利**があります。親密な関係に関する権利は，人がどんな親密な関係を結んでも平等に扱われる権利，処罰や排斥や差別の対象とされず社会的・法的な不利益を被らない権利です。冒頭で，人権は，すべての人が社会関係のなかで生と自由を享受することの根拠，と書きましたが，それまでの市民権と親密な関係に関する権利が異なる点は，この「社会関係」をどうとらえるかにあります。後者は，（現在でも生きている「世帯」のような）家父長制的関係に結びつきがちな，ヘテロセクシュアルな関係を規範とする社会関係から市民権を切り離し，ジェンダーの面でもセクシュアリティの面でもいろいろな属性をもつ異なる個人を社会関係の基礎とします。

親密な関係に関する権利は，1970年代（日本では1990年代）からのレズビアン・ゲイ・ムーヴメントに端を発していますが，いまだんだんと，ヘテロセクシュアル夫婦中心家族とは違う人と人との結びつきを，社会的・法的に認知するための原理になりつつあります。たとえば，2001年に，オランダで世界で初めて同性同士の婚姻（**同性婚**）が認められましたが，12年7月現在，ヨーロッパ，アフリカ，オセアニア，ラテンアメリカ地域の30以上の国と30以上の

> **コラム**
>
> **カノジョのカノジョが外国人だったら，配偶者ヴィザはもらえますか？**
>
> 　移民の制限はどこの国でも行われていますが，いわゆる先進国では近年結婚移民を問題にしています。自由意思による結婚を認めている以上，片方が外国人であっても国は本人たちの自由な結婚を止めることはできず，結婚移民にはたいていどこの国でも「配偶者の資格」というものが発生して，何年か経てばその国に永住することが可能になります。そんな外国人配偶者には，国民に限定された権利のかなりの部分が保障されます。
>
> 　それがヘテロセクシュアルの人間だけでなくホモセクシュアルまで広がったらどうなるのか，と危惧する国もあります。第一，ホモセクシュアルの人間が連れてくる「パートナー」が本当のパートナーだとどうしてわかるのか，移住したいだけ，金を稼ぎたいだけの人を「偽装結婚」で入国させる温床になるだけではないか，と考えるのです。ヘテロの人びとだって，経済的な安定を求めて結婚することや，「上昇婚」や「家庭内離婚」をすることを棚に上げて。
>
> 　しかし，実際に同性婚を解禁した国や州ではこの問題に少しずつ対処しており，たいていは淡々と入国管理を行っているので，国民の範囲が国際同性婚のせいでどう変わったのか振り返るときが楽しみです。日本では，まだカノジョの外国人のカノジョには配偶者ヴィザは出ません。立派な性的マイノリティ差別なのですが，公の大問題になるには時間がかかりそうです。

　北米・オーストラリアなどの州において，婚姻もしくは婚姻とほぼ同等の権利義務関係を裏づける「パートナーシップ制度」が法制化されており，その数は刻々と増加しています。

　同性婚は，異性間の性的・感情的・経済的・法的な社会規範として，また，血縁のある次世代を産み育てる人間関係として存在していた婚姻を覆しました。男性同士，女性同士の婚姻を法的に認知することは性関係を生殖から切り離し，家族を血縁から自由にする回路をつくる大きな一歩でした。パートナーシップ制度も同様です。名称も細かい規定も婚姻とどこがどう違うかも，国や州によっていろいろですが，大まかには，ヘテロセクシュアルの婚姻と同様，パートナー同士の扶養，協力，世話などの責任，相続や近親者としての権利，養子をとることや生殖医療を受けることなどを認めるものですから。

　同性婚やパートナーシップは，それまで社会的に排除されていた性的マイノ

リティを，親密な関係に関する権利を媒介にして不利益のないよう社会的に抱摂する制度ともいえます。したがって，逆にみずからの特徴的な存在が見えなくなってしまう，カップル主義や家族主義に取り込まれてしまうなどの点で，反対する当事者もいます。しかし，性による差別と性指向による差別の両方をなくす方向性としては，婚姻が「両性の合意のみに基づ」く（日本国憲法第24条）と規定されているよりよいかもしれません。また，私たちが生きているのは，グローバル化し親密な人間関係もすでに国境を越えている世界ですから，日本でも同性婚が法律上可能になるのは無限の未来の話ではないかもしれません。人権の主体も内容も，これからも変わっていくでしょう。　（青山　薫）

読書案内

- 山下泰子『女性差別撤廃条約と日本』尚学社，2010年
    ジェンダー平等を国際人権法と国内法との関係から導き出すパイオニアの仕事の集大成です。開発現場を知る経験も光ります。
- 西川祐子『近代国家と家族モデル』吉川弘文館，2000年
    国家と家族と女性の関係が，戦争，植民地支配，戸籍制度，住まいの形態，フランスとの比較など具体例を通してわかりやすく説明されています。
- 杉浦郁子・野宮亜紀・大江千束編『パートナーシップ・生活と制度——結婚，事実婚，同性婚』緑風出版，2007年
    さまざまな領域の研究者と当事者が，新しい人間関係に向かう制度と日常生活，国際的な進展を結びつけ，初心者の疑問にQ＆Aで答えます。

unit 17

戦争と性暴力

暴力装置としての国家

　フェミニズムという思想実践の誕生をどこに求めるかは，諸説あります。近代に入って，近代家族や市場，学校，国民国家などによる近代社会システムが誕生して，新しいジェンダー関係が成立したと考えれば，近代社会システムの成立によって新しいフェミニズムの思想実践が生まれたと考えてもよいでしょう。unit 16 でも触れられていましたが，近代に入って誕生した「人権」というのは，煎じ詰めれば，「男性の国民の権利」にしかすぎませんでした。

　近代的普遍的人権が，男性国民の権利として概念化されたことは，そこから排除された女性にとって，国民であること，そしてそれを決定する国民国家をどう考えるのかという問いを突きつけます。unit 5 でも述べたように，女子教育を推進する際に，女性にも教育が必要であるという根拠となったのは，母親であるという役割でした。女性は母として未来の国民を育てるという重要な任務があるのだから，教育が必要であると主張されたのです。人権宣言に照らし合わせば，女性は「二流」の市民，つまりは「二流」の国民にすぎませんから，「一流」の国民を育てると主張することで，自分たちの地位を向上させようとしたのです。

　母性保護論争でも明らかになったように，与謝野晶子と平塚らいてうのあいだで闘わされた母性保護の論争は，煎じつめれば，母性と国家の関係をどのように考えるかということをめぐる論争でした（→unit 5）。国家による保護を「依頼主義」だといって退ける与謝野は，格好いいのですが，ただしこの主張によれば，国家による福祉を女性は一切受け取ることができなくなってしまい

ます。福祉は富の再配分の機能も担っていますし、この考えかたは現実的ではないでしょう。また女性も市場に参加して、市場の原理に身を任さなくてはならなくなってしまう、という意味では、むきだしの市場に直面してしまいます。

他方、「子供というものは、例え自分が産んだ自分の子供でも、自分の私有物ではなく、その社会の、その国家のものです」（「母性保護問題に就いて再び与謝野晶子氏に寄す」）と主張する平塚らいてうは、母性に対する国家の保護を求めました。母性による国民としての貢献を主張し、国家からの保護を引き出そうとした平塚らいてうが、戦争に協力するような発言をしていったのは、論理的な必然でもあります。同じく母性主義の高群逸枝もそうです。

母性を主張しなくても、国民国家のなかでの国民としての政治的な権利、婦人参政権を獲得しようとした市川房枝も、同様に戦争協力をしていきます。政治的な権利が、国民の権利であるなら、国民としての義務である兵役を担えない女性は、他のかたちで戦争協力する必要があると考えられるのも、これもまた論理的必然です。

「国民の権利」が「男の権利」であったのと同様に、近代社会においては「女の権利」も、国民国家の枠内にあることを見据えなければなりません。そもそも国家とはなんでしょうか。行政機構を思い浮かべる人もいると思いますし、ベネディクト・アンダーソンのいう「想像の共同体」として私たちの頭のなかに存在する、同じ国民であるという幻想であると考える人もいるでしょう。ルイ・P. アルチュセールは、国家をイデオロギー装置と暴力装置とに分けました。国家のイデオロギー装置は、具体的には学校や教会、家族などであり、私たちにいつの間にか権力関係を再生産させる装置のことです。もう1つの**暴力装置としての国家**は、軍隊や警察です。近代社会においては、人を殺せば殺人ですが、戦争時には兵士は敵国の兵士を殺しても罪には問われません。殺人は許されませんが、死刑は国家によって執行されます。

「従軍慰安婦」問題

このように、暴力装置としての国家を視野に入れながら、女性の権利と国家の関係を考え直すとどうなるでしょう。1991年に韓国の元「従軍慰安婦」の金学順さんが、自分は「従軍慰安婦」であったと名乗り出ました。第二次世界

大戦中，日本軍は，中国，フィリピン，インドネシアをはじめ，各地に慰安所をもっていました。戦争を遂行する際に，女性に性的なサーヴィスを提供させたのです。「従軍慰安婦」は，約9割が当時植民地化していた朝鮮出身の女性，1割が日本人女性であったといわれています。もちろん，「現地調達」された女性たちもいました。

これら「慰安婦」にされた女性たちは，戦後，現地で殺害されたり棄てられたりした人もいましたし，命からがら帰っていっても，たいていは自分の身に起きたことを「恥」であると考えて，沈黙を守らされてきました。いまでも，強かんした男ではなく，強かんされた被害者である側の女性のほうが，恥ずかしく思わされるという風潮は，どの国においても残っていますね。また買春する男性（「性は男の本能」）ではなく，売春する・させられる女性（貞操を売り渡した女性は「汚れている」）のほうに，非難の声が向けられるのと同じです。しかし，これは「恥」ではなく，「性暴力」だったというフェミニズムによる考え方の転換が起きて，あちらこちらでこれに続いて「従軍慰安婦」が名乗りをあげて，補償を求める裁判も行われました。

このような動きに対して，「慰安婦」は軍隊によって強制的に連行されたのではない，彼女らは売春婦であって，正当な商行為だったのだと反論する日本のグループも現れました。個人的には軍隊によって連行されようとも，自発的に「働きに行く」と決めても（「よい働き口がある」と騙されて連れて行かれた人もいました），またわずかな対価を払っていたとしても（戦後，軍票はたんなる紙切れになってしまいました），ことの本質はそれほど変わらないと思います。日本軍は，多くの女性の性を搾取したのです。これらのグループの主張に反対する人たちは，女性たちは「慰安婦」などではない，「性奴隷」であったのだと，再定義しています。

これらの慰安所が設置されたのは，1つには，男性たちの現地での強かんをなくすためであると考えられていました。日本でも戦後，占領軍が来る際に，「大和撫子の貞操を守る」「日本女性の防波堤」という名目で，政府が命じて日本人女性を募らせ，特殊慰安施設協会（RAA，レクリエーションおよび娯楽協会）を作らせています。しかしなぜそもそも，戦争に強かんがつきものなのでしょうか。「お国のために」働く兵士が，強かんに明け暮れるとは，本来は嘆かわ

しいことなのではないでしょうか。

　しかし，戦争と性暴力は密接に結びついています。慰安所を作ったのは日本軍だけではありません。ヴェトナム戦争の際にも，ナチスドイツの強制収容所にも慰安所があったことが，最近の研究でわかってきました。そしてなによりも，旧ユーゴスラビアの内戦において，相手の民族の女性を強かんして妊娠させることによって，民族浄化が計画されたように，対戦相手の「所有物」である女性を強かんすることは，敵に対する最大の侮辱となります。家父長制的な制度によって女性を同じ民族の「所有物」とみなすまなざしを前提として，そしてまた強かんを女性への「侮辱」であるとみなす家父長制的なまなざしを前提とすることによって，戦争の際に女性を強かんすることで敵を攻撃することは，けっして戦争任務からの「逸脱」ではないということがわかるでしょう。

　自分たちの尊厳を取り戻したいという元「従軍慰安婦」の女性たちの証言は，このような性の政治のもとに置かれたときに，複雑な様相を示すことになります。金さんたちのカミングアウトは，韓国社会における挺身隊問題対策協議会などの，女性のエンパワーメント，女性運動に支えられてきました。しかし，「従軍慰安婦」問題が韓国社会で大きな広がりをみせたのは，そこに自分たちの民族が侮辱されてきたのだという民族言説と結びついたからであることは，間違いないでしょう。それは日本人「慰安婦」の沈黙と対照的でもあります。このようにジェンダーと民族の問題が，複雑に，また密接に結びついていることから，「フェミニズムはナショナリズムを超えられるか」をめぐって，日本でも1990年代に大きな論議が巻き起こりました。日本人の女性が，他の民族の女性と連帯することが可能であるのか，自分たちが加害者でもあることをどのように考えるのか，という問題です。

　私は，女であることと日本人であることとは切り離せないと思いますので，（抽象的な日本人や，抽象的な女，などという存在はいない。これらが切り離されないところから出発するしかないと思います），あたかも「民族」と「ジェンダー」と問題を別個に立てて，どちらの問題が重要であるかを論じることに意味はないと思いますし，誰もそのようなことは望まないでしょう。この２つがどのように密接に結びついているのか，という点から出発するとして，そのあとをみなさんは，どのようにお考えでしょうか。この問題は充分に論議が尽くされたと

はいいがたいので，ぜひ考えてみてください。

戦争と男性性

　戦争と性暴力の理由のもう1つの大きな問題は，性暴力と男性性の結びつきの問題です。戦場では女性に対する強かんが行われますが，それが集団強かんという形式をとることも，多くあります。そのときに中心にあるのはおそらく，純粋に性的な欲望（だけ）ではないでしょう。集団で女性を侮辱することによって確認されているのは，男同士の絆です。イヴ・K.セジウィックは，男性が女性を媒介として作るこのような男同士の絆のことを，ホモセクシュアルとは区別して，**ホモソーシャル**であると名づけました（→ unit 3）。

　女性の身体に対する暴力を共謀することによって，男同士は密接に結びつきます。このことは，軍隊において性暴力の対象として選ばれるのが，けっして敵の女性だけではなく，ときに軍の内部の女性であることからも，理解されると思います（男で構成されるはずの軍のなかに女性が存在していること自体が，男性には不快だと感知されることがあります）。また私たちの周囲でも，スポーツで結びついた男性たちや，悪事で親密に結びついた男性たちが，女性を対象として集団強かん事件を起こすことがあるのは，集団強かんが男同士のホモソーシャルな結びつきの確認作業でもあるからでしょう（もちろんスポーツの絆がすべて，集団強かんにつながっているといっているわけではありませんが）。

　ある意味で戦争において，敵の人間を殺害するという正気ではいられない行動が，性の攻撃性と結びつけられることによってかろうじて成し遂げられているということができます。そして，「頑張って」といって背中を押す女性たちも共犯関係であるとさえいえるのです。

性暴力

　拷問のときに性的な暴力が加えられることは，少なくありません。人間の尊厳を奪い取る力が，性に加えられる暴力にはあります。

　このように国家によって加えられる拷問などの暴力において，対象が女性である場合，とくに性的な身体的部位が拷問の対象とされることがあります。また戦争時に捕虜になった女性兵士に性暴力がふるわれることは，当然のように

横行しています。

　これからは女性の身体が、まさに性の対象であり、性に対する暴力が懲罰的に女性に加えられることが明らかになると思います。このような暴力をどう考えればいいのでしょうか。暴力の行きすぎた場合が、性暴力なのでしょうか。暴力の女性へのバージョンが、性暴力なのでしょうか。それとも、ひょっとして暴力の根幹に性への攻撃があるのでしょうか。

　私が解き明かしたくて、まだできていないものに、ポルノグラフィがあります。unit 21 でも論じられているように、ポルノグラフィには、癒しの機能、快楽の機能、さまざまな機能があります。同じポルノグラフィをみても、みる者によって、読み方はさまざまです。しかし確実に、ある種のポルノグラフィは、性を暴力的に描いているのではなく、暴力を性という衣をまとわせることによって、成り立っているものがあります。他人を殴打し、人格を奪い、徹底的に弱らせることが、他ならぬ性という装いをとることによってのみ可能になっているということは（たとえば異人種間でこのような映像を撮ることはなかなか難しいでしょう。実際、アメリカなどでは、異人種間のポルノグラフィはある種のタブーでもあります）、私たちに性と暴力との結びつきの欲望をほのめかしているといえるのではないでしょうか。この unit では、問いかけが多くなりましたが、ポルノグラフィもまだ解決のつかないトピックです。みなさんが引き取って考えてくれることを望みます。

（千田有紀）

読書案内

- 彦坂諦『男性神話』径書房，1991 年

  戦争における暴力と男性性の関係について考えられた本です。女性を「モノ」扱いしたときに、男性の身体はどのように位置付けられるのでしょうか。男性による暴力の考察がなされることが必要だと思われます。

- 内海愛子・高橋哲哉責任編集『戦犯裁判と性暴力』VAWW-NET Japan 編「日本軍性奴隷制を裁く——2000 年女性国際戦犯法廷の記録」第 1 巻，緑風出版，2000 年

  従軍「慰安婦」の問題を日本軍性奴隷制度として位置づけ、2000 年に行われた女性国際戦犯法廷歴史を記録に残すために作られたシリーズの第一弾。さまざまな戦争犯罪について描かれています。

unit 18

参政権と政治参加における男女格差

女性参政権と議員の女性比率

日本で女性参政権が認められたのは第二次世界大戦後の1945年のことでした。しかしそれから70年近くになる今日でも，国会議員に占める女性の割合はわずか11.3％（2012年12月16日段階の衆参両議院）と，いまだに1割を少し超える程度です。とりわけ2012年12月16日投開票の衆院選ではそれまで少しずつではあれ増加しつづけてきた女性議員の数が大幅に減り，再び1割を下回った（7.9％）ことが世界的なニュースにもなりました。列国議会同盟（IPU）と呼ばれる国会議員の国際的な同盟団体の調査によると，諸外国における女性議員の割合は北欧42.0％，南北アメリカ大陸24.0％，北欧を除くヨーロッパ諸国21.7％だそうです。日本よりかなり多いことがわかりますね。ちなみにアジア諸国全体でもその平均は18.0％だそうです（2012年10月段階）。アジアの国のなかでも日本は女性議員が少ない国だといえるのです。

女性が少ないという点において事態は地方議会のほうが深刻です。総務省の調べによると2011年12月31日段階の女性議員比率は都道府県議会8.6％，市区町村議会11.6％と，女性議員の割合は国会とほぼ同等かそれを下回ることがわかります。

なぜ，女性議員は少ないのか

なぜ女性議員はこれほどまでに少ないのでしょうか。女性の政治参加が男性に比べて低い理由についてはこれまでいくつかの要因が指摘されてきました。たとえば立候補者になりうる人材のプールが少ないと女性議員の数は必然的に

> コラム
>
> **「マドンナ議員」から「小泉チルドレン」,「小沢ガールズ」まで**
>
> 　戦後の日本社会で女性国会議員の増加が話題となった時期が何度かありましたが,そのさきがけといえるのが1989年の第15回参議院選挙時の「マドンナ旋風」でしょう。このときの選挙では参議院に占める女性議員の割合は改選前の8.8%から13.1%へと飛躍的に増えました。1989年の「マドンナ旋風」の立役者は当時の社会党（現社民党）党首である土井たか子です。戦後の政党政治史上,初めての女性党首となった土井は有権者にも人気があり,その人気に支えられた社会党候補者はこの年,選挙区から立候補した全員が当選するという快挙をなしとげました。
>
> 　このとき当選した社会党の女性議員たちはマスコミによって「マドンナ議員」と呼ばれました。しかし当の女性議員たちにとってこの言葉がありがたいものであったかどうかはわかりません。「マドンナ」と呼ばれている限りその人は国会の「飾り物」にしかすぎず「一人前」扱いされていないことを意味するからです。とはいえ,この年の選挙は,その後の女性議員の量的増加をうながした選挙として一定の評価はできるでしょう。
>
> 　21世紀に入り女性候補者が再びマスコミによって注目を浴びたことがありました。1つは2005年の衆議院選挙において,当時の自民党党首小泉純一郎が擁立した「刺客」と呼ばれた女性候補たちです。もう1つは民主党による政権交代がおきた2009年衆議院選挙において,当時の選挙対策委員長であった小沢一郎が擁立した女性候補者たちです。マスコミは当時の新人議員を「小泉チルドレン」「小沢ガールズ」と呼んで盛り上げました。しかし立派な成人である議員たちが「チルドレン」（子ども）や「ガールズ」（女の子たち）と呼ばれることには違和感も残ります。「マドンナ」から30年以上がたった時代の選挙で,「大人」としてすら扱ってもらえず「オンナノコ」扱いをされた当事者の女性議員たちは,この名称になにを感じていたのでしょう。

少なくなります。したがって議員候補になりうる知識や技能をもつ女性がその社会で養成されていないことがそもそもの原因というわけです。また選挙制度そのものが女性候補者の当選確率を左右する部分が大きく,一般に女性候補者は小選挙区での当選率が低く,不利であることが知られています。一方で比例代表枠では少しではありますが当選確率が上がるのです。そのため比例代表制度や女性議員数を増やすための**ポジティブ・アクション**の1つである**クォーター（割り当て）制度**が導入されていない国では女性が選挙に立候補しても落選

率が高いのです。逆に、これらの制度を利用して女性議員の数を積極的に増やした国もあります。もちろんこれらの制度の導入や、人材の開拓が不可欠かどうかについては、その社会に住む人びとや政党の側に女性議員の存在を否定的にとらえるような意識があるかどうかにも影響されるものです。各政党の選挙対策チームや有権者が女性候補者の擁立や当選に否定的であった場合、女性議員の誕生は困難になります。

　加えて日本の問題としてよく指摘されるのは世襲議員の多さがもたらす影響です。よく政治家になるには、「ジバン（後援組織）・カンバン（知名度）・カバン（金）」をより多くもつことが有利だといわれてきましたが、世襲議員はこれらをそのまま受け継ぐことができる点で他の候補者より圧倒的に有利に選挙戦を闘うことができます。ところが議員職の世襲にはまず直系男子（息子や孫息子）が優先されがちです。もしその政治家に息子がいない場合は、娘婿や弟や甥など、その他の男性親族への世襲が考えられてきました。女性の二世議員もいないわけではありませんが、男性に比べはるかにレアケースといえるでしょう。つまりそもそも男性の候補者には、選挙に勝ちやすいよう「下駄をはかせてもらった」世襲候補者が多いというわけです。そのなかでなにももたない女性の候補者が勝つことはさらに難しいのです。

　1985年のナイロビ**世界女性会議**では「**意思決定の場での女性比率30％**」を国際基準にすることを決議しています。それからもう30年近くたったいまでも、日本の現状はこの目標よりはるかに低いところにあることがわかるでしょう。諸外国では女性議員の割合を増やすために女性に不利といわれてきた選挙制度の改革を行ってきたところも少なくありません。国連婦人開発基金（UNIFEM）の調査によると、女性議員の割合が30％以上を占める国家では、その8割以上がクォーター制度を採用し女性議員の数を増やしてきたということです。お隣の韓国ではクォーター制度を導入することで女性議員が飛躍的に増えたそうです。日本の現状を考えると、そろそろクォーター制の導入を検討してもよい時期といえそうです。

政治参加にみられるジェンダー・ギャップ

　もちろん議員になるだけが政治参加のかたちではありません。政治参加のか

■ 表17-1 政治参加におけるジェンダー・ギャップ ■

	経験率	(%)
	男	女
投　票	94	94
自治会・町内活動	43 ＞	36
有力者と接触	19 ＞	8
政治家・官僚と接触	12 ＞	4
議会や役所への請願・陳情	8 ＞	3
選挙や政治についての集会	24 ＞	13
選挙運動	17 ＞	9
市民運動・住民運動	11 ＞	4
請願書署名	23	23
献金・カンパ	26	24
デモ参加	2 ＞	0
インターネットでの意見表明	4 ＞	1
どれもなし	3	4

（出所）　山田［2007］266ページより。

たちには，これまで取りあげてきた以外にもさまざまな形態があります。表17-1 は東北大学のプロジェクトチームが調査したさまざまな政治参加経験にみられる男女差を示したものです。

　この調査からは「自治会・町内会活動」「政治家・官僚と接触」「選挙や政治についての集会」「市民運動・住民運動」など，他の多くの政治参加活動においても女性の経験率は男性を下回っていることがわかります。こうしてみると議員の数の少なさだけでなく身近なところでできる政治活動についても男性優位の状態が続いていることがわかるでしょう。なぜこれらの活動への女性の参加率は男性より低いのでしょうか。その理由として考えられるのは，これらの活動に参加できる時間的，経済的資源をもっているかどうか，あるいはこれらの活動にたどり着けるような社会的ネットワークをもっているかといったところに女性と男性のあいだに差があるのではないかということです。

　たとえば有力者や政治家・官僚との接触機会が仕事のうえで簡単に転がり込むような人もなかにはいます。しかし仕事をもつ人の割合が男性よりも低い女性の場合，仕事を通じてそれらの人びととのネットワークが形成される可能性は男性よりも相対的に低くなります。あるいは一般に家庭内での子どもの世話

や介護の責任を任されがちな女性の場合，仕事をもっていようが専業主婦であろうが，自分の自由にできるまとまった時間というものはもちにくいものです。とりわけふだん仕事をしている人たちが仕事のない時間帯（夜間や休日など）に集会を開こうとした場合，そういった時間帯はむしろ家庭をもつ女性たちにとっては家族の世話で非常に忙しい時間帯です。表17-1では投票や請願書の署名，献金・カンパについては参加率の男女差がほとんどないことがわかりますが，これらの活動はみな近隣や街頭で短時間でも参加できるという共通点があります。

こう考えてみると，さまざまな場面における女性の政治参加率の低さは，就業率の男女差や性別職務分離や育児や介護の責任など，他のunitでも触れてきた社会全体のジェンダー構造と無関係に引き起こされているものではないことがわかるでしょう。女性のさまざまな側面における政治参加率の低さは，けっして女性たちが政治活動に無関心であるからではなく，多くの女性たちにとってはその場になかなかアプローチしにくいような社会構造が潜んでいるからといえるのです。政治参加にみられるジェンダー・ギャップの是正に重要なのは，社会全体のジェンダー・ギャップを崩していくことと同時並行的に行われるべきものだといえるのです。

草の根運動が社会を動かした！

一方，従来的な資源やネットワークをもたない女性たちを中心とした地域の草の根運動があることも忘れてはいけません。環境保護活動や消費者活動など女性たちが中心となって行われてきたこれらの活動のなかには，最終的に自分たちの代表者を議員として議会に送り込むことに成功した団体もあります。これらの活動のなかには，地縁，血縁，社縁，学校縁など，従来，政治参加につながりやすいネットワークをもちえなかった主婦層を中心に広がったものも少なくありません。さらにいえば1980年代後半に誕生した女性議員のなかには，これらの政治団体から輩出された人たちもいたのです。

従来型の政治が「上からの政治」だとしたら，これらの草の根運動は「下からの政治」といえるでしょう。新たなネットワークを通じて女性たちが結びつくことにより，自分たちの理想や声を代表してくれる議員を政治の場に送り込

むことも不可能ではないのです。 　　　　　　　　　　　（中西祐子）

読書案内

- 大海篤子『ジェンダーで学ぶ政治社会学入門』世織書房，2010年
  政治とジェンダーについて社会学的に扱った本は意外に少ないですが，この本は政治社会学者の手によってわかりやすく解説された入門書です。
- 進藤久美子『ジェンダーで読む日本政治』有斐閣，2004年
  日本の政治に女性がどのように携わってきたのかを歴史的に紹介した書籍です。ジェンダーの視点から政治に切り込んでいます。
- 大山七穂・国広陽子『地域社会における女性と政治』東海大学出版会，2010年
  政治の問題のなかでも，地域政治における女性と政治の問題に光を当てている点で貴重な本といえます。

unit 19

グローバリゼーションとジェンダー

第6章 国家とジェンダー

　グローバリゼーションとは，情報，金，物，人の移動が地球規模で展開すること，およびその結果起きる変化のことです。15世紀末のヨーロッパ人による「新大陸発見」から始まったとも考えられますが，20世紀末に，それまで資本主義経済圏と社会主義経済圏の2つに分かれていた世界の経済体制が，資本主義にほとんど一本化された結果一気に加速しました。さまざまな社会現象が国境を越えて起こるようになったことで国民国家の境界線が揺らぎ，情報技術の進歩もともなって，世界の諸地域と人びとが否応なく，過去にない早さで結びつけられるようになったのです。

　グローバリゼーションによって，より自由になったものごともありますが，国と国や人びとのあいだの貧富の差は拡大しました。ここでは，グローバリゼーションについて考えるにあたって，いわゆる先進国が発展途上国に対して行ってきた国際開発までさかのぼり，そもそも「開発」自体が格差に基づいたものであることを，ジェンダー分析を通じて明らかにします。そして，「開発」とグローバリゼーションがもたらした現在の社会で，移住によって生き延びようとする個々人にも注目します。

国際女性年・WIDとGAD

　現代の国際開発の発端は，戦後復興期の1950年代にあります。1950年代から60年代の国際開発は，「開発する」側である北米・西欧中産階級の当時のジェンダー規範を反映し，女性の社会的役割を家事と育児を担う妻・母として想定したものでした。しかし，このアプローチは，実際に生産の場で働いている

女性が多く，生産と再生産両方を背負う女性が大多数である途上国の現実に応えるものではありませんでした。たとえば，途上国の人口の「質」を向上させるためとして，産児制限に力が注がれましたが，避妊薬の副作用や治療を受ける時間が膨大であったため，多くの働く女性はこれを敬遠しました。また，収入を向上させる技術や資源も導入されましたが，これらへのアクセスが（世帯主である夫を通してしか）得られないなど，女性にとって不利益さえもたらしました。しかしその後，1975年の国連国際女性年を機に，加盟国で女性の権利の確立が政治目標に掲げられるようになると，**開発のなかの女性**（WID：Women in Development）に注目が集まりました。女性の経済的貢献を認識し，社会的地位を向上させようというばかりでなく，そうすることによってより効率的に国際開発が進むと考えられたのです。

国連女性差別撤廃条約が発効し，日本を含む多数の国が批准した1980年代までには，さまざまな政府機関や民間の非政府・非営利組織（NGO・NPO），研究団体が，職業訓練や識字教育に代表される「女性のための」開発プロジェクトを推進するようになりました。これらプロジェクトによって，現実に女性の生活が向上する場合も多々ありました。しかし，WIDアプローチもまた，女性を参画させることによって経済成長と国際開発を促進しながらも，既存の男女差を改善するものではありませんでした。

この点でWIDは批判を受け，代わって，ジェンダー不平等な社会構造や権力関係自体をとらえなおし変革しようとする**ジェンダーと開発**（GAD：Gender and Development）アプローチが提唱されるようになりました。GADは，具体的には意思決定過程への女性の参加をうながすことと，女性の地位を男性と平等なものにするための法改正と社会制度改革を中心としていました。とくに，1985年の「**国連女性の10年**」評価世界会議で，2000年までに女性の地位を向上するために採択された「ナイロビ戦略」以降，国際社会において，開発とジェンダーは互いに切り離せないテーマとなりました。

北京女性会議とジェンダー主流化

国際女性年20周年を記念する1995年には，北京で世界女性会議が開かれました。北京会議は，「ナイロビ戦略」の目標を実現するために，「公的及び私的

生活のすべての分野への女性の積極的な参加に対するあらゆる障害の除去を促進することを目的とする」行動綱領を採択。「女性のエンパワーメント」（力づけ）および**ジェンダー主流化**をスローガンに，各国政府とNGO・NPOを含む国際社会に実行を呼びかけました。「ジェンダー主流化」とは，経済社会開発におけるジェンダー差を見逃さず，その解消を政治と政策の中心目標とすることです。北京行動綱領が重点課題とした，女性の貧困，教育訓練の不平等，保健サーヴィスの不平等，女性に対する暴力，紛争が女性に及ぼす影響，経済構造・政策・生産活動・資源アクセスの不平等など12項目は，国，地域，文化によって優先順位に違いはあるものの，国内国際レベルのさまざまなジェンダー関連政策に現在でも反映されています。

グローバリゼーションと女性の貧困

グローバリゼーションによって，世界の貧富の差は拡大した，と書きましたが，なかでも大きな課題が，北京女性会議が重点項目の第1にあげた**女性の貧困**です。旧社会主義経済圏と資本主義経済圏のあいだにあったそれまでの規制が緩和され，情報の交換・投資・貿易・人の渡航が比較的自由に行われるようになりましたが，「自由化」はいいことずくめではありません。とくにグローバリゼーションに伴う「自由化」によって女性は男性よりも負の影響を強く受けることが，途上国ばかりでなく世界中で明らかになっています。女性を無償の家事労働とケア労働に従事する立場におくのは，おおよそどの国でも見られるジェンダー規範ですが，それが彼女たちを賃労働の場でも，非常に安く不安定な仕事に就かせる要因となっているからです。そしてこの規範が，国際経済政策という大きな問題にもつながっているからです。

たとえば，資本主義経済を円滑に運営する目的をもつ世界銀行や国際通貨基金（IMF）は，開発のために途上国に融資をしますが，融資の条件として，対象国に金融財政の引き締め（いわゆる構造調整政策）を要求するのが常です。そこで対象国は財政支出の削減をめざすのですが，その際に，義務教育や学校給食，医療や公衆衛生，児童・社会福祉の予算を削減する傾向があります。ようするに，子どもを中心とした家族の衣食住や健康にかかわることは家庭，ひいては母親の責任，という理由をつけて予算から削るのです。結果，生活に直結

する公的事業が減り，母や妻，あるいは非正規労働者としての女性たちがそれを無償または低賃金で代替することになり，女性の負担を時間的にも経済的にも増加させます。

　これが女性の貧困をうながします。世銀の基準である「1日1米ドル以下の収入」しかない貧困層にある途上国女性の数は，1960年代からほぼ一貫して男性より多い割合で増え続けています。このことは，WIDやGAD，ジェンダー主流化を取り入れた開発政策が有効でなかったのではないかという疑問を生み，世銀自身も懸念しています。2000年に掲げた「ミレニアム開発目標」では，さらにジェンダー平等と女性の地位向上が目標の1つにされていますが，2008年の世界経済危機によって，多くの途上国で女性の貧困が再び増加しました。

　けれども，女性の貧困は途上国だけの問題ではありません。たとえば，日本では，2000年代前半に小泉政権が行った構造改革以降，上記のIMF・世銀に要求される構造調整によって典型的に起こることと，ほとんど同様のことが起こっています。さまざまな自由化のなか，女性も収入を得る労働に駆り立てられましたが，労働市場は以前にも増して不安定になっており，多くの女性にとっては仕事を見つけることも十分な収入を得ることもより困難になりました。一方で「ジェンダーフリー・バッシング」が起こり，「男女平等は家族を崩壊させる」「伝統的価値」「自然な性差に基づいた男女の思いやり」などのイデオロギーが，女性の低賃金・無償労働の必然性をますます強調するようになっていたことは偶然ではないでしょう。

　国連開発計画の『人間開発報告書』2009年版に掲載された**ジェンダー関連開発指標**によれば，日本の女性全体の見積もり収入（農林漁業以外所得，労働力人口，一般人口および1人当たりGDPから割り出される「ある人がその社会で収入を稼ぐ力量」）は男性の45％にとどめられていました。日本国内で見ると，2007年の国民生活基礎調査で，単身で暮らす20から64歳の女性の32％（男性は25％），65歳以上の単身女性の52％（男性は36％）が「相対的貧困状態」にあったことがわかっています。なかでも，20歳未満の母子世帯の子どもの貧困率が60％に近い高率で，シングルマザーの苦境が際立っていました（図19-1参照）。途上国女性の貧困は他人事ではないのです。

■ 図19-1　年齢別・世帯類型別日本の相対的貧困率　（2007年）■

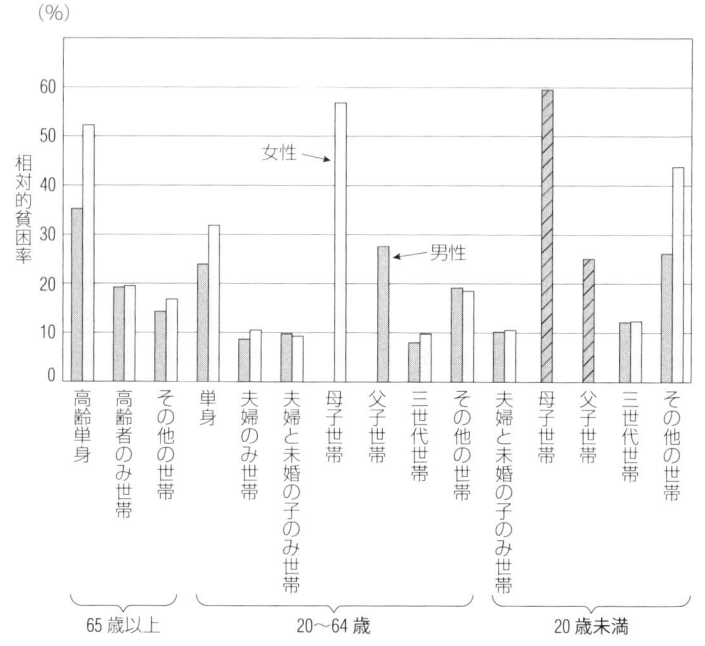

(注) 縦軸の相対的貧困率は1人当たり可処分所得の中央値の半分に満たない収入の人が全体の中で占める割合を示す。2007年には年間可処分所得127万円未満の人が，2011年には同112万円未満の人が該当。
(出所) 阿部彩（国立社会保障・人口問題研究所）「女性と経済ワーキンググループ資料」男女共同参画会議 基本問題・影響調査専門調査会，2011年4月15日，6ページ。

労働の女性化と移住の女性化

　WIDの結果と「自由化」があいまって，女性は安価な労働力として輸出産業に駆り出されることになり，多くの女性が労働力となることと労働全体が非正規化していくことの両方の意味で，**労働の女性化**が起こりました。この状態で最大の利益を得たのが途上国の市場化と外国投資の誘致に乗った多国籍企業であり，最大の損失をみたのがその製品を生産する工場や関連サーヴィス業界で使われる途上国女性であるともいわれています。

　この現象は，アジア太平洋地域では1985年以降に起こりました。この年，G5（先進5カ国蔵相および中央銀行総裁会議）が決定した「為替レート安定化に

> コラム

よい娘は天国へ行く。悪い娘はどこへでも行く！

タイのバンコックにあるセックスワーカーの支援団体 EMPOWER のキャッチコピー "Good girls go to heaven, bad girls go everywhere!" の日本語訳です。タイは仏教国。「よい娘」にしていれば極楽へ行ける。お金のために複数の男と性関係をもつような「悪い娘」には極楽の門は閉ざされている。「悪い娘」たちはその代わり、いまこの人生を生き延びるために外国へだってどこへだって行く、行くことができる、という開き直り、そして希望が込められています。

EMPOWER は、Education Means Protection of Women in the Entertainment and Recreation の略で、日本語なら「教育は娯楽業界の女性を守る」という意味です。搾取されたり差別されたりしないためには、セックスワークを安全なものにするためには、仲間を得ることと知識を得ることが重要、という主張で、セックスワーカーなら誰でも立ち寄れる「よりどころ」としてのセンターをつくり、英語や日本語、タイ語、簡単な会計、HIV 予防法、関連法規など学ぶことができる教室を提供しています。

私は、この教室の1つで「日本語教師」のボランティアをしました。午前中に自分がタイ語学校で習ったことを、午後のこの教室でそのままひっくりかえして日本語でどう言うかワーカーの人たちに教えていたのです。すごくタイ語の勉強になりました。でも私の通ったタイ語学校よりも EMPOWER の教室のほうが高度だったのは、学生たちがみな熱心で、実際に役に立たない語学はお呼びでなかったところです。稼ぎと安全がかかっているから。たまに勉強するのは楽しいから。「私たちはバカじゃない」って全身で表現することに意味があるから。そして、実際に彼女たちはバカじゃないから、すごく社会学の勉強になりました。

関する合意（プラザ合意）」は、円高ドル安を導きました。このため、日本の輸入志向、海外投資・進出志向が進み、ASEAN 諸国などで輸出産業志向、日本企業誘致が積極化し、そこに安価で切り捨て可能な労働力として女性が流入したのです。

一方で、女性たち自身が進んで開発に参画した面もあるし、賃金の安い不安定な仕事でも、働きに出ることでいくばくかの自由を手にすることができる積極面もありました。「途上国」が「開発」される過程は産業構造が転換される過程です。輸出換金作物への転換がうまくいかなければ開発から取り残され、貧困が増した農村では、現金収入を得て家計を助けるためにも若い女性たちが

労働者となって働きに出る傾向があります。このとき女性たち自身が、貧困からの自由、家族からの独立、濃密な人間関係からの逃避、自分の時間、新しい友人、テレビで見て憧れた都市生活などに思いを馳せることは無理もないでしょう。収入を得て親きょうだいの役に立ち、地域での顔が立ち（つまりその社会の規範にかない）、そのうえに自分の自由になるお金が少し手元に残ることでもあれば、一石三鳥です。

　農業から工業、輸出産業、サーヴィス産業、情報産業への転換、そして情報伝達手段であるメディアの発達・高速化は、経済成長とあいまって、「途上国」の若者の目を都市の、「先進国」の車へ、音楽へ、ファッションへ、ポップ・カルチャーへ、イメージへ向けさせ、消費の欲望をかきたてます。また、外国の工場が進出すればその国の製品だけでなく人との接触も増えてきます。そのような接触のなかで、あちらの国ではもっとお金が稼げる、もっとリッチな、クールな暮らしができる、という想像が「出稼ぎ」労働を国境を越える移住労働へと押し進める一因ともなります。

　そして「先進国」の側には、日本の少子高齢化にみられるような労働力の減少とケア労働需要の増大という要因があり、正規、非正規の移住労働者を引き寄せます。これが、移住労働も女性が担う傾向が強いものにした要因です。**移住の女性化**も起こってきているのです。

女性の移住の現状

　2010年、世界中で約2億1400万人の人が国籍や市民権をもたない国で移住者または難民として暮らしているといわれていました。日本には、2011年末の時点で約207万人の人が外国人として登録をして暮らしており、約7万8000人の人が滞在許可期限を過ぎても出国していない「不法残留者」として暮らしていました。両方とも、約半数が女性ですが、登録をしている人では、女性が約19万人多くなっています。女性のほうが多い大きな理由は、日本人と結婚し「日本人の配偶者」の資格で滞在している人と、「一般永住者」（日本人の配偶者である外国人が長く日本に暮らして得ることの多い資格）のなかの女性の割合が高いことです。外国人人口は日本の人口の2％に満たないのに、国際結婚の結婚全体に占める割合が5％前後で推移しており、このことも婚姻による

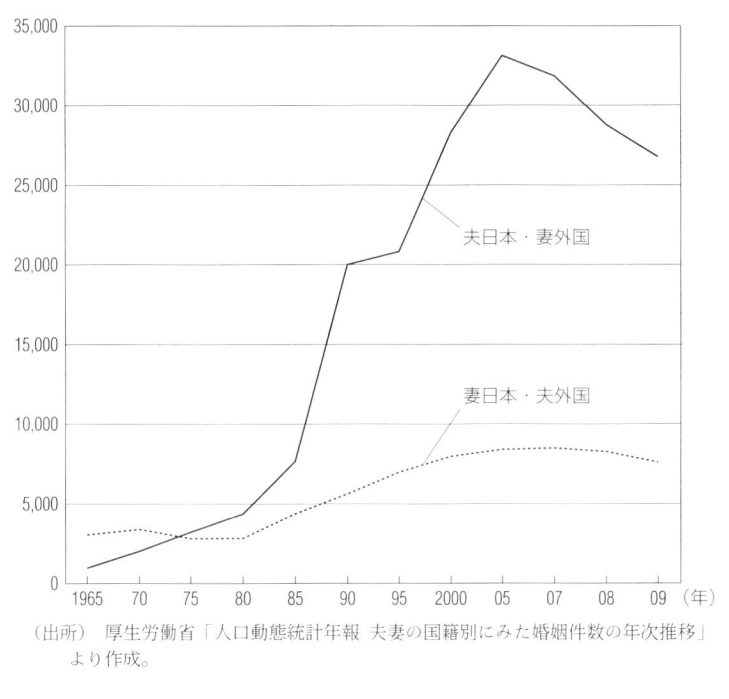

■ 図19-2　夫妻の国籍別にみた婚姻件数の年次推移 ■

(出所)　厚生労働省「人口動態統計年報　夫妻の国籍別にみた婚姻件数の年次推移」より作成。

移住の比重の重さを表しています。

　日本で国際結婚をしているカップルは，近年おおよそ4組に3組の割合で妻が外国人になっています。国際結婚がめずらしかった1970年代初頭までは夫が外国人で妻が日本人のカップルが一般的だったのですが，高度経済成長を経た70年代後半からは一貫して妻が外国人の場合が多くなっています（図19-2参照）。日本と他のアジア諸国との経済格差が開いたこと，情報と人の交流が盛んになったことなど，グローバリゼーションによる影響が絡み合った結果でしょう。

　外国人妻の数は，1985年のプラザ合意後に急速に増加します。このころ，「農村花嫁」，「メールオーダー・ブライド」などと呼ばれ，業者の斡旋を通してフィリピンなど東南アジアの国の女性が日本の農家に「嫁いで」くることが社会問題となり，いわゆる「嫁不足」に悩む地方自治体なども積極的に介入し

ていたことが非難の的になりました。経済力で女性を買ってくることと変わらないといわれたのです。

　1980年代から90年代にかけては，日本の性産業における女性の**人身取引**が過酷な搾取と暴力としてあらわになった時代でもありました。たとえばタイ人女性の「不法残留者」の数がピークだった1990年代前半には，パスポートを取り上げられ，外出も禁止され，給料もなく前借金を負わされるような奴隷状態で売春を強要されていた女性たちが，経営者を殺害してやっと逃げ出すという事件が何件も起こり，マスメディアがスキャンダラスに報じました。人身取引は世界的な問題にもなっており，2000年代には，国連越境組織犯罪防止条約とこれを補完する「人身取引議定書」の発効によって，賛同国政府がそれぞれ人身取引禁止法政策を策定し世論を喚起しました。

　その後，一目で奴隷状態と呼ぶことができるような過酷な人身取引は目立たなくなりました。しかし，業者斡旋婚はいまでも存在しますし，性産業に人を送り込む業者斡旋も存在し，両者の区別がつきにくい場合もあります。一方，さまざまな事情で移住をしたい女性たちの側も，だまされたりひどい目にあったりしないために業者の斡旋をうまく利用する場合もあります。結局，人身取引か，自由意思による結婚か，納得づくの不法就労か（日本では性風俗産業に外国人が就労すること自体が不法ですので）の区別も客観的にはつきにくく，現実には同じ人がどれにもあてはまる場合があります。警察や入国管理局など取り締まりをする側は，人身取引によって女性を働かせるための「偽装結婚」を摘発しようとしていますが，移住する人，迎える人の双方が納得づくで業者も協力的であれば，国際的に婚活をし，いい条件の人とめぐり合い，ついでにパートで働いてお金も稼ぐ，というのと変わりはないわけですから，「偽装」を区別して摘発することは難しくなっています。

　問題は，取り締まりで解決しないのかもしれません。暴力や搾取を少なくするためには，グローバリゼーションが移住を作りだすということを含めて考え，社会を変えていく必要がありそうです。

（青山　薫）

読書案内

- 伊藤るり・足立眞理子編『国際移動と〈連鎖するジェンダー〉——再生産領域のグローバル化』作品社，2008年

    家事・ケア労働，人身取引，国際結婚などをドキュメントする論文集。「再生産領域のグローバル化」概念によって，理論書としても読める本です。

- マーサ・C. ヌスバウム（池本幸生・田口さつき・坪井ひろみ訳）『女性と人間開発——潜在能力アプローチ』岩波書店，2005年（原著2000年）

    アマーティア・センとともに「潜在能力アプローチ」を開発政策に反映させた仕事です。単純な指標化のもとになったとの批判もあります。

- 田中由美子・大沢真理・伊藤るり編『開発とジェンダー——エンパワーメントの国際協力』国際協力出版会，2002年

    国際開発と当該国の社会・経済およびジェンダーの関係を，その歴史と現実の課題，政策を追いながら教示する本で，教科書に最適です。

KeyWords 6

第6章 国家とジェンダー

- ☐ 女権宣言
- ☐ 女性差別撤廃条約（CEDAW）
- ☐ 第三世界フェミニズム
- ☐ 親密な関係に関する権利
- ☐ 暴力装置としての国家
- ☐ クォーター制度
- ☐ 開発のなかの女性（WID）
- ☐ 国連女性の10年
- ☐ 女性の貧困
- ☐ 労働の女性化
- ☐ 人身取引
- ☐ 女性参政権
- ☐ 文化相対主義
- ☐ ポスト植民地主義フェミニズム
- ☐ 同性婚
- ☐ ポジティブ・アクション
- ☐ 世界女性会議
- ☐ ジェンダーと開発（GAD）
- ☐ ジェンダー主流化
- ☐ ジェンダー関連開発指標
- ☐ 移住の女性化

第7章

身体とジェンダー

『性別が，ない！』より　©新井祥／ぶんか社

20　性と生殖に関する権利
21　買売春，セックスワーク，ポルノグラフィ
22　クィアとトランスジェンダー

第7章 身体とジェンダー

この章の位置づけ

　第1章で概説した人を「男」と「女」に二分する力が，具体的な人びとの生にどう影響しているかを再考します。肉体をもって生きる私たち人間にとって，ジェンダーのカテゴリーから逃れることは実際には困難ですが，この章では，ジェンダーの身体への影響をよく表す事象を通して，その困難が，怒りや苦しみと同時にそれを乗り越える希望ももたらすことを確認したいと思います。そうすることで，性別二元論を乗り越えようとする相当に強い力もこの社会に存在することも見えてきます。

　「身体への影響」は，実にさまざまな分野に関連しています。unit 20 では，望まない身体への侵害が人権の侵害であることと同時に，医療の力で生殖が性から独立する可能性が出てきていることがわかります。ここには，人間存在そのものにかかわる問いが隠れています。unit 21 では，性的な存在であることが人の性的尊厳につながる場合も，それを利用して労働し生存を確保する場合もあることがわかります。unit 22 では，みずからの身体をもってこれに挑戦する人びとが達成してきたことを知り，再び性別二元論に対する批判を喚起します。

この章で学ぶこと

unit 20　性と生殖に関する権利がすべての人に属することを再確認しながら，「権利」概念ではすくいきれない事象についても考えます。

unit 21　売春，セックスワーク，ポルノグラフィを通して，性の商品化について考えます。性差別と商品化の関係，性産業で働く人びとの観点など，実際的な問いを投げかける unit です。

unit 22　「男」「女」や「同性愛」「異性愛」のあいだには実はくっきりとした境目はないことを，クィアとトランスジェンダーの実践と思想から学びます。

unit 20

性と生殖に関する権利

　1994年の国連カイロ人口会議では，「生殖に関する健康と権利」（Reproductive Health and Rights）が主題となりました。この主題が取りあげられたのは，生殖について，そして自分の性に関係するものごとについて自分で決める機会を奪われている女性が世界中に存在し，それが問題視されたからです。

　このunitでは，性と生殖に関する権利が女性にとって重要な人権であり，すべての個人の人権であることを再確認しながら，この権利の侵害がなぜ起きやすいか，この権利の行使が難しいのはどういう場合かを考えていきましょう。

管理される性

　生殖にかかわる女性の性は，長いあいだ**管理される性**でした。性交，妊娠，中絶，出産といった人間の再生産の過程で，女性は当事者でありながらそれらを自分自身で行う力をいろいろな意味で奪われてきた，そしてそのことによって自分の身体から疎外されてきた，といってもいいでしょう（→unit 16）。

　いい例が国家による人口政策です。それは国家の覇権や戦争とつながっています。たとえば，第二次世界大戦期の日本では，たくさん子どもを産むことが国力を高めるとして，学校や地域的な組織やメディアを通し「産めよ増やせよ」というスローガンが唱えられました。増えた人口は，労働力として，兵力として，「お国のために」利用されるべきものでした。女性にとって，男の子を産み，その子が出征してお国のために戦って死ぬことが誇りである，と少なくとも公には喧伝されていました。「立派な国民」を産み育てる母になることは女性の地位を高め，一流の国民に近づけることでしたから，「管理される」

女性の側もこれに参加していった面があります。

　しかし，女性の生殖を国家が管理しはじめたのはこれより前の明治時代からです。まず明治政府が1869年に堕胎禁止令を公布します。これは近代化の一環で，欧米にならって堕胎を禁止し「富国強兵」のために人口増加をはかる政策の一部でした。その後，避妊法と避妊具の発達もあり，貧困対策と婦人解放運動にも触発されて産児調整運動が広まるのですが，日本が中国侵略に乗り出した1930年代には産児調整運動の弾圧が始まり，堕胎の取り締まりもいっそう厳しくなりました。

　第二次世界大戦が終結すると，今度は逆に，日本を含む当時の開発途上国各国で，人口の爆発的増加による貧困や食糧不足が問題になり，産児制限が国策となりました。日本では，堕胎が犯罪であることは変わらないまま，「優生上の見地から不良な子孫の発生を予防する」目的で中絶を認める**優生保護法**が制定され，経済的困窮の場合もあわせ，条件つきで中絶が合法化されました。

　この法律は，遺伝性疾患を理由に「公益上必要」ならば医師が本人や配偶者の同意を得ないでも断種や不妊手術ができるという，大変差別的な法律で，科学的根拠もなく，ハンセン病をその対象に含んでいました。そして，1973年にはさらに先天的障害をもつ恐れがある胎児の中絶を認める条項も加えられようとしました。中絶の合法化は，それまで非合法な中絶によって多くの命を失ってきた女性たちにとっては確かに光明でしたが，女性の生殖に関する権利として獲得されたものではなく，優生思想の産物だったのです。このことを問題にしてきた日本の女性運動は，1973年の改正案に激しく反対し，障害者の立場からやはりこれに反対する「青い芝の会」と協力してその廃案に成功しました。1996年の改正により，優生保護法は母体保護法に変わり，強制的な断種や不妊手術の条項も削除されました。

　一方，1950年代に始まる家族計画政策は，夫婦と子ども2人の核家族を奨励しました。民間企業などの協力も得たこの政策は，経済成長を背景に「豊かで幸福な生活」への道として人びとに快く受け入れられたといわれています。以降出生率はほぼ一貫して低下し，現在では日本政府は逆に少子化を止めるための対策に励んでいます。

侵害される性

女性の性に対する管理は，ときに侵害に結びついてきました。管理されてあるべき役割や居場所からはみ出してしまったり，はみ出ようとする女性に予防措置を講じたり制裁を加える社会もめずらしくありません。

望まない性交渉を強要される**レイプ（強かん）**は，性に対する最大ともいえる侵害です。男性が被害者になることもあり，男性の被害者は女性の被害者以上に名乗り出にくいことも問題として取りあげられてきていますが，被害者の大多数は女性であること，被害者が女性でも男性でも加害者は男性が多いことがジェンダーの力関係を示しています。被害を受けた男性が名乗り出にくいのも，自分が「女性のように」おとしめられたことを公にしにくいためといわれています。一方，加害者の動機は性欲ではなく，力の誇示と性的存在証明の要素が強いという見解が，研究者のあいだでも被害者支援の現場などでも広く共有されています。加害者は，相手を自分より弱い立場におとしめようと攻撃を加えて自分の力や存在を確認するのですが，性的に凌駕することを通してこれが行われるために，レイプは，ただ殴る蹴るのとは違う性的な制裁としての効果をもってしまうのです。

レイプ自体が個人的な性的制裁だとすれば，「被害者にも落ち度があった」という被害者バッシングは，社会的な性的制裁といえるでしょう。それは，レイプ被害に遭わないためには夜道を1人で歩かないように，肌が露出する服装をしないように，知らない男について行かないようになど，女性の行動を規制する予防措置となり，そこから逸脱する女性を戒める特徴をもっています。さらに，警察の取り調べや病院での検査，せっかく勇気をもって訴えた裁判などで「被害者にも落ち度があった」というたぐいの指摘をされることは，被害者にとってはレイプを繰り返されるような打撃です。このようなバッシングも，「**セカンドレイプ**」ともいわれるほどの性的な侵害なのです。

女性の役割や居場所からの逸脱に対する社会的予防措置や制裁は，その人の生命を奪うまでに激化することもあります。「**女性性器切除**」（FGM）という慣習もその1つといえます。FGMは，成人儀礼として女児や女性の性器（クリトリス，大陰唇，小陰唇）の一部または全部を切除したり縫合したりするもので，その後婚姻を機会に夫のペニスが縫合を破ることまでに意味がある場合もあり

ます。UNFPA，UNICEF，WHO など国連機関によれば，赤道アフリカや東南アジアを中心に二十数カ国で行われています。そのおもな理由は，これをしない女性は「ふしだら」と見られ，共同体のなかで結婚相手を見つけられない（ここでは，女性が経済的に自立して生きていくことは想定されていません），あるいは結婚した女性が夫を「裏切らない」ように，というものです。「切除」の程度はさまざまですし，施術の環境も，特別な設備も道具もなく消毒も麻酔もしない施術士宅から近代設備の整った病院までさまざまといわれますが，深刻な感染症や肉体的・精神的な苦痛，後遺症，死までをもたらす「傷害行為」として，この慣習をもつ社会内外から批判を受けています。

「産まない」性

　2007年1月，少子化対策にからめて「女性は子どもを産む機械」と発言し，辞任に追い込まれた厚生労働大臣がいました。その前の2001年には，東京都知事が他人の言葉の引用として，「文明がもたらしたもっとも悪しき有害なものは『ババア』」，「女性が生殖能力を失っても生きているってのは無駄で罪」，などと発言して裁判で訴えられました（彼は辞職しませんでしたが）。これらの大物政治家の発言は，彼ら個々人の差別性もさることながら，為政者の側に立った人口政策がとくに女性の人権を無視していることを明らかにした点で，興味深いものでした。厚生労働大臣といえば，少子化ばかりでなく保育や女性の労働環境などを担当する大臣なのですから大変なことです。

　生殖機能が終わる更年期の女性にとって，身体の変化が起こす症状は日常生活が困難なほどになることがあるため**更年期障害**と呼ばれています。しかし，生殖機能が働かなくなるからといって，女性の性と生殖に関する権利が消失するわけではもちろんありません。更年期に注目することはむしろ，女性の人生全体において生殖可能性のある時期は短いこと，そこから離れて，「女性はすなわち産む性である」という神話から女性の性と生殖の権利を自由にすることにつながる，ともいえます。性と生殖に関する権利は，そもそも「産む性」だけに関係するものではありません。それは，女性だけのものでもなく，男性，異性との性関係にない人，産まないことを選択する人，産めない人を含めた「産まない」性の人びと，すべての人に保障されるべきものなのです。

ここで中絶の話に戻りましょう。優生保護法は，1996年の改正で母体保護法に変えられましたが，いまだに刑法には堕胎罪があり，母体保護法によって許可されないかぎり中絶は犯罪です。とはいえ，**人工妊娠中絶**は産まない選択肢の1つです。そして中絶を選択することは，相当に難しい選択である場合が多いでしょう。そのとき私たちは，女性の性と生殖に関する権利と胎児の生きる権利の対立という難問に直面し，「ヒト」は母体内にいるときから人権をもっているのか，どこから殺してはならない独立した人格をもつ「人」としての生命が始まるのかなど，二項対立からは答えの出ない問いについて考えなければならないからです。

現在の日本では，妊娠21週目まで合法の中絶が可能ですが，12週目以降は死産の届け出を出す必要があるため，ほとんどの合法的中絶は11週目までに行われています。母体保護法上は，12週目以降21週目までの胎児はその「死」を記録しなくてはならない生命体ではあるが，中絶が殺人にはあたらないという点で「人」ではない，ということになります。複数の国で採用されている妊娠22週という境目は，この週以降，医療の助けによって母体外でも胎児が生存する可能性が出てくる境目です。つまり，母体から独立して生きることのできる妊娠22週目以降の胎児は「人」と考えられている，といえるでしょう。

ところが倫理学的には，受精卵の段階からすでに，この生命体を「人」となる可能性をもった生命体とし，自在に廃棄されてはならない「権利」に近いものをもっていると考える場合もあります。このことは，後述する生殖補助医療における人工受精卵の取り扱いに関係しますが，それにしても，すでに「人」として生きている女性が受精卵のために望まない妊娠出産を遂行すべき，ということにはなりません。このあたりは，権利概念では割り切ることができない，人が生きるとは何かを考えることにつながっています。

「産みたい」性

女性の性が管理され侵害されてきたことと，それに対抗する「産まない」性について書いてきましたが，それでは，子どもを「産みたい」と思ってもかなわない人の性と生殖の権利はどう守られるべきでしょうか。ここには，性と生殖に関するジェンダー差別だけでなく，ヘテロセクシズムを批判的に検証する

ことも関係してきます。

　たとえば日本では，同性のカップルが子どもをほしいと思っても，カップルとしては養子を迎えることも生殖補助医療を受けることもできません。レズビアンのカップルのうち1人が妊娠出産に成功したとしても，家庭裁判所で養子縁組が認められない限り，もう1人がその子どもの親になることは法的にはできません。

　「そんなことはあたりまえでしょ」，「だって，独身の人やゲイやレズビアンが子どもをもつなんて不自然」，「それを子どもがほしいなんて勝手すぎる」と思いましたか？　けれども，異性のカップルも，「子どもがいないと家族じゃない」，「子どもがいないとさびしい」，「子どもを育てないと大人として半人前だ」など，さまざまな「勝手な」理由で子どもを作ろうとしますよね。「家や名字が途絶える」という理由もよくあります。同じようにゲイやレズビアンが思っても「あたりまえ」ではありませんか？　また，異性のカップルでも「自然に」子どものできないことはよくあります。

　なにが「自然」か，「あたりまえ」かは，社会の多数派が決めているだけのことにすぎないのに，それが少数派を苦しめることが多くあります。性と生殖に関する権利について考えることは，結局この点について考えることではないでしょうか。そこで，「自然に」は産まない性，産めない性をもつ人びとが，「産みたい」と考えた場合に，性と生殖に関する権利という観点からなにが言えるのかをもう少し考えるために，**生殖補助医療**を取りあげてみましょう。

　「産みたい」のに「産めない」人のための不妊治療としての生殖補助医療では，配偶者の精子と卵子に不妊の原因はないが，性交が達成できないことに原因がある場合に行われる配偶者間人工授精と，配偶者の精子に原因がある場合に行われる非配偶者間人工授精があります。配偶者間人工授精は，男性の精子を人工的に採取して女性の子宮に注入するもの，非配偶者間人工授精は，第三者からの精子の提供を受けて配偶者女性の子宮に注入するものです。さらに，配偶者女性の卵子や子宮などに原因があり，体内での受精が難しい場合には体外受精が行われます。

　体外受精技術の発達は，いわゆる**「代理母」**問題を複雑なものにしました。配偶者以外の女性が妊娠・出産を代理する「代理母」は，かつては配偶者の女

> コラム
>
> **人工授精の最先端！**
>
> 　1995年、私がイギリスの大学の女性学の修士課程にいたとき、コース仲間のSが「子ども産みたいから（精子の）ドナー探してるの」と言って、みんなを盛り上げました。Sは37歳。そろそろ出産するのにいい年ごろを過ぎつつあります。昭和生まれの日本人としてさすがにびっくりしたのは、「相手はいなくていいのよね。なんかいまはアンドロジナス（自分の性指向・性自認がはっきりしない）な感じがするから。でも子どもだけほしいの」というくだりでした。
>
> 　侃々諤々、「父親は誰か子どもに知らせるの？」「どうやって選ぶの？」「『選ぶ』ときってさ、黒人はどうかとか遺伝的な病気がないかとか考えるわけでしょ。それってどうよ？」「生活していけるの？」……議論はつきません。
>
> 　2年後、Sはブロンド巻き毛の女の子を出産。2人で普通に母子家庭をやっている、と写真を送ってくれました。
>
> 　そして2010年、アメリカのレズビアン・カップルと話していてまたのけぞったことがあります。「卵子と卵子で胚をつくって子どもにする研究が進んでるらしくて、実用できるようになるの楽しみにしてるんだ」と言うのです。本当にそんなことができるのかはわかりませんが、こうなると、フリーペーパーに広告を出し、何人も面接をし、一番気の合った人にフラスコを渡したSがかわいく、懐かしく思い出されるのでした。

性が妊娠できない場合に、男性の精子を第三者の女性に注入して妊娠してもらうという、技術としては比較的単純なものでした。それが現在では、配偶者同士である男女の精子と卵子を体外受精させた受精卵を第三者の女性に注入して妊娠をしてもらう、あるいは、第4の人物が提供した卵子を配偶者の男性の精子と体外受精させて第三者女性に妊娠してもらう、第四者の精子を配偶者の女性の卵子と体外受精させて第三者女性に妊娠してもらう、など、多様な方法が可能になってしまったのです。ところが、卵子を体内から取り出すのは大変です。数も少ないため、人工的に採取するときにはたいていの場合排卵誘発剤が女性に投与されます。また代理母にしても妊娠・出産をするのは女性です。つまり、生殖補助医療にも女性の側に負担が大きいという特徴があるのです。

このような現実のなかで、日本でも日本産科婦人科学会の学会誌によれば2012年には出生児のおよそ27人に1人がなんらかの生殖補助医療を経て生まれたといわれています。一方、2012年8月現在、日本には生殖医療に関する

包括的な法規制はなく，同学会などが会員間の規則を定めているだけです。日本産科婦人科学会の会則では，会員は法律婚または事実婚をしている夫婦の間の不妊治療で第三者の精子を利用する方法までしか生殖補助医療をしてはならないことになっており，第三者の卵子の提供も「代理母」も認めていません。しかし，日本産科婦人科学会会則には法的強制力はありません。また，日本で代理出産を依頼することができなくても，費用を払うことができる人は，代理出産が法的に認められている外国へ行って制度を利用することができ，そのような例も出てきています。いまのところ日本の司法は，母子関係は分娩の事実によって発生するとした1962年の最高裁判例に従って，「代理母」が生んだ子どもと依頼主の親子関係を認めていませんが。

一方，「代理母」が存在する各国では，「代理母」になる人は低所得の人がほとんどであることや，「代理母」は女性が母になることの「美徳」を使った「人助け」であるという考え方が称揚されているために，身体的・精神的にリスクが高いわりに報酬が抑えられていることもまた問題になっています。

さて，法律婚をしている夫婦だけに限って不妊治療を受けられることは，ヘテロセクシズムによる他の人びとの性と生殖に関する権利の疎外，といえるでしょう。それでは，女性の貧しさと「母になる美徳」を利用して「代理母」を多くの人が使えるようになったとすれば，それは性と生殖に関する権利をより多くの人に保障していることになるのでしょうか。生殖補助医療は，性と生殖の権力関係を日々複雑にし続けています。　　　　　　　　　　　（青山　薫）

読書案内

- 荻野美穂『「家族計画」への道——近代日本の生殖をめぐる政治』岩波書店，2008年
  　明治から昭和の100年間，日本で妊娠，出産，中絶がどのように言説化され実践されてきたかを追う本です。「普通の人びと」への関心が光っています。
- 柘植あづみ『妊娠を考える——〈からだ〉をめぐるポリティクス』NTT出版，2010年
  　女性に負わされた「子どもを産むこと」の選択と責任を，人間関係，政治，文化，経済からときほぐす本です。出生前診断など先端的問題も扱っています。

unit 21

買売春，セックスワーク，ポルノグラフィ

　授業で「どうしたら男女平等が達成されると思う？」と聞くと，多くの学生がAV（アダルト・ヴィデオ）などの**ポルノグラフィ**がジェンダーの問題の核心だと指摘することに驚くことがあります。女子学生だけではなく，とくに男子学生が，「経済的・法的平等が達成されても，AVとかが変わらないかぎり，男女の関係も変わらないと思う」というのです。これは以前よりますます多くの若者が，気軽にポルノグラフィに接することができるようになってきたことと関係があるのかもしれません。インターネットをはじめとするテクノロジーの進化によってポルノグラフィへのアクセスが簡単になっていますし，カップルで気軽にAVなどを鑑賞するような機会も増えてきているようです。もちろん，男性だけがポルノグラフィを楽しむのではなく，女性が楽しむことも悪いことではありません。

　近代に入ってから女性には性欲がないと考えられるようになりました。これは「実態」ではなく，「規範」，つまり社会の決まりごとです。イギリスのヴィクトリア朝，性に厳格なヴィクトリア女王が君臨していた19世紀のヨーロッパでは，女性は「家庭の天使」であると考えられていました。飽くなき性欲をもつ野獣のような男性を導く，性欲のない天使のような女性が理想とされたのです。近代家族（→unit 4）は子どもを産み育てるという生殖のための装置として作られながらも，性を感じさせない場所となったのです。

　その代わり男性は，家庭の外で性を楽しむようになりました。家庭の主婦は性を感じさせない天使，そして家庭の外では性を売りものにする娼婦と，女性を2つに分け，男性だけが家庭や娼館のあいだを行き来することになりました。

男性にだけ婚外の性交を許す，ダブルスタンダード（二重基準→unit 5）が作られていたのです。

このような二重基準が存在することを考えれば，女性も自分の性欲を解放して，ポルノグラフィを楽しみ，性を表現することは悪いことではない，少なくとも性表現における「男女平等」を達成するかのようにみえます。ではなにが問題なのでしょうか。この unit では，性に関する映像やサーヴィスに値段がつけられ売り買いされる**性の商品化**について，**買売春**，**セックスワーク**，ポルノグラフィなどの例を取りあげながら論じていきたいと思います。

買売春の問題

性の商品化に関して，なにが問題なのでしょうか。資本主義社会に生きる私たちは，いろいろなものを売り買いしています。資本をもたない人は，自分の労働力を，一応自由な契約に基づいて売っています。自由に基づいていなければ，そのような労働契約は奴隷的なものとみなされ，破棄されます。少なくとも私たちが働いているのは，自由意思に基づいています。自営業などを除き，よほどの大金持ちでなければ，賃労働をしなければ，生きていけない人が大半でしょう。そしていろいろなものを売り買いしています。

性の商品化の問題としてまず，買売春について考えてみましょう。買売春という名前をはじめて聞いたという人もいるかもしれません。買売春は，いままで「売春」と呼ばれることのほうが多かったですものね。しかし，「売春」といういい方では，売る側の女性ばかりが問題にされて，買う側の問題がみえてきません。ですから買う側の男性に焦点をあてて，「買春」という呼び名が生まれ，売春のかわりに買売春という言葉を使うようになりました。

日本で買売春が批判された大きな動きの1つは，日本キリスト教婦人矯風会による批判でしょう。日本の矯風会は明治時代に成立した組織で，禁酒運動から始まり，買売春を批判して売春防止法を作るときに大きな役割を果たしました。悪い風習・風俗を改め正すという「矯風」という言葉が入っていますので，ギョッとするかもしれません。時代によって主張の力点は変わりますが，具体的には，男尊女卑の風俗や法律をなくし，一夫一婦制をとり，「娼妾」を全廃し，「家制交際の風」を改め，「飲酒喫煙放蕩遊惰」の悪習を根絶すること

(1887年『女学雑誌』第65号の特別広告欄) などが主張されています。アメリカ経由でできたこともあり，プロテスタント的なキリスト教道徳に基づきつつ，ある意味でヴィクトリア朝の道徳と同じように，一夫一婦制に基づく近代家族的な倫理を広めることが目的とされました。飲酒や買売春といった「悪習」を根絶するために，女性たちの力が重要であると考えたのです。

　矯風会に関しては，ある種の道徳を押しつけすぎているのではないか，また女性たちを「救おう」とするスタンスが傲慢なのではないか，というような批判が近年されてきています。しかし当時，それ以外に買売春に反対するロジックがありえたのかといえば，同情的にならざるをえないところもあります。たとえば『東京婦人矯風雑誌』の創刊号では「娼婦も等しく人間であって，姉妹同胞ではないか。風俗を維持するために娼婦を犠牲にするとしたら，自分の病気を治すために他の人の内臓を裂くようなものだ」ということが述べられています。単純に売春をする女性を見下しているとだけ決めつけることはできないでしょう。しかしまた，たとえ善意からであってもその結果によっては批判されることも事実だと思います。

　19世紀の末に矯風会が取り組んだことの1つとしては，「からゆきさん」の問題があります。満州，朝鮮，シンガポール，香港，インドなどに渡航して売春をする日本人女性をからゆきさんとよびましたが，矯風会はこのような状態を「日本の汚辱」であると取り締まりを要求しました。買売春にはつねに国と国との経済関係と，国家としての体面が付きまとっています。

　第二次世界大戦中に，日本軍は多くの女性を「従軍慰安婦」にしました (→unit 17)。しかも外国人女性，とくに植民地であった朝鮮の女性を「慰安婦」にしたことから批判を浴び，1990年代には慰安婦問題は「民族問題」として韓国の国内に激しい議論を巻き起こしました。日本でも「従軍慰安婦」は，「強制」的に強かんされた「性奴隷」なのだと主張する人たちがいたと同時に，保守派の人たちは，「慰安婦」を「売春婦」であると呼び，「対価を貰っていたのだから問題はない。彼らはたんなる売春婦なのだ」といいだします。

　ここで問題になっているのは，「強制」であるのか「自由意思」であるのかという対立です。強制であるならばもちろん問題があるのですが，自由意思に基づいていればそれは「労働」であって，文句をいうことはできない，という

コラム

買売春とエイズのイメージ

　1991年の世界エイズデーのポスターは，買売春をめぐる状況を端的に示していたといってもいいかもしれません。「いってらっしゃい。エイズに気をつけて。」という標語とともに，パスポートで顔を隠した男性の写真が載っているポスターに，「薄くても，エイズにとってはじゅうぶん厚い。」という文章とともに，裸の（外国人？）女性がコンドームに閉じ込められているポスターは，大きな非難をあびました。買春するのが当然であり，女性こそがコンドームに閉じ込められる存在であるかのようにみえます。このようなポスター自体が大きな問題ですが，そのポスターを生んでしまうような状況自体も問題として考えなくてはなりません。

（出所）http://ameblo.jp/advernya/entry-10048421619.thml

ことなのでしょう。しかし問題はそんなに簡単でしょうか。

　韓国の人々が従軍慰安婦問題に怒るときに，その根底に潜むものとして戦後のキーセン観光があったことも，否定できないと思われます。日本が経済力をつけ戦後発展していくのに伴って，多くの男性が韓国に売春ツアーにでかけていきました。キーセンとは表向きは芸妓を意味しますが，実際には売春をする女性です。キーセン観光に反対する女たちの会は1973年に羽田空港でビラを配布し，抗議活動をしています。

　「恥を知れ！買春めあての観光団」（リブ新宿センター），「日本の対韓経済侵略に反対しよう！」（キーセン観光に反対する女たちの会）といった当時書かれたビラからは，戦後になってもなお経済力を背景に韓国に出向く男たちへの怒りが

端的に指摘されています。戦後になってもなお，日本と韓国の関係は変わらなかったのです。それと同時に，経済的に発展したい韓国にとってもまた，外貨を稼げるキーセン観光は，国策として推奨されるものでした。このような状況で，買春に出かける日本人男性も，売春をする韓国人女性もお互いの自由意思に基づいているから問題がないということは可能でしょうか。いまでも貧しい国では，買売春産業は外貨を稼ぐ重要な手段となっています。

買売春問題とセックスワーク

それでは改めて，買売春のなにが問題なのでしょうか。まず第1には，経済的に不平等な関係があげられます。たいていの場合，お金のある側が，お金のない側を「買う」ことになります。とくに買売春によって大きなお金が動くため，国家を含めて買売春から大きな利益を得ようという人たち，そういった構造が存在します。そして多くの場合，売春をする人にはあまりお金が入らず，それ以上のお金を得ようとする人たちがいて，そこには搾取が存在することが多いのです。

第2にまた，買い手と売り手との偏った関係があげられます。多くの場合，買い手は男性であり，売り手が女性です。もちろん，女性が男性を「買う」ことがないわけではありませんが，稀なことです。また男性が男性を「買う」こともあります。このように買い手が圧倒的に男性であるという，偏った売り手と買い手の関係はなにを意味しているのでしょうか。

第3に，暴力の問題があげられます。先ほどから「買う」という言葉を使っていますが，実際に買売春で売られているのは，なんでしょうか。「身体を売る」という言葉がありますが，これは比喩（たとえ）であって，本当に身体のパーツを売っているわけではありません。近代社会では，身体に値段をつけて売買することは基本的に禁止されています。本当に買売春で売られているのは，「身体」ではなくて，「サーヴィス」のはずです。

1987年に，ホテルで性的サーヴィスを提供する女性が，男性に暴力を振るわれ，揉み合いになって客が脅すために使っていたナイフで男性を殺害してしまうという事件が起こりました。この事件の珍しいところは，男が女性の許可なく撮影を無理強いしたヴィデオテープの記録が残っていたところです。しか

しその証拠をもってしても「正当防衛」は認められませんでした。というのは，裁判官が売春をしている彼女に対して，「性的自由および身体の自由に対する侵害の程度についてはこれを一般の婦女子に対する場合と同列に論ずることはできず，相当に減殺して考慮せざるをえない」といったからです（「ホテトル嬢客刺殺事件控訴審判決」東京高裁，1988年6月9日）。つまり，買売春をしている女性は普通の女性と違うのだから，ある程度の自由を侵害されることは仕方ない，自業自得である，といっているのです。性的なサーヴィスを提供することに同意したら，どのようなことをされても，暴力的な行為をされても仕方ないというのは，おかしいですね。「身体」を売っているのではないのですから。

　セックスワークという言葉は，買売春などによって売られているのは「身体」ではなく「サーヴィス」なのだということを主張するために作りだされた言葉です。そして，買売春，性交を含まない性的なサーヴィスを提供することは「ワーク＝仕事」であるのだから，ほかの仕事と同様に，暴力やハラスメントや搾取を受けない労働環境の整備が必要である，と考えられています。

　第4に，なぜ買売春，セックスワークに従事する人は，「一般の婦女子」とは違うと考えられるのか，という問題があります。このように特定の人に貼りつけられたラベルを，「スティグマ」と呼ぶこともあります。

　「買売春のなにが問題か」をめぐってはさまざまな議論があります。そのなかで，売春をする女性はかつては「農村共同社会の人倫」からはじきだされたけれども，いまは市民社会的な秩序と連続しているし，関係が物化することは近代的商品関係にとって，もっとも基本的なことだから悪くはないのだという議論がありました（橋爪大三郎「売春のどこがわるい」江原由美子編『フェミニズムの主張』勁草書房，1992年）。また，1990年代は「援助交際」「エンコー」「売り」のような言葉で，買売春が身近なものとしてとらえられるようになると同時に，買売春をする女性の低年齢化（とくに高校生が援助交際の主体であると考えられていました）が問題になりました。そのなかで，買売春が「魂に悪い」という議論に対して，むしろ「魂によい」と批判し，他人に実害を与えない限り，誰もが自らの尊厳を維持するための自由な表出行為が保証されるべきだとすらいう論者もいました（宮台ほか『〈性の自己決定〉原論』における，宮台真司による議論など多数）。しかしいずれにせよ，買売春をすることは，私たちの「あたり

まえの社会」からはじき出されたり尊厳を傷つけられたりすると考えられている，ということです。それはなぜでしょう。

それは買売春，セックスワークに携わる人は，本当はサーヴィスを提供しているにすぎないのに，私たちの社会では「貞操」を譲り渡していると考えられてしまうからです。性的に活発な人のことを，「売春婦のようだ」ということがあります。また日本の売春防止法（1956年）における売春の定義は，「対償を受け，又は受ける約束で，不特定の相手方と性交すること」です。結婚を前提として1人の相手と性交を行うことは許されるのですが（ある意味で，結婚はお互いに対償を受けることを前提としてきました。夫が稼ぎ，妻はそれを支えるのですから，ウーマンリブが「主婦と売春婦はなにが違うのか」と問いかけたのは理由がないことではなかったのです），結婚を前提とせず，また不特定多数と性交，性交まで至らなかったとしても性的な行為をすることは，スティグマを貼りつけられ，貶められてしまうということがあったのです。しかし男性が不特定の女性と性交し，なおかつ対償まで受けたとしても，軽蔑というよりはむしろ男性からの羨望の眼差しを向けられるという点が，明らかに女性の場合とは異なっているといえるでしょう。

第5に，第3であげた暴力などにも関係しますが，不本意な売春の強制があげられます。性の売買が大きな利益を生むことから，子どもを含む女性の人身取引が行われています。監禁され，自由を奪われた状況で，性的サーヴィスに従事させられているのです。国連の国際組織犯罪防止条約を補完し人身取引を禁止するための議定書は，人を奴隷にすることと同様に強制的に売春をさせることを「人身取引」に含めています。成立過程で行われた議論の結果，セックスワーカーの団体などの意見を汲んで，自発的な売春は「人身取引」とされませんでしたが，「強制」の定義は広く，家族など影響力の大きい人たちからの圧力も「強制」とされています。その背景には，貧困にあえぐ親や子，兄弟姉妹のために性産業に従事せざるをえない子どもや女性が後を絶たないことと，その弱い立場にいる人たちを搾取して金を儲ける業者の存在があります。

ポルノグラフィの問題

それでは今度はポルノグラフィについて考えてみましょう。買売春やセック

スワークの問題と多くは重なっています。経済的に不平等な関係や構造があるなかで,買い手の大部分が男性です。

　また暴力に関しては,AV女優に対しての撮影現場での暴力があげられます。最近はドキュメンタリー風のAVで,女優への暴行が正当化されることがあります。このようなAVでは,「仕事だろう」「レイプ物を撮ると合意してたよね」と女優の「合意」を楯に,撮影をエスカレートさせることが多いのです。「本当のレイプではない。『演技』なのだから」という常套句がありますが,人に加えられる痛みや暴力に対して,「演技」や「フィクション」は成り立つのか,という問題がたてられると思います。

　こういった暴力ヴィデオのメーカーとしてマニアのあいだで有名だったとあるアダルトヴィデオ制作会社元社長は,2007年に強姦致傷などの罪に問われ,2007年12月19日東京地裁にて懲役18年の判決が出されています。裁判長は「女優が泣き叫び,撮影中止を懇願しているのに,撮影を続け,陵辱の限りを尽くした」などと述べ,「生命の危険をも生じさせかねない極めて危険な犯行」であると断じています。この事件も最初の暴力事件は不起訴となり,それまで黙っていた被害者が続々と訴え出たことによって,裁判となりました。ポルノグラフィに出演する女優に対してのスティグマは薄れたものの,完全に消え去ってはおらず,沈黙させられていたのです。

　ポルノグラフィに出る人は,自発的に楽しんで出ている人も多いでしょう。しかし,さまざまな事情から出演せざるをえない人がいます。そして一度撮影されてしまったら,自分の意思とは別に,どんどん複製されていきます。とくにインターネット時代においては,一度撮影された映像がどこまでコピーされていくかに関して,コントロールすることはできません。またあとで出演を後悔したとしても,なすすべはほとんどないでしょう。

　1972年に大ヒットしたポルノ映画に『ディープ・スロート』があります。その主演女優のリンダ・ラヴレースは,出演料は夫が受け取っていたこと,そしてその夫にみえないところで銃を突きつけられて,ポルノ映画への出演を強要されていたことを告発して,のちに反ポルノ運動を繰り広げています。彼女にとって暴力を用いて出演させられた映画を繰り返し上映されるのは苦痛でしかなく,何度も批判を繰り返して中止を求めていましたが実現しませんでした。

それでは，このような直接の加害者―被害者のいない，アニメーションなどのポルノグラフィならば問題はないでしょうか。これはとても難しい問題です。幼い女の子への暴行や殺人事件などが起こるたびに，小さな子どもを性欲の対象とするアニメーションやゲームがやり玉にあげられ，「加害者の家から幼児ポルノを押収した」ことなどが報道されます。

　実写のヴィデオの場合，そこには確実に被害者がいます。実際，海外でも日本でも多くの子どもが，親やそのほかの大人によってヴィデオや写真撮影をされて，売買されています。このような被害にあった子どもたちがどのような心の傷を負うのか，そして社会のなかでも不利益をこうむるのかを考えれば，実写の幼児ポルノを支持する人は，さすがにあまりいないでしょう。

　でも，現実に被写体のいないヴィデオやゲームや漫画であったらどうでしょう。殺人事件のニュース報道では，「これらのメディアに接しているうちに，実行してみたくなった」と容疑者が語るという紋切り型が存在しています。また「現実とポルノの区別がつかなくなったのだ」とも。

　それに対してこれに批判的な人は，物事はそんなに単純ではない。現実とポルノの区別がつかなくなる人などいない。それならすべてのメディアの表現でも同じことで，ポルノだけが特別ではない。「表現の自由」は守られなくてはならない，と主張しています。こちらはこちらでもっともです（ポルノでヴァーチャルに欲望をみたすことによって，現実に実行に移さなくなるという「ガス抜き」効果について語られることもありますが，これに対する実験結果も海外にいろいろあり，実証はできていません。そういう側面も否定はできませんが，欲望の総量が決まっていていくらか放出すれば終わり，というほど欲望は単純ではないと思われます）。

　性の商品化を批判するロビン・モーガンは，「ポルノが理論で，レイプが実践」と，ポルノグラフィが暴力的な性を煽っていることを批判しました。「表現の自由」は重要です。しかし，なにを表現しようとしているのかも，考えられなくてはなりません。たとえば，ドイツではナチズムを積極的に支持する行動や発言は法的に禁止されています。人種差別を表現することは，実際に人を傷つけることと変わらない行為だからです。キャサリン・マッキノンは，これら「表象」の理論を使いながら，近年はポルノグラフィという表象，女性を痛めつけるポルノの表象が，実際にポルノをみる人を傷つけ，痛めつけているの

だということを理論的に展開しています。表現の自由は，無制限に認められるものではないのです。

　それに対してジュディス・バトラーなどは，安易な規制，とくに国家による表現の規制を求めることは危険だと批判しています。なにかを発言することはそのまま行為であり，他者を傷つけかねないという考え方は，換骨奪胎されて，たとえば軍隊で「自分は同性愛者だ」と発言すること自体が，相手を誘ったりして脅かす行為になるから禁止するべきだ，というような論理すら作りあげられました（アメリカにおいて，同性愛と軍隊はずっと緊張関係をはらむ問題だったのです）。このような状況があるなかで，国家による規制を求めることは，自由や権利の侵害につながりかねないからです。

　性的欲望がどのように作られていくかということは，とても難しい問題をはらんでいます。私たちの欲望や，行為の動機がまったく表象と関係なく作られるとしたら，芸術作品は意味をもたなくなってしまいます。表象には意味があるのです。しかし，表現の自由を保障しつつ，差別を行わない表現がどのように可能なのかについては，なかなか答えがでません。

　先ほどの幼児ポルノの議論に戻れば，幼いころから性的な欲望にみちた眼差しを注がれるような環境で，女の子が養育されることが健全であるとはいえないと思います。それでは成人した女性であればそれはよいのか，などなど，問題は山積みです。

　差別的なポルノグラフィに対して，対等な性愛を描くものを「エロチカ」と呼ぶような試みもあります。ポルノとエロチカをどこで線引きをするかには厳密な答えは出ないでしょう。人によって感じ方もさまざまだと思います。しかし，対等なエロチカのような表現を積み重ねていくことによって，差別的なポルノグラフィに対抗していくことも，重要な試みの１つであると思われます。

（千田有紀）

読 書 案 内

□ 藤目ゆき『性の歴史学──公娼制度・堕胎罪体制から売春防止法・優生保護法体制へ』不二出版，1997 年

　　さまざまな性に関する体制は，国家とどのような関係を結んできたのか。歴史的に考える大著です。

- [ ] ジュディス・バトラー（竹村和子訳）『触発する言葉——言語・権力・行為体』岩波書店，2004 年（原著 1997 年）

    ポルノグラフィはどう問題だといえるのか，ミネアポリス・インディアナポリスでポルノ規制の条例などの具体的な事例を挙げながら，「言葉や表象がひとを傷つける」ことの意味を考えた理論的・論争的な本です。

- [ ] 青山薫『「セックスワーカー」とは誰か——移住・性労働・人身取引の構造と経験』大月書店，2007 年

    社会理論，方法論，フィールドワークによる実証を結びつけ，グローバル化したセックスワークと人身取引を考察する一冊です。

unit 22

クィアとトランスジェンダー

　unit 3 で，人を「男」と「女」に分けるジェンダーの影響が強いこの社会では，セクシュアリティもジェンダーによって決められてしまう面がある，ということにふれました。たとえば，男が女に，女が男に性的な欲望を感じればその人は異性愛者，男が男に，女が女に欲望を感じればその人は同性愛者，という具合です。つまり，「異性」を欲望することも，「同性」を欲望することも，「男」「女」の分類がなければ概念として成り立たないのです。しかし，性別の面からも性的欲望の面からも，人をたった 2 種類に分ける**性別二元論**には無理があります。この unit ではそこをもう少しつっこんで考えましょう。

　まず実際に，2 つに分けられた性に違和感や嫌悪感をおぼえる人はたくさんいます。身体的にどちらにもあてはまらない人もいます (→unit 2)。現実の「男」「女」や「同性愛」「異性愛」のあいだには，実はくっきりとした境目はなく，グラデーションがあってなだらかにつながっている，といってもいいかもしれません。そして，ジェンダーのカテゴリーを疑うことは，ジェンダーをめぐる思想にとっても政治にとっても重要なポイントです。

🔲 性的アイデンティティ――ジェンダーとセクシュアリティの組み合わせ？

　図 22-1 は，性自認（ジェンダー・アイデンティティ →unit 2）と性指向，性自認と生物学的性別，性指向と生物学的性別の組み合わせによってマジョリティと対比され，性的マイノリティが種類分けされることを分析的に示しています。

　性自認は，ジェンダーに関する自己認識，別の言い方をすれば「自分が何者であるか」についての内的な自覚です。通常は一貫していて，まわりの人や社

■ 図 22-1　現代の性の解釈枠組み ■

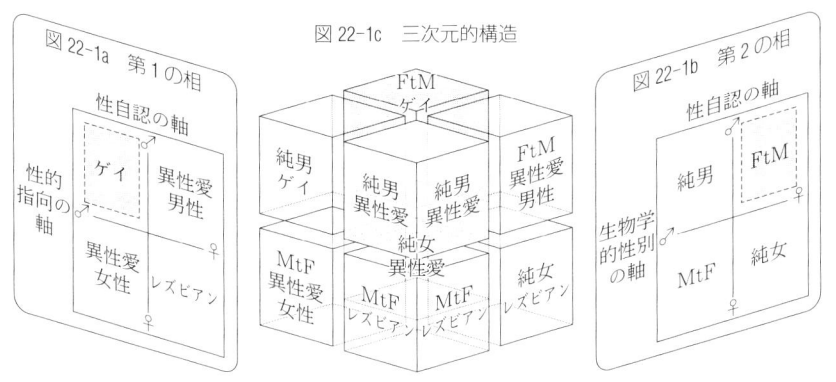

図 22-1a　第1の相
図 22-1c　三次元的構造
図 22-1b　第2の相

（出所）　石田仁「セクシュアリティのジェンダー化」江原・山崎編［2006］、156ページ。

会から見たその人のジェンダーと一致しています。性（的）指向は性的な関心が向かう方向，つまり，その人がなにを性的欲望の対象とするかを表しています。なお，「性的な関心が向かう」ことを表す用語については議論があり，「性指向」のほか，「性志向」や「性嗜好」を使うこともあります。「性志向」は，性的な対象を意志によって選択するという意味に，「性嗜好」ならば好みの問題という意味になります。意志の問題といってしまうと，気づかないうちに同性に魅かれていた，など，セクシュアリティが自分で左右できるものではないという感覚をないがしろにすることになりますし，好みの問題といってしまうと，政治的・社会的に大きく取り扱う必要がないように響きます。その点，「性指向」には，意志であれ好みであれ，不可避であれ選択であれ，関心の方向を指すという中立的なニュアンスがありますから，これを使用する人が増えた，というのが経緯です。

　図に戻りましょう。性自認が女で性指向が男に向かう人は，「ストレート（異性愛）女性」，その逆が「ストレート男性」。性自認が女で性指向が女に向かう人は「レズビアン」，両方とも男の場合が「ゲイ」というわけです。これが，セクシュアリティによって人がどう分類されるかの，大まかな説明です。一方，生物学的性別が女で性自認が女の人は「純女(じゅんめ)」，両方とも男の人は「純男(すめお)」。生物学的性別が男で性自認が女の人は「MtF（Male to Female：男から女への）ト

ランスジェンダー」。その逆が「FtM (Female to Male：女から男への) トランスジェンダー」です。こちらは，ジェンダーによって人がどう分類されるかの，大まかな説明です。

　この図は，ジェンダーとセクシュアリティの関係をよく表していますし，たとえばゲイ男性とMtFの人をいっしょくたに「オカマ」と呼ぶなど，一般に混同されやすい「ゲイ」または「レズビアン」と「トランスジェンダー」が，まったく違うものだということもわかりやすく教えてくれます。また，マジョリティである異性愛も，マイノリティとして扱われるセクシュアリティと同等に図式化し，そのことによって，ふだん意識されることもなく「あたりまえ」と思われているヘテロセクシズムを対象化している点で出色です。

　一方，この図を見ていると，最初に問題にした性別二元論の無理もわかってきます。簡単な例をあげると，**バイセクシュアル**はこの図には存在しません。バイセクシュアルの人には，相手のジェンダーとは関係ないところに性的な関心が向かう人もいれば，男性にも女性にも同様に性的な関心を抱く人もいて，結果的に性的なパートナーは男女どちらでもありえる，ということになるのですが，そのような人びとはこの図には収まりきりません。ようするに，「男女」「同性」「異性」の枠では語ることのできない微妙なアイデンティティや関係は，この社会の性別二元論にのっとったこの分類では説明できないのです。

🏳 トランスジェンダーと性同一性障害

　トランスジェンダーについても，もう少し詳しい説明が必要ですね。トランスジェンダーとは，ジェンダーを転換 (trans) することや転換を志向する人のことです。いわゆる**性転換**(者)ですが，性転換手術 (性別適合手術) を受けた人，受けたいと考えている人のことだけをさすのではありません。さきほど，人の性自認は「通常は一貫していて，まわりの人や社会から見たその人のジェンダーと一致している」と書きましたが，トランスジェンダーとは，自分の性自認と身体的な性，あるいはまわりの人から見た性 (社会的な性) のあいだにしっくりいかないものを感じること，そういう人を含む広い概念です。外科的な手術を必要と感じる場合も感じない場合もあります。

　トランスジェンダーは，日本では**性同一性障害**として一般に認識が広がりま

した（→unit 2）。1998年に，埼玉医科大学が独自の倫理委員会で議論をしたすえ初の性別適合手術（性同一性障害者の身体的な性を性自認に適合させる手術）を実施したこと，2001年に放映された『3年B組金八先生』というテレビドラマのなかに，性同一性障害のキャラクターが登場したことが大きく影響したようです。2004年には，性同一性障害をもつ人の戸籍上の性別の変更を認めるなどした「性同一性障害者の性別の取扱いの特例に関する法律」（性別特例法）が施行されました。このころから，IKKO，はるな愛，椿姫彩菜，佐藤かよなどトランスジェンダーのタレントが売り出され，新聞やネット上のニュースサイトなどでも性同一性障害がよく取りあげられるようになっています。

「性同一性障害」という概念には批判も多いことを，unit 2で説明しましたが，トランスジェンダーにとって，性別に対する違和感は「障害」として治療されるべきものではなく，自分の性を自分で決める権利（自己定義権・自己決定権）として追求されるべきものだ，と主張する当事者もめずらしくありません。性別適合手術を国内で医療保険の範囲で受けられるようになったことも，戸籍上の性を変更できるようになったことも，1つの進歩ではあるでしょう。けれども，医療や法律を司る機関が厳重な規則にのっとって「障害」と認めた人だけが公に認知されることには限界があります。性別特例法はとくに，その人の身体的な性がもつ生殖機能が「永続的に欠ける状態にあること」など厳しい要件を当事者に課す法律で，現実には，FtMの人なら子宮や卵巣の摘出手術を受けなければ戸籍上の性別変更を認めない，ということになっています。このような要件はトランスジェンダーの人びとの精神的・身体的負担を重くするものになっており，制定以来改正の要求が絶えません。

社会一般のトランスジェンダーに対する意識にも，まだまだ差別的な部分があります。たとえば，MtFのトランスジェンダーやゲイのタレントの多くは，「おネェ系」としてステレオタイプな女性性を強調して芸にしていますし，FtMのタレントはテレビに出てきませんよね。男に惚れる「オカマ」が人気を博し，「もとは男」が優位なのは，社会における男性中心主義の現れでしょう。これは，後述するマイノリティのなかのマイノリティ差別問題の1つでもあります。とはいえ，「おネェ系」の人気は，社会がその程度には寛容になってきた証でもあります。「おネェ系」のタレントには，「ニューハーフ」として，

ゲイ・カルチャーや性風俗産業の世界で仕事をしてきた人たちも多いのですが，彼女たちは，「性同一性障害者」として特別に認められたから，マスメディアに登場するようになったわけではないでしょう。彼女たちはむしろ，「障害者」ではないトランスジェンダーの存在を人びとに受け入れさせつつあるのではないでしょうか。

クィアとは

クィアは，ジェンダーとセクシュアリティの分類をさらに揺るがせます。「クィア」は，アイデンティティが一定でないことを表す概念だからです。

「クィア」(Queer) は，英語ではもともと「奇異な」とか「変な」という意味があり，やがて特定の性指向をもつ人をさす「オカマ」や「変態」の意の差別語になりました。それが1970年ごろから，アメリカ公民権運動の一環となったゲイ・ムーヴメントのなかで逆転し，積極的な意味をもつようになったのです。アメリカ黒人が，たとえば有名な"Black is Beautiful"のスローガンのように，スティグマの貼り付けられた「黒人」の意味を自分たちの側のプライドを込めた言い方に変化させた先例にならったわけです。

しかし，その後クィアは，ゲイ・ムーヴメントと一線を画すことになります。ジェンダーとセクシュアリティの自己認識自体，社会によって（とくに性別二元論によって）構築されたものであることを批判する理論にたどり着いたからです。つまり，ゲイ・アイデンティティを称揚することも批判の対象とするようになったクィアは，アイデンティティであるよりは「脱アイデンティティ」の思想となりました。1980年代後半のAIDSの流行とともに，「ゲイの病気」「自然に反するゲイへの報い」という偏見が広まったことも大きな理由といわれています。それは，ゲイの人びとやそのアイデンティティが，不治の病を避けられないような特別の要素をもったものではないことを確認する必要と，現実にセイファー・セックス（性感染症を予防するためのより安全なセックス）を促進する必要から，「自分は何者であるか」よりも「自分がなにをするか」に注目が集まったからでした。

同時期に，ジュディス・バトラー，イヴ・K. セジウィックなどミシェル・フーコーの流れをくんだ構築主義理論家が，ジェンダーとセクシュアリティの

> **コラム**
>
> **そうはいってもトランスは生きづらい**
>
> 　クィア理論がもし実現したら、私たちはジェンダー、セクシュアリティ、民族、階級、年齢などなどのアイデンティティの属性をまったく気にしない、つまりはこういった属性がない世界を生きることができるのでしょうか。
>
> 　トランスジェンダーの人はアイデンティティのずれに直面し、苦悩し、社会生活が難しくなることも多々あります。男女のカテゴリーが毎時間使われるような学校生活は苦痛ですし、それをなんとか乗り切っても、見た目と戸籍上の性別が違っていたら、まず就職することが難しい。だから、芸能人にトランスジェンダーの人が目立つのは偶然ではありません。芸能界は、彼女・彼たちが生計を立てることができる数少ない場の1つなのです。彼女・彼たちはストレートの人たちよりも、経済状態や人間関係の悪化に直面する可能性が高く、それらをきっかけにひきこもりや鬱になってしまう人も存在します。
>
> 　トランスジェンダーでなくても、誰にとっても、ジェンダーは簡単に変えたり脱したりすることができない相当頑固な現実です。一方クィア理論は、つねに現状から脱し続け、どこへ向かうかもわからないことがその真骨頂ですから、厳密にいえば実体化することはありえず、そこがまたいいところです。クィアを胸に抱いて、苦悩や困難から解放される人が多くなるように、現実に格闘していくほか差別的な社会を変える道はないでしょう。

カテゴリーが成立する過程、それらが、ヘテロセクシズムとの権力関係で成り立っていること、語られることや役割として行為されることで日々構築され続けていること、そして、だからこそ人びとの日常の営みのなかで変化し続けていることを説明し、クィア理論を精緻なものにしました。

　クィアの脱アイデンティティ思想としての意義は、とくに**マイノリティのなかのマイノリティ差別**に対する批判に現れます。性的マイノリティに限らず、マイノリティは上記の「黒人」のように、社会において差別の対象となるアイデンティティを積極的なものとして、いわばみずからに取り戻すことで権利の主張の集団的な主体となります。「女性」もそうで、これまでさまざまな運動の主体として「女性の権利」を獲得してきました。このような政治的行為と、それによって生み出されるさまざまな葛藤を「アイデンティティ・ポリティクス」といいます。アイデンティティ・ポリティクスにおいては、他者の排除と、当の集団のなかで代表的な立場を占める人、マイノリティのなかのマジョリテ

ィとして権力を握る人が避けがたく出現してしまいます。そして，集団としての権利の要求を優先するばかりに，他のマイノリティ集団を抑圧し，あるいは自集団のなかの個々人の差や必要を無視し，結果としてマイノリティのなかのマイノリティを差別してしまうことも起きやすくなります。

　それは，たとえばゲイ・ムーヴメントにおいて，「同性愛者」の代表は男性同性愛者であり，レズビアンの存在や要求は無視されがちになることに現れています。社会全体の男性中心主義の反映ですが，男性中心主義を批判する女性運動のなかでも，異性愛者中心主義を反映してレズビアンは無視されがちになります。さらに，そのレズビアンの運動においても，たとえばバイセクシュアルの人びとは，悪くすれば「裏切り者」扱いされることがあります。ときには同性愛者として扱われながら，ときには異性を愛することでマジョリティである異性愛者と区別されにくいためです。

　このような被差別者同士の差別に対して，クィアは，性別二元論から離れない性的マイノリティの主張もアイデンティティ・ポリティクス全体も揺るがす問いを発します。「アイデンティティはそれほど確固としたものではなく，ジェンダーだけ，セクシュアリティだけに決定されるものではもちろんない」，「ある人が何者であるかの分類は，時代や文化によっても，一個人のライフコースのなかでも変化するものだ」，「だから，特定のアイデンティティに拘泥することは現実にもかなっておらず，結局，ゲイ・ムーヴメントがそうであったように，マジョリティと同じ権力構造を再生産することになる」と主張し，ここからの脱却を試みるのです。

　クィアの思想は，より詳細に差別の問題を見極めるため，より洗練された対策を立てるため，そして，そこからより平等な人間関係を作っていくために重要です。しかしそれは，現実には非常な困難を伴っています。ある権利を要求し獲得するには，一時的にでもこれを責任をもって行う主体が必要で，その主体を確立するのがアイデンティティ・ポリティクスなのですが，アイデンティティが変化することや一様でないことばかりを強調していては，このような主体が存在する余地がなくなってしまいます。個々人の属性に応じた権利を追求することは，人権が現実の個々人に属するものである以上当然であり，これをクィアによって反故にすることはできません。そのときその場のコンテクスト

によって，誰のどんなアイデンティティにのっとって権利を主張するべきか，同じ時に同じ場で，マイノリティのなかのマイノリティ差別が起こらないようなチェックがされているか，しかも，その特定の主張と場にとどまらず，みずから変化しながら社会を変化させていくことができるか，クィア理論を現実の政治のなかで生かす方向性が模索されています。 　　　　　　（青山　薫）

読書案内

- 中村美亜『心に性別はあるのか？――性同一性障害のよりよい理解とケアのために』医療文化社，2005年
    バトラーの社会構築論をわかりやすくときほぐし，「ジェンダー・クリエイティブ」の発想でトランスジェンダーの困難を乗り越える実践の書です。
- クィア・スタディーズ編集委員会編『クィア・スタディーズ'96――クィア・ジェネレーションの誕生！』七つ森書館，1996年
    「クィア研究」という言葉が使われはじめて間もない日本におけるクィアをめぐる政治と考察がつめこまれた本。先見の明が明らかです。
- パトリック・カリフィアほか（竹村和子解説，石倉由ほか訳）『セックス・チェンジズ――トランスジェンダーの政治学』作品社，2005年
    アメリカにおけるトランスジェンダーの社会史ですが，豊富な体験談とフェミニズムや医療との軋轢などをテーマにし，親しみやすくなっています。

第7章　身体とジェンダー

KeyWords 7

- ☐ 管理される性
- ☐ レイプ（強かん）
- ☐ 女性性器切除
- ☐ 人工妊娠中絶
- ☐ 代理母
- ☐ 性の商品化
- ☐ セックスワーク
- ☐ 性別二元論
- ☐ トランスジェンダー
- ☐ 性同一性障害
- ☐ マイノリティのなかのマイノリティ差別

- ☐ 優生保護法
- ☐ セカンドレイプ
- ☐ 更年期障害
- ☐ 生殖補助医療
- ☐ ポルノグラフィ
- ☐ 買売春
- ☐ 人身取引
- ☐ バイセクシュアル
- ☐ 性転換
- ☐ クィア

第**8**章

フェミニズムとジェンダー

――そう
考えると
どうだろう

急に生きるのが
ラクになって
きたではないの

女(おんな)としての人生(じんせい)は
そろそろ
終(お)わろうとしている

フラワーコミックスα『姉の結婚』第1
巻より　Ⓒ西炯子／小学館

23　フェミニズムの歴史
24　フェミニズムがめざすもの

Introduction 8

この章の位置づけ

　第7章「フェミニズムとジェンダー」では，フェミニズムの歴史と，フェミニズムがめざすものについて考えます。この章までは，ジェンダーという考え方を糸口として，この社会においてジェンダーがどのように構成されているのか，またとくに1990年代以降，どのような変化が起こっているのかについて考えてきました。このような「ジェンダー」という視点を生み出すまでに，どのような性に関する思想や実践の歴史があったのでしょうか。日本や海外における歴史について，学んでいきたいと思います。近代社会の形成期には第一波フェミニズム，その再編期には第二波フェミニズムという動きがありました。ジェンダーという概念は男女のあいだの知のあり方や力関係を問題化するものですが，このような性別による待遇の違いやそれを生み出す社会システムのあり方に対する抗議は，片方の性である女性によって生み出されてきました。女性がその担い手になったのはなぜでしょう。またフェミニズムの思想は，それ以外の差別問題とどのような関係を切り結んでいるのでしょうか。フェミニズムはマルクス主義者，障害者や人種の解放運動とときに共闘し，ときに緊張関係にありました。また内なる異性愛中心主義の克服の問題もあります。

この章で学ぶこと

- unit 23　女性解放の思想や実践であるフェミニズムがどのように生まれ，なにを問題とし，どのような歴史をもっているのかについて概観します。
- unit 24　フェミニズムがめざす女性の解放，ひいてはすべての性による抑圧からの解放が，ほかの差別問題とどのように関連しているのかについて考えます。

unit 23

フェミニズムの歴史

人権の誕生とフェミニズム

これまでの unit を振り返って、ジェンダー論がどのような問題の周辺で、なにを課題として展開してきたのか、つかめたのではないでしょうか。この unit ではジェンダー論をめぐってどのような議論や運動が起こっていたのかについて、概観してみましょう。

unit 16 で、フランス革命で、国民が政治の主役となる国民国家と「人権」という考え方が同時に成立したというお話をしました。そのときの「人権」は実際にはある特定の属性をもった人のものでしかなかった、つまり健康であり、外国人ではない、中産階級以上の男性である「国民」の権利にしかすぎませんでしたね。ジェンダーに対する異議申し立てが男性の側からではなく、この「人権」から排除されている女性の側からされたのには、こういった理由があります。「人権＝国民の権利」に包摂されている男性は、改めて「男性として」異議申し立てをする必要はありません。しかし女性が異議申し立てをするときには「女性として」の運動とならざるをえません。unit 16 でいわれたように、日本で男性の国民が参政権を得たときの法律は「普通」選挙法（女性は「普通」に入っていないのです）であり、女性の参政権は「婦人」参政権運動としてとらえられてきたことがそれを示していると思われます。こういった経緯で、ジェンダー問題の運動実践の歴史は、「フェミニズム」として描かれるのです。

フェミニズムは、**第一波フェミニズム**と**第二波フェミニズム**に分けられます（間違えないでくださいね。第一派、第二派ではなく、第一波、第二波と「波」と書きます。女性解放運動の波がうねりのように押し寄せたのです）。簡単にいえば、第一

波フェミニズムは権利の獲得運動，第二波フェミニズムはたんなる権利運動にとどまらず，むしろそれを批判し，女性を取り巻く社会状況や文化や意識にまで批判を加えた運動であると考えられています。こういうと第一波フェミニズムはとても単純な主張のように思われてしまうかもしれませんが，実際には権利獲得だけではなく，いろいろな問題を提起していました。

🔲 第一波フェミニズム

　第一波フェミニズムの最初の担い手としてまずあげたいのは，フランスのオランプ・ド・グージュです。彼女はフランス革命のときに出された「人権宣言」（実際に直訳すると「男性と男性市民の諸権利の宣言」）を，「女性と女性市民の諸権利の宣言」（女権宣言）に書き換えました。「人権」が実際には男性の権利にしかすぎないではないかと指摘し，議会に参加する権利をはじめ，女性にも権利をと主張したのです。

　同じころイギリスでは，メアリ・ウルストンクラフトが，『女性の権利の擁護——政治および道徳問題の批判をこめて』を書いています。ウルストンクラフトはフランス革命を目撃し（失望もしたようですが），この著書をフランス革命で大きな役割を果たした外務大臣シャルル-モーリス・ド・タレーラン-ペリゴールに捧げています。ちなみに小説『フランケンシュタイン』を書いたメアリ・シェリーはウルストンクラフトの娘です。

　ウルストンクラフトがまず批判の対象にしたのは，フランス革命で大きな役割を果たした啓蒙思想家ジャン-ジャック・ルソーです。近代啓蒙思想では「理性」こそが人間と動物を分けるものであると考えられてきましたが，理性はまさに「男性」に固有であると考えられるようになり，女性は感情の動物であるとされてきました。ウルストンクラフトは，教育によって女性も理性を獲得できる，能力を伸ばし，美徳を身につけられるのだと主張します。そしてルソーが『エミール』で，女性は独立してはならず，恐怖によって支配され，「コケティッシュな奴隷」になるべきだと主張していることを手ひどく批判します。

　『エミール』は家庭教師がエミールという架空の子どもを教育するという設定で書かれた教育の本です。女性についてはエミールのパートナーであるソフ

ィーに対する要望として描かれていますが、女性の固有の使命は子どもを産むことであり、男性と違って女性はつねに（あるいはとにかく若いときだけは）雌であり、このような差別は自然や理性によって作りあげられたものであるから、女性が文句をいうことは間違っているとルソーはいいます。思想家によって自然や理性や美徳といった概念の意味内容は少しずつ異なってはいますが、しかし理性が男性的であり女性はそれから疎外されているという点では、ある程度はどの啓蒙思想家も同じです。ウルストンクラフトはそのような考え方の枠組みができたそのときにまさにその枠組みを否定し、女性の権利を獲得しようとしました。それは、女性は生物学的に異なっているかもしれないけれど、ちゃんと教育さえ受ければ、男性並みにやれるのだ、ただでさえ「劣っている」というのなら、せめて足を引っ張らずにちゃんと女性を向上させてほしいという主張でした。

　アメリカの第一波フェミニズムとしてあげるべきなのは、エリザベス・ケイディ・スタントンとルクレシア・モットでしょう。彼女たちは当初、アメリカの黒人奴隷解放運動を行っていました。ところがロンドンで奴隷制に反対する会議に出席しようとしたところ、女性であるという理由で参加を許されずまずもっての自分たちの解放、女性解放にめざめていきます。1848年にはニューヨーク州セネカフォールズで女性会議を主催しました。女性解放を主張する参加者たちは、もちろんその目的には賛同したものの、女性参政権はまだ時期尚早ではないかと尻込みし、反対意見すら出ました。それほどまでに当時、女性が政治的な発言をすることはタブーだったのです。

　グージュは、「女性は断頭台に登る権利をもっているから、演壇に登る権利をもっているのだ」といい、女性としての徳を忘れたと処刑されました。日本でも明治維新以降、自由民権運動にかかわった女性たちはいましたが、やはり人前で演説することは法律で禁止されており、男性によって原稿を代読してもらうことが通例でした。しかしアメリカでは、結局は女性参政権を主張することが採択され、グージュが人権宣言をもじって女権宣言を出したように、スタントンらもアメリカ独立宣言をもじって、「所感宣言」を出すことになったのです。

『青踏』の女たち

日本で第一波フェミニズムといえば，女性解放のための雑誌『青踏』(1911～16年)を作った平塚らいてうや，歌人の与謝野晶子ほかをあげるのが通例となっています。当時の日本は，「大正デモクラシー」と呼ばれる自由な社会的雰囲気ができあがりつつあるころで，彼女たちは「新しい女」と呼ばれました。母性保護論争などの新しい言論や，彼女たちの新しい生き方，ファッション，風俗などは大きなインパクトを社会に与えました。

平塚らいてう，与謝野晶子，そして山川菊栄のあいだで闘わされた母性保護論争については unit 5 で触れました。この時代には，母性保護論争のほかにもさまざまな論争が繰り広げられました。

たとえば，「食べることと貞操」という問いをめぐって盛り上がった「貞操論争」があります。身寄りのない独身の女が弟をつれて上京したときに食い詰めて，「ただ1つ残している所有物の貞操」を売ったという生田花世は，非難されたときに「愛するものの為にこそ私はかつて自分の処女を捨てた」と抗議します（「周囲を愛することと童貞の価値と」）。伊藤野枝は「男子に貞操が無用ならば女子にも同じく無用でなくてはならない。女子に貞操が必要ならば同じく男子にも必要でなくてはならない」といい，「ああ，習俗打破！ 習俗打破！ それより他には私達のすくはれる途はない」と主張します（「貞操についての雑感」）。

また与謝野晶子は，「貞操は生まれながらにして何人も持ってゐるもので有ります。そして夫れは夫に対してではなく，自分自身のためのもので有ります。自分自身のために有るものなら，矢張り自分の手に握られてある筈です」（「貞操について」）と，ある意味での**性的自己決定権**について語っています。平塚らいてうは「結婚前の婦人に向かって，道徳は何を要求して居ますか。それは絶対的純潔──即ち処女性といふことであります。娘時代の名誉の総ては殆どこの一事にあるといっても過言ではないのですから，万一その処女を失った娘は，父母の憤怒，悲嘆はもとより，社会の嘲罵を一身に集めなければなりません。……それが息子の場合はどうでせう」と男と女で適用される規範が違うというダブルスタンダード（二重基準）を指摘しています。そして「私の考へでは男性の道徳心の上に貞操観念を新に発生させるものは婦人の力を外にしてはない

> **コラム**
>
> **『青踏』**
> 　『青踏』には，いまでも有名な作品がたくさん収められています。たとえば平塚の，「元始，女性は実に太陽であった。真正の人であった。今，女性は月である。他に依つて生き，他の光によつて輝く，病人のやうな蒼白い顔の月である。倩てこゝに『青鞜』は初声を上げた」という創刊の辞を耳にしたことのある人は，多いかもしれません。
> 　また与謝野が創刊に寄せた，「山の動く日来る。／かく云へども人われを信ぜじ。／山は姑く眠りしのみ。／その昔に於て／山は皆火に燃えて動きしものを。／されど，そは信ぜずともよし。／人よ，ああ，唯これを信ぜよ。／すべて眠りし女今ぞ目覚めて動くなる。／一人称にてのみ物書かばや。／われは女ぞ。／一人称にてのみ物書かばや。／われは。われは。」という「山の動く日来る」もとても有名です。1990年，マドンナ旋風が沸き起こって，社会党が第一党になったときに，当時の委員長であった土井たか子が，「山の動く日来る」といいましたが，与謝野を引用しているのは間違いがありません。

と思ひます」と主張しています（「差別的道徳について」）。女性の道徳力によって男性を変えていこうという考え方は，ヨーロッパやアメリカにもみられるのと同様の考え方です。

　また「堕胎論争」では，堕胎罪で投獄される女性を主人公にした原田皐月による手紙仕立ての小説「獄中の女より男に」によって，『青踏』は発禁処分を受けています。その主人公は，「女は月々沢山な卵細胞を捨ててゐます。受胎したと云う丈けではまだ生命も人格も感じ得ません。全く母体の小さな附属物としか思はれないのですから。本能的な愛などは猶さら感じ得ませんでした。そして私は自分の腕一本切って罪となつた人を聞いた事がありません」と，とうとう述べて裁判官を怒らせるというストーリーで，現在の妊娠人工中絶をめぐる議論にも連なる問題を提起しています。このように『青踏』では，女性役割，母性やセクシュアリティ，身体の自己決定など多岐にわたってさまざまな言論が繰り広げられました。

第二波フェミニズム

　第一波フェミニズムはある意味で，近代社会ができあがるときに，女性のお

かれようとする場所を問いながら新しい場所を探そうとする運動でしたが，第二波フェミニズムは近代社会が完成したあと，女性のおかれている場所を根底から覆そうとする近代社会批判の運動でした。

第二波フェミニズムの始まりは，アメリカのベティ・フリーダンの『女性の神秘（女性の神話）』（1963年刊行。日本での書名は，『新しい女性の創造』）が皮切りとなりました。アメリカでは第二次世界大戦後，郊外の一軒家に住み，子どもを2人もって，アップルパイを焼きながら，掃除洗濯をこなす専業主婦家庭が，幸せの象徴とされてきました。女性たちは，早々のうちにキャリアをあきらめて家庭に入りましたが，一日が終わると「これで（一日も，自分の人生も）おしまい？」という思いに苛まれていました。そして「幸せ」であるはずなのに「幸せ」であると感じられない自分自身を責め，精神科医にかかり，睡眠薬やアルコールの依存症に悩まされていたのです。

ところがもともと新聞記者だったフリーダンは，このような女性は決して珍しくないことをさまざまな女性のインタビュー調査から明らかにしていきます。そしておかしいのは女性の感じ方ではなく，むしろ女性のおかれてきた状況のほうなのだと主張しました。フリーダンの主張は瞬く間に全米中に広がりました。そしてフリーダンはNOW（全米女性機構）を設立しました。

フリーダンよりももっとラディカルな第二波フェミニズムはその後，1960年代の政治の季節を背景として大きな波となっていきます。アメリカの黒人の権利要求を行う公民権運動，ヴェトナム反戦運動，そしてキャンパスでの学生運動が起こります。ヨーロッパでも同様であり（旧共産圏では民主化運動が起こりますし），日本でも，ヴェトナム反戦運動（ベトナムに平和を！　市民連合，通称「ベ平連」），学生運動（全学共闘会議，通称「全共闘」）など，さまざまな社会運動が起こりました。日本の女性運動は，**ウーマンリブ運動**と名乗りました。

ウーマンリブという言葉は，英語のウィメンズ・リベレーションをもじった和製英語です。アメリカの輸入品であると誤解されることも多いのですが，決してそうではなく（もちろんアメリカの女性運動とも連携をとったり，英語の本を翻訳したりしていましたが），世界同時多発的に女性運動が起こっていたと考えるほうが自然だと思います。

ウーマンリブは，それまで「女の幸せ」であると考えられてきた結婚や家族

に対して，鋭い批判の眼を向けました。とくに第二次世界大戦後の女性運動の柱の1つは，母親による平和運動でした。リブはこの母親運動に激しい批判を行います。女は「靖国の母」として，子どもを戦争に送り出してきており，決して母は平和だけの存在ではなかったからです。

リブのなかでおそらくもっとも有名なビラは，田中美津による「便所からの解放」でしょう。「階級社会のもとで女は誰でも生まれつきひとつの私有財産をもっている。バージンという私有財産を。これをうまく運用して高く売りつけることで，女の人生は決まる」という書き出しで始まるこのビラには，女が性欲処理のための便所か，そうでなければ母性の優しさを求められる母としてしか生きられず，引き裂かれていることが指摘されています。バージンを大切にして結婚して母として生きるのか，遊びの対象として性欲処理の対象にされてしまうのか——どちらにしても「総体としての女を，女ととらえない意識」に支えられていることは間違いがありません。そのうえで田中は，「便所のワタシと汚物のキミよ」と呼びかけます。女性を便所扱いするような社会では，男の性もまたみじめなものであるということを的確に指摘したのです。

田中美津は，「リブは全共闘を母体として十月十日満ちて生まれた鬼子だ」といいます。リブにかかわった人たちの多くは，全共闘運動などにかかわっていました。田中もヴェトナム反戦運動をしています。しかし男性主体の運動では，女性は印刷などの雑用をさせられたり，非力だということでバリケードの後ろでおにぎりを握らされたり，フリーセックスの名のもとで性的に搾取されたりしていました。「解放を謳っているはずの自分たちがまず解放されるべきなのではないか」と，女たちは自らの解放運動を始めました。そこでは「権利」を獲得することを第一の目標とするのではなく，自分たちの日常生活や意識をまず点検して，社会や文化を徹底的に問い直すことが行われました。

たとえば田中は著書『いのちの女たちへ』のサブタイトルとして，「とり乱しウーマン・リブ論」という題をつけています。私たちの日常生活は，矛盾の塊です。田中はまずそこから逃げず，その矛盾を見据えようとします。

「鏡の前に座って，口紅を塗るあたし，リブのくせにと非難がましい声が，どこからともなく聞こえてくる」。リブなのにお化粧しているという非難，そして自分自身もそのことをやましく感じてしまう田中は，それからさらに論を

進めます。では素顔なら媚ではないのかと。「素顔でも，それが充分自己肯定の基盤たりえる若い女たちが，己れの素顔の自信の延長線上に，素顔＝革命的の論理をひっぱってきて，その部分だけの革命性を誇示しようとする」。つまり，「〈ここにいる女〉の矛盾，素顔も媚，厚化粧も媚のその歴史性を，素顔の己れから知り，化粧の己れから知っていくことこそ大事なのだ」。このような矛盾に満ちた〈ここにいる女〉たち，さまざまな女の経験を共有し，「女から女たちへ」とつながっていくことが模索されたのです。

現在は，第二波フェミニズムの後に続く「第三波フェミニズム」が出現している，もしくは「ポスト・フェミニズム」の時代だといわれますが，その全貌はまだ明らかではありません。しかしグローバリゼーションが進行し，さまざまな意味で格差や差異がみいだされるようになっていく状況のなかで，新しい現象を明らかにする新しい理論や実践が，過去の遺産を引き継ぎながら必要とされ，また生まれていくことでしょう。

（千田有紀）

読書案内

□ オリヴィエ・ブラン（辻村みよこ訳）『女の人権宣言——フランス革命とオランプ・ドゥ・グージュの生涯』岩波書店，1995 年

女権宣言を出したグージュの生涯についての伝記。巻末に人権宣言との条文対照表と訳者による解説が記載されています。

□ メアリ・ウルストンクラーフト（白井堯子訳）『女性の権利の擁護——政治および道徳問題の批判をこめて』未來社，1980 年

ウルストンクラフトがどのように女性の権利を主張したのか，ぜひ全文を読んでほしいと思います。ウルストンクラフトのほとばしる情熱を感じることでしょう。

□ 堀場清子編『「青鞜」女性解放論集』岩波書店（岩波文庫），1991 年

女性解放のための雑誌『青踏』におさめられた文章を実際に読んでみるためには，手軽でよくまとまった一冊です。

□ ベティ・フリーダン（三浦冨美子訳）『新しい女性の創造』（改訂版）大和書房，2004 年（原著初版 1963 年）

幸せなはずなのに満たされないアメリカの主婦たちを取材したフリーダン。さすが元新聞記者という本になっています。

□ 田中美津『いのちの女たちへ——とり乱しウーマン・リブ論』河出書房新社（河出文庫），1992 年（初版 1972 年，田畑書店刊）

ウーマンリブ運動の中心的な位置を占めていた田中美津による代表的な本。現代でもまだ決して色あせません。「便所からの解放」なども収録されています。

- [ ] 三木草子・佐伯洋子・溝口明代編『資料 日本ウーマン・リブ史』全3巻,松香堂書店,1992〜95年

日本のウーマンリブの資料をまとめたもの。大変重要な記録です。リブがなにを問題にしていたのか,豊かな鉱脈が見えるでしょう。

unit 24

フェミニズムがめざすもの

ラディカル・フェミニズム

　ウーマンリブ運動が盛んになった1970年代,「女性差別はあらゆる差別のなかでもっとも根源的な差別である」というようなフレーズがよく聞かれました。ウーマンリブ運動に代表される第二波フェミニズムのことを,**ラディカル・フェミニズム**と呼ぶことがありますが,これは急進的や過激というという意味で「ラディカル」な運動であったからではなく,女性による差別を根源的なものとしてとらえようという理念に基づいていたからです。

　女性差別が根源的である,というのはどういうことでしょうか？　フェミニストは,女性差別だけが重要な差別で,それ以外の差別はどうでもいいと考えていたのでしょうか？　答えは決してそうではありません。こういうと語弊があるかもしれませんが,フェミニズムはある意味で,「遅れてきた思想」でした。田中美津が「リブは全共闘を母体として十月十日月満ちて生まれた鬼子だ」といったように(→unit 23),フェミニズムは社会・共産主義思想との関係をはっきりせることを迫られていたのです。

　社会における不平等や搾取についての重要な思想形成を行ったのは,マルクスです。マルクス主義は,「階級」や「搾取」という概念を作りあげることによって,労働者階級が不当に収奪されていることを理論化しました。マルクス主義の思想は,近代社会において不平等な社会関係にはじめて言葉を与え,「資本主義社会が打倒され共産主義の世の中が実現すれば,女性の解放も自動的に行われるのだ」と考えられました。しかし実際には,社会主義の運動のなかで女性の利害を主張することは,労働者階級の運動を分断する「裏切り行

為」，つまり運動を「分断」してしまうことだと非難されることが多かったのです。革命を経て社会主義国家になったソビエト連邦（いまのロシア）でも，家事は女性の仕事であることは変わりませんでしたし，女性が男性と同じように労働したからといって，「解放」されるとは限りませんでした。また参政権をはじめとする女性の権利を求める運動（階級的な視点がないという意味で，**ブルジョア・フェミニズム**と呼ばれることもありましたが）についても，女性が男性と同じように形式的に政治的な権利を獲得したとしても，やはり女性の解放を妨げる日常的な差別は残ってしまう可能性があります。

こうした状況で，形式的な政治的権利の獲得を主張するのでもなく，また階級が消滅すれば自動的に女性の解放が達成されると考えるのでもなく，女性が差別されるとはどのようなことなのかを一度考え抜く必要がありました。それがラディカル・フェミニズムなのです。私たちがあたりまえであると考えがちな日常の生活や，男性中心主義的な思想などを，一度「女性の視点」で考え抜いてみる，ということが，「女性差別はあらゆる差別のなかでもっとも根源的な差別である」ということだったのです。「女性」がマルクスがいうような「階級」をなしているのかどうかについてはさまざまな議論がありますが，「女性」という集団を一度，括りだしてみることにより，ジェンダーの視点とはどのようなものなのか考え抜いてみる必要がありました。そして実際にこのような「女性」という集団に着目することによって，女性たちは**シスターフッド**という女性たちのあいだにある絆を改めて作りあげ，女同士の快適な関係を紡いでいきました。

また「女性差別は世界中のどの社会でも普遍的にみられる」ともいわれていました。これも階級や人種や民族（人種や民族の解放運動のなかにジェンダーの視点を持ち込むことはまた，「分断」を引き起こすという理由で，なかなか難しいことだったのです）に関係なく，女性差別は普遍的にあるのだという主張です。「シスターフッドはグローバルだ」というスローガンで，女性たちのあいだにある差異を乗り越えて，女同士で結びつこうとしたのです。

フェミニズム運動と異性愛主義

「女性」という視点から従来の思想や社会制度を点検し，女性としてのまと

まりや絆を作りだすことは、一度は必要なことでした。しかしこのような作業の過程で、もしくはそのような過程を経たあと、さまざまな問題が生じることになります。

　1つはフェミニズムに潜む異性愛中心主義の問題です。たとえばアメリカのNOW（→unit 23）を設立したベティ・フリーダンとレズビアンのあいだの緊張関係などがあります。レズビアンは「ラベンダー色（ラベンダーは同性愛を表す色）の脅威」と呼ばれました。誰への脅威かといえば、女性運動に対してです。家父長制的な社会で女性運動を盛りあげていくときに、自分たちはレズビアンだとは思われたくない、レズビアンに対する差別を自分たちに投影されたくない、このような政治的な理由から、フェミニストからのレズビアンの切り離しが行われました。ラディカル・フェミニズムの聖典ともいえる『性の政治学』は、さまざまな男性の人気作家のテキストがどのような女性差別を行っているかを分析した文芸批評ですが、著者のケイト・ミレットはレズビアンであるために表舞台から失脚させられたのです（彼女は日本とも親交があり、日本人男性と結婚していたこともあります）。レズビアンは「女」というカテゴリーから除かれたともいえるかもしれません。

　もちろん、フェミニストのなかにはレズビアンの女性はたくさんいました。ウーマンリブの担い手にもレズビアンはもちろんいますし、そのことについての文章も書かれました。ただレズビアンについて考え抜く作業は、確かに弱かったかもしれません。フェミニストは異性愛中心主義的な結婚制度を批判するときにそのまま異性愛中心主義をなぞり、そのことに対する疑問は問題の中心に据えられてはいませんでした。アメリカの詩人、アドリエンヌ・リッチが女性たちのあいだの関係を「**レズビアン連続体**」と呼ぶとき（→unit 3）、レズビアンと女（女でないレズビアンはいませんが）とのあいだの関係は修復されますが、そのあいだにあるはずの亀裂やセクシュアリティの問題は見えなくなってしまいます。

　フェミニズムと異性愛中心主義の問題、セックスやジェンダー、セクシュアリティ、性的欲望がどのような関係を結んでいるのかは1990年代に、中心的なテーマとして据えられるようになりました。その代表的な論者は、ジュディス・バトラーです（→unit 2）。バトラーの『ジェンダー・トラブル』の副題は、

「フェミニズムとアイデンティティの攪乱」であり，フェミニズムとセクシュアリティの問題がどのような関係をもち，どのように既存の社会を揺らがせ，固定的なアイデンティティを攪乱してくことができるのかが考察されています。

バトラーは「女性は一枚岩ではない」ということを強調します。女が女であるというだけで，「同じ」利害や関心を共有しているわけではないのです。1970年代，80年代に重要な概念であった「シスターフッド」という概念も，姉妹という親族的なカテゴリーを使っています。「私たちは，姉に導かれる妹ではない」という主張が，とくに第三世界の女性たちから第一世界の女性たちに対して向けられたとしても，それは当然のことといえるでしょう。

対立する「権利」

女性たちのあいだの差異だけではなく，女性解放運動はそのほかの解放を求める人たちと緊張関係をはらむことがあります。その典型的な例は，1970年代の障害者の解放運動を進める青い芝の会とウーマンリブのあいだの関係でしょう。宗教団体の動きを背景に，1972年に国会に優生保護法の一部改正案が上程されました。これはそれまで多くの女性の中絶を可能にしていた経済的理由による中絶を禁止し，逆に障害をもつ胎児の中絶を可能にするものでした。女たちは廃案を求めましたが，経済的理由による中絶を可能にしておくことは女たちによって障害児が抹殺されていってしまうことだと障害者たちは心配しました。確かに，このような心配は，根拠のないものではありませんでした。生殖技術（→unit 20）の進展により，出生前診断が可能になっていたからです。実際にこの法案には，高齢出産を避けさせ，優生保護の観点からアドバイスを与える優生保護相談所の指導が盛り込まれていました。

それ以前にも青い芝の会は，横塚晃一さんの本のタイトル『母よ！　殺すな』に端的に見られるように，重度の障害児を殺害した母親への同情から起こる減刑嘆願運動に対し「罪は罪として裁け」「障害児は殺されるのが幸せか」という鋭い問題提起を行っていました。育児に疲れた母親への同情が，実は障害者差別を内包していること，殺人は殺人なのであると指摘したのです。

さまざまな「権利」は，ときには対立することがあります。中絶される障害児と母親もそうです。いや，中絶される「胎児」と「母体」の女性もそうです。

もちろん、中絶される「胎児」はいつからヒトなのか、どのような意味でヒトなのかという問題は潜んでいます。ヒトとなるのは卵子、受精卵、着床、胎動、出産後のいずれなのか、一人で生きることができず「母体」を必要とする依存的な存在である「胎児」と「母体」の関係に、簡単に答えは出ないでしょう（→unit 20, 23）。

ウーマンリブの田中美津はこれらの提起を受けて、「中絶は殺人である」といい切りました。そして女を殺人者にする社会を告発し、「産める社会、産みたい社会を」求めるというかたちで、リブは青い芝の会と連帯しました。障害者と女の権利という対立させられている構図をもたらす社会構造を問題にしたのです。

「産む産まないは女の『権利』」であると主張する欧米の女性運動とは異なり、日本のウーマンリブは「産む産まないは女（あたし）が決める」といい、もつことで「もたない人」を作りだす排他的な「権利」という言葉を嫌いました。それは、このような障害者運動との緊張関係によってはぐくまれたものであるといってよいでしょう。

そもそも抽象的な「女」などいないのです。性別のない「障害者」も同様です。障害者 vs. 女という問題設定をしたときにこぼれ落ちるのは、障害者の女性の存在です。実際、この優生保護法改悪阻止運動から、障害者差別をなくし、女性が産む産まないを決めることのできる社会をめざし、刑法・堕胎罪の撤廃を求める SOSHIREN の運動はまだ続いています。

このような対立構造は、最初にあげたように珍しいものではありません。たとえば、アメリカのアフリカ系黒人コミュニティにおける男性による女性への暴力や家父長制を指摘したアリス・ウォーカー（著書『カラーパープル』はスティーブン・スピルバーグ監督によって映画化もされました）は、アフリカ系社会に対する「裏切り者」扱いをされました。マイノリティであればあるほど、そのなかに潜む問題を指摘することによって、マイノリティ同士の対立が起こりがちです。白人社会の暴力行為を指摘しても「白人の裏切り者」であるとは考えられないのに、アフリカ系男性には「暴力的」というイメージがべったりと貼りつけられているがゆえに、実際に存在する暴力を指摘することがそのまま、アフリカ系男性のステレオタイプを強化するという効果をもってしまうのです。

繰り返しますがしかし，重要なことはこのような対立を実体的にアフリカ系アメリカ人男性 vs. アフリカ系アメリカ人女性の対立としてみるのではなく，どうしてそのような対立が作りだされてしまうのか，そのからくりを暴きだすことです。人びとがどのような「カテゴリー」にあてはめられ，作られてくるのかを明らかにしたポスト構造主義的な思想や理論の成果は，そういうことだったと思います（→unit 1, 2）。

男性学の試み

性に基づいた差別を撤廃し，解放を求める運動は，フェミニズム運動というかたちで女性たちから起こりました。繰り返しますが，それは近代的「人権」が，国民の権利であり，男性の権利にすぎなかったからです。

しかし，この社会の性のシステムによって抑圧されているのは，女性ばかりではありません。もちろん，女性の平均収入は，男性に比べて7割程度にすぎませんし（→unit 7），大学進学率も男性のほうが高いです。企業の管理職は圧倒的に男性です。

けれども性別によって分けられる社会に住んでいる以上，女性だけではなく男性も同じように性別のシステムに巻き込まれています。エリートであることを求められて「男らしく」がんばって働いて過労死する男性。非正規雇用しか見つからず，「男らしく」一人前になれないことを嘆く男性。これらは同じ現象のメダルの裏表です。ほかにも，女性の身体を「美しい」と考えるのに，自分の身体は「美しい」と思えない男性。「男らしさ」を求められて，やりたくないことまでやらされることに嫌気がさしている男性。自分が不妊であることに傷つく男性。これらはすべて，男性が否応なしに抱えさせられるジェンダーの問題です。

日本で**男性学**を提唱したのは，伊藤公雄です。伊藤は男性のもつ優越志向，所有志向，権力志向を批判し，男らしさの「鎧」を脱ぐことを提唱しました。男らしさから自分らしさを解放しようというのです。また蔦森樹は，異性装をすることで自分のなかにある「男らしさ」を見つめ直しました。男性学は，これらは自分たちが内面化した男らしさを問い直すことによる社会批判として始まりました。

草食系男子などの現象がいわれているいま，これからは「男らしくない」男性の男性性を含めて，男女ともに解放された社会とはどのような社会であるのかのヴィジョンを描くことが求められると思います。

また女性に関しても，古典的な「女らしさ」というものが揺らいできているいま，どういう行動が「女らしい」といえるのか自体が，「男らしさ」以上にみえにくくなっています。女性の地位が向上したとはいえ，まだまだ性別による差別はないわけではありません。とくになにもかもを「自己責任」とする社会のなかで，「女らしさ」や「男らしさ」をめぐって戸惑うことも多いかもしれません。しかし，本当に「自己責任」を問うことができるためには，すべての人が自由に安心して生きることのできる社会であることが前提となるのではないかと思います。

(千田有紀)

読書案内

□ レイウィン・コンネル（多賀太監訳）『ジェンダー学の最前線』世界思想社，2008年（原著2002年）

男性について着目しながら，ジェンダーやセクシュアリティの秩序やグローバル社会における変化などを包括的に論じた本です。

□ リブ新宿センター資料保存会編『リブ新宿センター資料集成』インパクト出版会，2008年

リブ新宿センターに残されていた資料をまとめたもの。優生保護法改悪運動などについてもたくさんの資料があります。手書きのビラから伝わるものがあります。

□ ケイト・ミレット（藤枝澪子ほか訳）『性の政治学』ドメス出版，1985年（原著1970年）

ラディカルフェミニズムの古典といわれる本です。有名男性作家の文学作品をジェンダーの視点からみるとどう分析できるのかを示した，文芸評論でもあります。

KeyWords 8

- ☐ 第一波フェミニズム
- ☐ 性的自己決定権
- ☐ ラディカル・フェミニズム
- ☐ シスターフッド
- ☐ 男性学
- ☐ 第二波フェミニズム
- ☐ ウーマンリブ運動
- ☐ ブルジョア・フェミニズム
- ☐ レズビアン連続体

㉔ フェミニズムがめざすもの

引用・参考文献

第1章　性別をとらえなおす

アルチュセール，L.（西川長夫ほか訳）『再生産について』上・下，平凡社，2010年
アルトマン，D.（岡島克樹・風間孝・河口和也訳）『ゲイ・アイデンティティ』岩波書店，2010年
石田仁編『性同一性障害』御茶の水書房，2008年
伊藤公雄・樹村みのり・國信潤子『女性学・男性学（改訂版）』有斐閣，2011年
井上輝子『新・女性学への招待』有斐閣，2011年
井上輝子ほか編『岩波　女性学事典』岩波書店，2002年
ウィークス，J.（上野千鶴子監訳・赤川学解説）『セクシュアリティ』河出書房新社，1996年
上野千鶴子『女ぎらい』紀伊國屋書店，2010年
ウォーフ，L. B.（池上嘉彦訳）『言語・思考・現実』講談社，1993年
江原由美子・金井淑子編『フェミニズム』新曜社，1997年
江原由美子・山崎敬一編『ジェンダーと社会理論』有斐閣，2006年
江原由美子・山田昌弘『ジェンダーの社会学入門』岩波書店，2008年
オースティン，J. L.（坂本百大訳）『言語と行為』大修館書店，1978年
加藤秀一『知らないと恥ずかしいジェンダー入門』朝日新聞社，2006年
加藤秀一・海老原暁子・石田仁『図解雑学　ジェンダー』ナツメ社，2005年
コラピント，J.（村井智之訳）『ブレンダと呼ばれた少年』扶桑社，2005年
佐倉智美『性同一性障害の社会学』現代書館，2006年
サピア，E.＝B. L. ウォーフ（池上嘉彦訳）『文化人類学と言語学』弘文堂，1995年
サール，J. R.（坂本百大・土屋俊訳）『言語行為』勁草書房，1986年
シービンガー，L.（小川眞里子・財部香枝訳）『女性を弄ぶ博物学』工作舎，1996年
シービンガー，L.（小川眞里子・東川佐枝美・外山浩明訳）『ジェンダーは科学を変える！？』工作舎，2002年
スコット，J. W.（荻野美穂訳）『ジェンダーと歴史学（増補新版）』平凡社，2004年
セジウィック，E. K.（上原早苗・亀沢美由紀訳）『男同士の絆』名古屋大学出版会，2001年
竹村和子『愛について』岩波書店，2002年
竹村和子編『"ポスト"フェミニズム』作品社，2003年
ダーデン-スミス，J.＝D. シモーヌ（池上千寿子・根岸悦子訳）『セックス＆ブレイン』工作舎，1985年
タトル，L.（渡辺和子訳）『新版　フェミニズム事典』明石書店，1998年
田中玲『トランスジェンダー・フェミニズム』インパクト出版会，2006年
虎井まさ衛『語り継ぐトランスジェンダー史』十月舎，2003年
野宮亜紀ほか『性同一性障害って何？（増補改訂版）』緑風出版，2011年
バー，V.（田中一彦訳）『社会的構築主義への招待』川島書店，1997年
橋本秀雄『男でも女でもない性完全版』青弓社，2004年
長谷川真理子『オスとメス＝性の不思議』講談社，1993年
バトラー，J.（竹村和子訳）『ジェンダー・トラブル』青土社，1999年
ファウスト-スターリング，A.（池上千寿子・根岸悦子訳）『ジェンダーの神話』工作舎，1990年

フーコー，M.（渡辺守章訳）『性の歴史Ⅰ　知への意志』新潮社，1986 年
藤本由香里『私の居場所はどこにあるの？』朝日新聞出版，2008 年
ボーヴォワール，S. D.（『第二の性』を原文で読み直す会訳）『決定版　第二の性 1』新潮社，
　　2001 年
堀あきこ『欲望のコード』臨川書店，2009 年
守如子『女はポルノを読む』青弓社，2010 年
ラカー，T.（高井宏子・細谷等訳）『セックスの発明』工作舎，1998 年
ラセット，C. E.（上野直子・富山太佳夫訳）『女性を捏造した男たち』工作舎，1994 年

第 2 章　家族とジェンダー

天野正子・桜井厚『「モノと女」の戦後史』平凡社，2003 年
アリエス，P.（杉山光信・杉山恵美子訳）『〈子供〉の誕生』みすず書房，1980 年
上野千鶴子『近代家族の成立と終焉』岩波書店，1994 年
上野千鶴子『男おひとりさま道』法研，2009 年
上野千鶴子『家父長制と資本制』岩波現代文庫，2009 年
上野千鶴子編『主婦論争を読む』Ⅰ・Ⅱ，勁草書房，1982 年
江口隆裕『「子ども手当」と少子化対策』法律文化社，2011 年
荻野美穂『「家族計画」への道』岩波書店，2008 年
荻野美穂ほか『制度としての〈女〉』平凡社，1990 年
落合恵美子『近代家族とフェミニズム』勁草書房，1989 年
落合恵美子『21 世紀家族へ（第 3 版）』有斐閣，2004 年
小倉千加子『女の人生すごろく』ちくま文庫，1994 年
小倉千加子『結婚の条件』朝日文庫，2007 年
折井美耶子編集・解説『資料性と愛をめぐる論争』ドメス出版，1991 年
柏木恵子『子どもという価値』中公新書，2001 年
鹿野政直『戦前・「家」の思想』創文社，1983 年
北村透谷「厭世詩家と女性」『北村透谷・山路愛山集』筑摩書房，1969 年
北本正章『子ども観の社会史』新曜社，1993 年
九鬼周造（藤田正勝全注釈）『「いき」の構造』講談社学術文庫，2003 年
ケイ，E.（小野寺信・小野寺百合子訳）『恋愛と結婚（改訂版）』新評論，1997 年
香内信子編集・解説『資料　母性保護論争（再版）』ドメス出版，1988 年
小山静子『良妻賢母という規範』勁草書房，1991 年
小山静子『家庭の生成と女性の国民化』勁草書房，1999 年
酒井順子『負け犬の遠吠え』講談社文庫，2006 年
ショーター，E.（田中俊宏訳）『近代家族の形成』昭和堂，1987 年
鈴木尚子編集・解説『資料戦後女性の行方』ドメス出版，1985 年
ストーン，R.（北本正章訳）『家族・性・結婚の社会史』勁草書房，1991 年
セガレーヌ，M.（片岡幸彦監訳）『妻と夫の社会史』新評論，1983 年
千田有紀『日本型近代家族』勁草書房，2011 年
田間泰子『「近代家族」とボディ・ポリティクス』世界思想社，2006 年
西川祐子『近代国家と家族モデル』吉川弘文館，2000 年
西川祐子『住まいと家族をめぐる物語』集英社新書，2004 年
バダンテール，E.（鈴木晶訳）『母性という神話』ちくま学芸文庫，1998 年
樋口美雄・府川哲夫編『ワーク・ライフ・バランスと家族形成』東京大学出版会，2011 年

広田照幸『日本人のしつけは衰退したか』講談社，1999 年
服藤早苗監修『家族』講談社，2011 年
舩橋惠子・宮本みち子編『雇用流動化のなかの家族』ミネルヴァ書房，2008 年
ホブズボウム，E.＝T. レンジャー編（前川啓治・梶原景昭ほか訳）『創られた伝統』紀伊國屋書店，1992 年
本田由紀『「家庭教育」の隘路』勁草書房，2008 年
三浦展『「家族」と「幸福」の戦後史』講談社，1999 年
ミッテラウアー，M.＝R. ジーダー（若尾祐司・若尾典子訳）『ヨーロッパ家族社会史』名古屋大学出版会，1993 年
牟田和恵『戦略としての家族』新曜社，1996 年
森田ゆり『ドメスティック・バイオレンス』小学館文庫，2007 年
山田昌弘『近代家族のゆくえ』新曜社，1994 年
山田昌弘『パラサイト社会のゆくえ』ちくま新書，2004 年
湯沢雍彦・宮本みち子『データで読む家族問題（新版）』NHK ブックス，2008 年
吉川真美子『ドメスティック・バイオレンスとジェンダー』世織書房，2007 年
ルソー，J.J.（今野一雄訳）『エミール』上・中・下，岩波文庫，1962〜64 年

第 3 章　労働とジェンダー

浅倉むつ子『労働法とジェンダー』勁草書房，2004 年
阿部彩『子どもの貧困』岩波新書，2008 年
伊藤るり・足立眞理子編『国際移動と〈連鎖するジェンダー〉』，作品社，2008 年
伊豫谷登士翁編『経済のグローバリゼーションとジェンダー』明石書店，2001 年
イリイチ，I.（玉野井芳郎・栗原彬訳）『シャドウ・ワーク』岩波書店，1998 年
岩間暁子『女性の就業と家族のゆくえ』東京大学出版会，2008 年
上野千鶴子『女は世界を救えるか』勁草書房，1986 年
エスピン-アンデルセン，G.『平等と効率の福祉革命』岩波書店，2011 年
大沢真理解説『新編日本のフェミニズム 4 権力と労働』岩波書店，2009 年
大沢真理編・神野直彦ほか著『福祉国家とジェンダー』明石書店，2004 年
大沢真理『現代日本の生活保障システム』岩波書店，2007 年
大脇雅子・中野麻美・林陽子『働く女たちの裁判』学陽書房，1996 年
小笠原祐子『OL たちの〈レジスタンス〉』中公新書，1998 年
落合恵美子『21 世紀家族へ（第 3 版）』有斐閣，2004 年
鐘ヶ江晴彦・広瀬裕子編『セクシュアル・ハラスメントはなぜ問題か』明石書店，1994 年
金子雅臣『壊れる男たち』岩波新書，2006 年
北九州市立男女共同参画センター"ムーブ"編『ジェンダー白書 2 女性と労働』明石書店，2004 年
木本喜美子『女性労働とマネジメント』勁草書房，2003 年
木本喜美子・大森真紀・室住眞麻子編『社会政策のなかのジェンダー』明石書店，2010 年
キテイ，E.F.（岡野八代・牟田和恵訳）『愛の労働あるいは依存とケアの正義論』白澤社，2010 年
キテイ，E.F.（岡野八代・牟田和恵編訳）『ケアの倫理からはじめる正義論』白澤社，2011 年
久場嬉子『介護・家事労働者の国際移動』日本評論社，2007 年
熊沢誠『女性労働と企業社会』岩波新書，2000 年
ダラ・コスタ，M.（伊田久美子・伊藤公雄訳）『家事労働に賃金を』インパクト出版会，1997

年
ダラ・コスタ，G. F.（伊田久美子訳）『愛の労働』インパクト出版会，1991 年
竹中恵美子『家事労働（アンペイド・ワーク）論』明石書店，2011 年
竹信三恵子『日本株式会社の女たち』朝日新聞社，1994 年
塚田典子編『介護現場の外国人労働者』明石書店，2010 年
萩原久美子『迷走する両立支援』太郎二郎社エディタス，2006 年
藤原千沙・山田和代編『労働再審 3 女性と労働』大月書店，2011 年
ホックシールド，A.（田中和子訳）『セカンド・シフト』朝日新聞社，1990 年
ホックシールド，A.（石川准・室伏亜希訳）『管理される心』世界思想社，2000 年
本田一成『主婦パート 最大の非正規雇用』集英社新書，2010 年
マッキノン，C.（村山淳彦監訳・志田昇ほか訳）『セクシャル・ハラスメント オブ ワーキング・ウィメン』こうち書房，1999 年
ミース，M.（奥田暁子訳）『国際分業と女性』日本経済評論社，1997 年
ミース，M.＝C. V. ヴェールホフ＝V. ベンホルト–トムゼン（古田睦美・善本裕子訳）『世界システムと女性』藤原書店，1995 年
村尾祐美子『労働市場とジェンダー』東洋館出版社，2003 年
森ます美『日本の性差別賃金』有斐閣，2005 年
森ます美・浅倉むつ子編『同一価値労働同一賃金原則の実施システム』有斐閣，2010 年
山口一男『ワークライフバランス』日本経済新聞出版社，2009 年
山口一男・樋口美雄編『論争 日本のワーク・ライフ・バランス』日本経済新聞出版社，2008 年
山森亮『ベーシック・インカム入門』光文社，2009 年
Ehrenreich, B. and A. R.Hochschild, eds., *Global Woman*, Metropolitan Press, 2003.
Williams, C. L., "The Glass Escalator: Hidden Advantages for Men in the 'Female' Professions," *Social Problems*, Vol.39No3, 1992, pp. 253–267.
厚生労働省「平成 23 年賃金構造基本統計調査（全国）結果の概況」2012 年
　　http://www.mhlw.go.jp/toukei/itiran/roudou/chingin/kouzou/z2011/index.html
厚生労働省雇用均等・児童家庭局「平成 23 年度版働く女性の実情」2012 年
　　http://www.mhlw.go.jp/bunya/koyoukintou/josei-jitsujo/11.html
内閣府経済社会総合研究所・国民経済計算部「無償労働の貨幣評価の調査研究」2009 年
　　http://www.esri.cao.go.jp/jp/sna/sonota/satellite/roudou/contents/20090824g-unpaid.html
労働政策研究・研修機構「データブック国際労働比較 2012」2012 年
　　http://www.jil.go.jp/kokunai/statistics/databook/

第 4 章　教育とジェンダー

アスキュー，S.＝C. ロス（堀内かおる訳）『男の子は泣かない』金子書房，1997 年
天野正子『女子高等教育の座標』垣内出版，1986 年
天野正子「『性（ジェンダー）と教育』研究の現代的課題」『社会学評論』第 39 巻第 3 号，1988 年，266～283 頁
天野正子解説『新編日本のフェミニズム 8 ジェンダーと教育』岩波書店，2009 年
石川由香里ほか『格差社会を生きる家族』有信堂高文社，2011 年
伊東良徳ほか『教科書の中の男女差別』明石書店，1991 年
ウィーナー，G.＝M. アーノット＝M. デイヴィッド「将来は女性の時代か？」A. H. ハルゼー

ほか編（住田正樹・秋永雄一・吉本圭一編訳）『教育社会学』九州大学出版会，2005年，493〜532頁
上野千鶴子ほか『バックラッシュ！』双風舎，2006年
尾嶋史章「社会階層と進路形成の変容」『教育社会学研究』第70集，2002年，125〜142頁
亀田温子・舘かおる編『学校をジェンダー・フリーに』明石書店，2000年
木村涼子『学校文化とジェンダー』勁草書房，1999年
木村涼子「学校文化における身体とジェンダー」苅谷剛彦ほか『教育の社会学（新版）』有斐閣，2010年，179〜197頁
木村涼子編『ジェンダー・フリー・トラブル』白澤社，2005年
木村涼子編『リーディングス日本の教育と社会16 ジェンダーと教育』日本図書センター，2009年
木村涼子・古久保さくら編『ジェンダーで考える教育の現在（いま）』解放出版社，2008年
行動する女たちの会『さよならボーイファースト』全国婦人新聞社，1990年
小山静子『戦後教育のジェンダー秩序』勁草書房，2009年
サドカー，M.＝D. サドカー（川合あさ子訳）『「女の子」は学校でつくられる』時事通信社，1996年
デュリュ－ベラ，M.（中野知律訳）『娘の学校』藤原書店，1993年
東京都女性財団『あなたのクラスはジェンダー・フリー？』東京都女性財団，1995年
東京都女性財団『ジェンダー・フリーな教育のために』東京都女性財団，1995年
中西祐子・堀健志「『ジェンダーと教育』研究の動向と課題」『教育社会学研究』第61巻，1997年，77〜100頁。
日本女性学会ジェンダー研究会編『Q&A 男女共同参画／ジェンダーフリー・バッシング』明石書店，2006年
朴木佳緒留「女子特性教育からジェンダー・エクィティ教育へ」橋本紀子・逸見勝亮編『ジェンダーと教育の歴史』川島書店，2003年，241〜266頁
宮崎あゆみ「学校における性別カテゴリー」亀田温子・舘かおる編『学校をジェンダー・フリーに』明石書店，2000年，59〜77頁
村松泰子編『理科離れしているのは誰か』日本評論社，2004年
森繁男「性役割の学習としつけ行為」柴野昌山編『しつけの社会学』世界思想社，1989年，155〜171頁
若桑みどりほか『「ジェンダー」の危機を超える！』青弓社，2006年
文部科学省「OECD生徒の学習到達度調査」
http://www.mext.go.jp/component/a_menu/education/detail/_icsFiles/afieldfile/2010/12/07/1284443_01.pdf
文部科学省「学校基本調査」年次統計データ
http://www.e-stat.go.jp/SG1/estat/List.do?bid=000001015843&cycode=0
文部科学省「学校基本調査平成23年度版」2012年
http://www.e-stat.go.jp/SG1/estat/List.do?bid=000001037169&cycode=0
文部科学省「図表でみる教育（Education at a Glance）OECDインディケータ（2011年版）」
http://www.mext.go.jp/component/b_menu/other/_icsFiles/afieldfile/2012/04/10/1297521_01.pdf

第5章　日常生活とジェンダー

飯田貴子・井谷惠子編『スポーツ・ジェンダー学への招待』明石書店，2004年

伊田広行『デート DV と恋愛』大月書店，2010 年
伊田広行『ストップ！デート DV』解放出版社，2011 年
伊藤公雄「スポーツ教育とジェンダー」杉本厚夫編『体育教育を学ぶ人のために』世界思想社，2001 年，124〜141 頁
上野千鶴子『セクシィ・ギャルの大研究』光文社，1982 年
江原由美子『ジェンダー秩序』勁草書房，2001 年
遠藤智子『デート DV』KK ベストセラーズ，2007 年
ガーフィンケル，H.「アグネス，彼女はいかにして女になり続けたか」H. ガーフィンケルほか（山田富秋・好井裕明・山崎敬一編訳）『エスノメソドロジー』せりか書房，1987 年，215〜295 頁
コンネル，R.（多賀太監訳）『ジェンダー学の最前線』世界思想社，2008 年
千田有紀『女性学／男性学』岩波書店，2009 年
日本性教育協会編『「若者の性」白書』小学館，2007 年
日本 DV 防止・情報センター編『ドメスティック・バイオレンスへの視点（新版）』朱鷺書房，2005 年
バトラー，J.（竹村和子訳）『ジェンダー・トラブル』青土社，1999 年
羽田野慶子「〈身体的な男性優位〉神話はなぜ維持されるのか」『教育社会学研究』第 75 集，2004 年，105〜125 頁
ボーヴォワール，S. D.（生島遼一訳）『第二の性』新潮文庫，1959 年
山口のり子『愛する，愛される』梨の木舎，2004 年
Goffman, E., *Gender Advertisements*, Harvard University Press, 1979.
West, C. and D. H. Zimmerman, "Doing Gender," *Gender and Society*, Vol.1No.2, 1987, pp. 124–151.
ポラック，S. 監督「トッツィー」Columbia Pictures Industries，1982 年
明治安田生命「生まれ年別の名前調査名前ランキング 2012」
　http://www.meijiyasuda.co.jp/profile/etc/ranking/best100/
文部科学省『平成 22 年度全国体力・運動能力，運動習慣等調査結果』
　http://www.mext.go.jp/a_menu/sports/kodomo/zencyo/1300107.htm
総理府・内閣総理大臣官房男女共同参画室「男女間における暴力に関する調査」2000 年
　http://www.gender.go.jp/e-vaw/chousa/images/pdf/h11.pdf
Hollaback!: http://www.ihollaback.org/
Love is not Abuse: http://loveisnotabuse.com/web/guest/home
Men Can Stop Rape: http://www.mencanstoprape.org/
Stop Street Harassment: http://www.stopstreetharassment.org/

第 6 章　国家とジェンダー

青山薫『「セックスワーカー」とは誰か』大月書店，2007 年
アジア・太平洋人権情報センター編『アジア・太平洋人権レビュー 1999』現代人文社，1999 年
アジア・太平洋人権情報センター編『アジア・太平洋人権レビュー 2006』現代人文社，2006 年
阿部彩『子どもの貧困』岩波書店，2008 年
阿部彩『弱者の居場所がない社会』講談社，2011 年
アンダーソン，B.（白石隆・白石さや訳）『定本 想像の共同体』書籍工房早山，2007 年

市川房枝記念会出版部編『女性参政60周年記念』市川房枝記念会出版部，2006年
伊藤るり・足立眞理子編『国際移動と〈連鎖するジェンダー〉』作品社，2008年
井上洋子ほか『ジェンダーの西洋史』法律文化社，2012年
伊豫谷登士翁編『移動から場所を問う』有信堂高文社，2007年
上野千鶴子『生き延びるための思想（新版）』岩波現代文庫，2012年
上野千鶴子『ナショナリズムとジェンダー（新版）』岩波書店，2012年
大海篤子『ジェンダーで学ぶ政治社会学入門』世織書房，2010年
大山七穂・国広陽子『地域社会における女性と政治』東海大学出版会，2010年
落合恵美子・赤枝香奈子編『アジア女性と親密性の労働』京都大学学術出版会，2012年
『現代思想』2012年11月号（特集女性と貧困），青土社
解放出版社編『金学順（キム ハクスン）さんの証言』解放出版社，1993年
川人貞史・山元一編『政治参画とジェンダー』東北大学出版会，2007年
権仁淑（山下英愛訳）『韓国の軍事文化とジェンダー』御茶の水書房，2006年
国連開発計画編『人間開発報告書2009』阪急コミュニケーションズ，2010年
国連開発計画編『人間開発報告書2010』阪急コミュニケーションズ，2011年
児玉勝子『婦人参政権運動小史』ドメス出版，1981年
佐竹眞明＝M. A. ダアノイ『フィリピン－日本国際結婚』めこん，2006年
進藤久美子『ジェンダーで読む日本政治』有斐閣，2004年
杉浦郁子・野宮亜紀・大江千束編『パートナーシップ・生活と制度』緑風出版，2007年
鈴木裕子『戦争責任とジェンダー』未来社，1997年
セジウィック，E. K.（上原早苗・亀沢美由紀訳）『男同士の絆』名古屋大学出版会，2001年
武田里子『ムラの国際結婚再考』めこん，2011年
竹下修子『国際結婚の諸相』学文社，2004年
竹中恵美子・久場嬉子編『労働力の女性化』有斐閣，1994年
田中由美子・大沢真理・伊藤るり編『開発とジェンダー』国際協力出版会，2002年
辻村みよ子編『かけがえのない個から』岩波書店，2011年
辻村みよ子・金城清子『女性の権利の歴史』岩波書店，1992年
西川祐子『近代国家と家族モデル』吉川弘文館，2000年
日本の戦争責任資料センター編『シンポジウムナショナリズムと「慰安婦」問題（新装版）』青木書店，2003年
ヌスバウム，M. C.（池本幸生・田口さつき・坪井ひろみ訳）『女性と人間開発』岩波書店，2005年
VAWW-NET Japan編『戦犯裁判と性暴力』緑風出版，2000年
VAWW-NET Japan編『加害の精神構造と戦後責任』緑風出版，2000年
VAWW-NET Japan編『「慰安婦」・戦時性暴力の実態1・2』緑風出版，2000年
VAWW-NET Japan編『女性国際戦犯法廷の全記録1・2』緑風出版，2002年
林陽子編『女性差別撤廃条約と私たち』信山社，2011年
彦坂諦『男性神話』径書房，1991年
ブラン，O.（辻村みよ子・太原孝英・高瀬智子訳）『オランプ・ドゥ・グージュ』信山社，2010年
マクドゥーガル，G. J.（VAWW‐Net Japan編訳）『戦時・性暴力をどう裁くか（増補新装2000年版）』凱風社，2000年
御坐由美子『女性と政治』新評論，1999年
村松安子『「ジェンダーと開発」論の形成と展開』未来社，2005年
山下泰子『女性差別撤廃条約と日本』尚学社，2010年

山下英愛『ナショナリズムの狭間から』明石書店，2008 年
山田真裕「日本人の政治参加におけるジェンダー・ギャップ」川人貞史・山元一編『政治参画とジェンダー』東北大学出版会，2007 年，265〜279 頁
吉田容子監修・JNATIP 編『人身売買をなくすために』明石書店，2004 年
吉見義明『従軍慰安婦』岩波新書，1995 年
米山リサ『暴力・戦争・リドレス』岩波書店，2003 年
Mohanty, C. T., *Feminism without Borders*, Duke University Press, 2003.
Plummer, K., *Intimate Citizenship*, Mcgill Queens University Press, 2003.
アイ・シー・ネット「外務省委託 開発における女性支援（WID）／ジェンダー政策評価」2003 年
　http://www.mofa.go.jp/mofaj/gaiko/oda/shiryo/hyouka/kunibetu/gai/wid/jk00_01_index.html
厚生労働省「人口動態統計年報主要統計表」
　http://www.mhlw.go.jp/toukei/saikin/hw/jinkou/suii00/index.html
参議院議員情報・会派別所属議員数一覧（平成 25 年 1 月 25 日現在）
　http://www.sangiin.go.jp/japanese/joho1/kousei/giin/182/giinsu.htm
衆議院議員・会派名及び会派別所属議員数（男女別，平成 24 年 12 月 28 日現在）
　http://www.shugiin.go.jp/itdb_annai.nsf/html/statics/syu/kaiha_m_danjo.htm
総務省「地方公共団体の議会の議員及び長の所属党派別人員調等」（平成 23 年 12 月 31 日現在）
　http://www.soumu.go.jp/main_content/000151136.pdf
内閣府男女共同参画局「男女共同参画社会基本法制定のあゆみ」
　http://www.gender.go.jp/danjyo_kihon/index.html
Inter-Parliamentary Union（列国議会同盟），"Women in National Parliaments: Current world and regional averages."
　http://www.ipu.org/wmn-e/world.htm

第 7 章　身体とジェンダー

青山薫『「セックスワーカー」とは誰か』大月書店，2007 年
浅井美智子・柘植あづみ編『つくられる生殖神話』制作同人社，2004 年
ウォーコウィッツ，J. R.（永富友海訳）『売春とヴィクトリア朝社会』上智大学出版，2009 年
江口聡編・監訳『妊娠中絶の生命倫理』勁草書房，2011 年
NHK「ハートをつなごう」制作班監修『NHK「ハートをつなごう」LGBT BOOK』太田出版，2010 年
江原由美子『自己決定権とジェンダー』岩波書店，2012 年
江原由美子編『フェミニズムの主張』勁草書房，1992 年
江原由美子編『性の商品化』勁草書房，1995 年
江原由美子編『生殖技術とジェンダー』勁草書房，1996 年
江原由美子編『性・暴力・ネーション』勁草書房，1998 年
江原由美子・山崎敬一編『ジェンダーと社会理論』有斐閣，2006 年
大野和基『代理出産』集英社新書，2009 年
荻野美穂『生殖の政治学』山川出版社，1994 年
荻野美穂『「家族計画」への道』岩波書店，2008 年
角田由紀子『性差別と暴力（第 3 刷補訂）』有斐閣，2004 年

風間孝・河口和也『同性愛と異性愛』岩波新書，2010 年
ガートナー，R. B.（宮地尚子ほか訳）『少年への性的虐待』作品社，2005 年
上川あや『変えてゆく勇気』岩波新書，2007 年
カリフィア，P.（東玲子訳）『パブリック・セックス』青土社，1998 年
カリフィア，P.（竹村和子解説・石倉由ほか訳）『セックス・チェンジズ』作品社，2005 年
河口和也『クイア・スタディーズ』岩波書店，2003 年
金城清子『生殖革命と人権』中公新書，1996 年
クィア・スタディーズ編集委員会編『クィア・スタディーズ '96 '97』七つ森書館，1996 年，1997 年
クライン，F.（河野貴代美訳）『バイセクシュアルという生き方』現代書館，1997 年
小林美佳『性犯罪被害とたたかうということ』朝日新聞出版，2010 年
櫻田嘉章ほか『生殖補助医療と法』日本学術協力財団，2012 年
斎藤有紀子編著・市野川容孝ほか著『母体保護法とわたしたち』明石書店，2002 年
社会評論社編集部編『女の性と中絶』社会評論社，1983 年
鈴木裕子編・解説『日本女性運動資料集成』8・9 巻，1997・98 年
セジウィック，E. K.（外岡尚美訳）『クローゼットの認識論』青土社，1999 年
田崎英明編『売る身体／買う身体』青弓社，1997 年
田中玲『トランスジェンダー・フェミニズム』インパクト出版会，2006 年
立岩真也『私的所有論』勁草書房，1997 年
柘植あづみ『妊娠を考える』NTT 出版，2010 年
デラコステ，F.＝P. アレキサンダー編『セックス・ワーク』パンドラ，1993 年
ドウォーキン，A.（寺沢みづほ訳）『ポルノグラフィ』青土社，1991 年
ドウォーキン，A.（寺沢みづほ訳）『女たちの生と死』青土社，1998 年
中里見博『ポルノグラフィと性暴力』明石書店，2007 年
中村美亜『クィア・セクソロジー』インパクト出版会，2008 年
『日本産科婦人科学会雑誌』第 62 巻第 3 号（特集生殖補助医療）
野宮亜紀ほか『性同一性障害って何？（増補改訂版）』緑風出版，2011 年
『買売春問題資料集成――戦前編』不二出版，1997 年
『廃娼（第 1〜8 号 復刻版）』不二出版，1993 年
バダンテール，E.（上村くにこ・饗庭千代子訳）『XY』筑摩書房，1997 年
82 優生保護法改悪阻止連絡会『優生保護法改悪はどこへ行った？』82 優生保護法改悪阻止連絡会，1984 年
バトラー，J.（竹村和子訳）『ジェンダー・トラブル』青土社，1999 年
バトラー，J.（竹村和子訳）『触発する言葉』岩波書店，2004 年
藤目ゆき『性の歴史学（普及版）』不二出版，1997 年
マッキノン，C.＝A. ドウォーキン（中里見博・森田成也訳）『ポルノグラフィと性差別』青木書店，2002 年
マッキノン，C.（柿木和代訳）『ポルノグラフィ』明石書店，1995 年
松沢呉一，スタジオ・ポット編『売る売らないはワタシが決める』ポット出版，2000 年
宮台真司ほか『〈性の自己決定〉原論』紀伊國屋書店，1998 年
森崎和江『からゆきさん』朝日新聞社，1976 年
森山至貴『「ゲイコミュニティ」の社会学』勁草書房，2012 年
山根純佳『産む産まないは女の権利か』勁草書房，2004 年
優生保護法改悪＝憲法改悪と闘う女の会編『優生保護法改悪とたたかうために』82 優生保護法改悪阻止連絡会，1983 年

『ユリイカ』1998年2月号（特集ポリセクシュアル），青土社
読売新聞大阪本社社会部『性暴力』中央公論新社，2011年
ワイツァー，R. 編（岸田美貴訳・松沢呉一監修）『セックス・フォー・セール』ポット出版，2004年
若尾典子『女性の身体と人権』学陽書房，2005年
脇田晴子＝S. B. ハンレー編『ジェンダーの日本史・上』東京大学出版会，1994年
Abelove, H., M. A.Barale and D. M. Halperin eds., *The Lesbian and Gay Studies Reader*, Routledge, 1993.
Sullivan, N., *A Critical Introduction to Queer Theory*, New York University Press, 2003.

第8章　フェミニズムとジェンダー

秋山洋子『リブ私史ノート』インパクト出版会，1993年
安積遊歩『癒しのセクシー・トリップ』太郎次郎社，1993年
阿部恒久・大日方純夫・天野正子編『男たちの近代』日本経済評論社，2006年
天野正子ほか編『男性学』岩波書店，2009年
天野正子ほか編『女性史・ジェンダー史』岩波書店，2009年
伊藤公雄『男性学入門』作品社，1996年
ウォーカー，A.（柳沢由実子訳）『カラーパープル』集英社文庫，1986年
ウルストンクラーフト，M.（白井堯子訳）『女性の権利の擁護』未來社，1980年
江原由美子『女性解放という思想』勁草書房，1985年
折井美耶子・女性の歴史研究会編『新婦人協会の人びと』ドメス出版，2009年
女たちの現在を問う会編『全共闘からリブへ』インパクト出版会，1996年
掛札悠子『「レズビアン」である、ということ』河出書房新社，1992年
風間孝・河口和也『同性愛と異性愛』岩波書店，2010年
鹿野政直『現代日本女性史』有斐閣，2004年
加納実紀代責任編集『リブという「革命」』インパクト出版会，2003年
古庄ゆき子編集・解説『資料 女性史論争』ドメス出版，1991年
コンネル，R.（多賀太監訳）『ジェンダー学の最前線』世界思想社，2008年
齋藤有紀子編・市野川容孝ほか著『母体保護法とわたしたち』明石書店，2002年
佐々木英昭『「新しい女」の到来』名古屋大学出版会，1994年
佐藤文明『ウーマンリブがやってきた』インパクト出版会，2010年
鈴木裕子『女性史を拓く』未來社，1989年
鈴木裕子編『山川菊栄評論集』岩波文庫，1990年
高群逸枝『女性の歴史』上・下，講談社文庫，1970年
高群逸枝『高群逸枝——火の国の女の日記 抄』日本図書センター，1999年
田中俊之『男性学の新展開』青弓社，2009年
田中美津『いのちの女たちへ』河出文庫，1992年
田中美津『かけがえのない、大したことのない私』インパクト出版会，2005年
辻村みよ子『女性と人権』日本評論社，1997年
西川祐子『高群逸枝』第三文明社，1990年
西村光子『女（リブ）たちの共同体（コレクティブ）』社会評論社，2006年
日本女性学学会誌編集委員会編『女性学』第12巻（特集ウーマンリブが拓いた地平），2005年
平塚雷鳥著，小林登美枝・米田佐代子編『平塚らいてう評論集』岩波文庫，1987年

伏見憲明『プライベート・ゲイ・ライフ』学陽文庫，1998 年
ブラン，O.（辻村みよ子・太原孝英・高瀬智子訳・解説）『オランプ・ドゥ・グージュ』信山社，2010 年
ブラン，O.（辻村みよこ訳）『女の人権宣言』岩波書店，1995 年
フリーダン，B.『新しい女性の創造（改訂版）』大和書房，2004 年
堀場清子編『『青鞜』女性解放論集』岩波文庫，1991 年
溝口明代・佐伯洋子・三木草子編『資料 日本ウーマン・リブ史』全 3 巻，松香堂書店，1992〜95 年
ミレット，K.（藤枝澪子ほか訳）『性の政治学』ドメス出版，1985 年
ミレット，K. ほか（高野フミほか訳）『ウーマン・リブ』早川書房，1971 年
モッセ，J. L.（細谷実・小玉亮子・海妻径子訳）『男のイメージ』作品社，2005 年
山口美代子編集・解説『資料明治啓蒙期の婦人問題論争の周辺』ドメス出版，1989 年
横塚晃一『母よ！殺すな（第 2 版）』生活書院，2010 年
与謝野晶子著，鹿野政直・香内信子編『与謝野晶子評論集』岩波文庫，1985 年
リッチ，A.（高橋茅香子訳）『女から生まれる』晶文社，1990 年
リブ新宿センター資料保存会編『リブ新宿センター資料集成』インパクト出版会，2008 年

索　引

（太字の項目は，Keywordsとして掲出されている語句，太字の数字はそのページを示す）

事項索引

あ　行

アイデンティティ・ポリティクス　191, 192
『愛の労働』　**84**
青い芝の会　168, 209, 210
『新しい女性の創造』　202
アファーマティヴ・アクション　**100**
「家」制度　**34**
移住の女性化　**160**
異性愛　41
異性愛者　23
異性愛中心主義　208
異性装　211
遺族年金　74
1.57ショック　47
一般職　62, 67
一夫一婦（制）　23, 24, 176
『いのちの女たちへ』　203
インターセックス　10, 19　→性分化疾患も参照
ウィーン宣言　138
ヴェトナム反戦運動　202, 203
ウーマンリブ（運動）　181, 202, 206, 208–10
「産む産まないは女が決める」　210
「産む産まないは女の『権利』」　210
産めよ増やせよ　136, 167
AIDS　190
AV　175, 182
FtM　188, 189
『エミール』　36, 43, 198
M字型就労　51, 60, 64

MtF　187, 189
LGBT　**121**
エロチカ　184
援助交際　180
エンパワーメント　**156**
おネェ系　189

か　行

開発のなかの女性（WID）　**155**, 157, 158
核家族　32, 45, 168
かくれたカリキュラム　**92**
家事労働　2
家事労働に賃金を！　**81**, 84
家族計画政策　168
家族賃金　**37**, 44, 73, 74
家庭科の男女共修　**93**, 107
家父長主義　137
家父長制　32, 82, 137
ガラスのエスカレーター　**70**
ガラスの天井　**64**, 69
『カラーパープル』　210
からゆきさん　177
感情労働　**85**
管理される性　**167**
機会の平等・結果の平等　**99**
キーセン観光　178
強制的異性愛　**25**
近代家族　32, 33
近代国民国家　3
近代社会　1
近代的自我　40
クィア　**190**, 192
クォーター制度　149, 150

事項索引

草の根運動　152
グローバリゼーション　4, 154
ケアワーク（ケア労働）　2, 81, 83, 86
ゲイ　172, 187
　　——・ムーヴメント　190, 192
景気の安全弁（雇用の調整弁）　38, 61
結　婚　32
結婚移民　140
権　力　13
合計特殊出生率　47, 49, 77
厚生年金　74
構造調整政策　156
構築主義　20
更年期障害　170
国際結婚　160
国　民　134
国連国際女性年　155
国連女性差別撤廃委員会（CEDAW）　65
国連女性差別撤廃条約　155
国連女性の 10 年　155
個人的なことは，政治的である　35
コース別人事　49
コース別人事採用制度　67
戸　籍　34
Got Consent?　125
『〈子供〉の誕生』　43
婚外子出生率　39, 48

■ さ　行

3 歳児神話　42, 44
産児調整運動　168
ジェンダー　3, 7, 12, 14, 115
　　——と開発（GAD）　155, 157
　　——と民族　145
　　スポーツと——　117
ジェンダー・アイデンティティ（性自認）
　　15, 16, 18, 119, 186
ジェンダー関連開発指標　157
ジェンダー主流化　156, 157

『ジェンダー・トラブル』　208
ジェンダー・バイアス　111
ジェンダーフリー　17, 105
　　——教育　108
　　——・バッシング　105, 157
私事化　35
シスターフッド　207, 209
児童扶養手当　75
ジニ係数　75
社会システム　12
シャドウ・ワーク　81
「従軍慰安婦」　143, 177
住民票　34
受精卵　171
出生前診断　209
出生率　168
主　婦　31
主婦化　83
主婦パート　61, 62
準強姦罪　123
生涯未婚率　31
少子化　47, 77
所感宣言　199
女権宣言　134
女子校　101
女女格差　76
処女性　25, 41
女性差別撤廃条約（CEDAW）　137, 138
女性参政権　135, 148, 199　→婦人参政権
　　も参照
女性性器切除（FGM）　137, 169
女性専用車両　121
「女性と女性市民の諸権利の宣言」　198
女性の貧困　156
進学アスピレーション　103
シングルマザー　74, 157
人　権　133, 142, 197
人権宣言　198
人工妊娠中絶　171

新自由主義（ネオリベラリズム）　76
人身取引　162, 181
新・専業主婦志向　51
身　体　9
親密な関係に関する権利　139
遂行性（パフォーマティヴィティ）　18
スティグマ　180, 182, 190
ステレオタイプ　93
ストップ・ストリートハラスメント　121
ストリートハラスメント　121
ストレート　187
性規範（ジェンダー・ノーム）　15
性教育　105
性（的）指向（セクシュアル・オリエンテーション）　24, 186
性自認　→ジェンダー・アイデンティティ
生殖技術　209
生殖に関する健康と権利　167
生殖補助医療　172
性的アイデンティティ　115, 185
性的自己決定権　200
性的マイノリティ　→セクシュアル・マイノリティ
性転換　188
『青踏』　200
性同一性障害　11, 15, 119, 188
性の商品化　176
『性の政治学』　208
セイファー・セックス　190
性分化疾患（半陰陽，両性具有）　10, 14, 19　→インターセックスも参照
性別カテゴリー　95, 96
性別職務分離　64, 69
性別適合手術　189
性別特性論　109
性別二元論　116, 120, 186, 190, 192
性別役割分業　33, 37
性暴力　125
性役割（ジェンダー・ロール）　15

世界エイズデー　178
世界システム論　82
世界女性会議　150
世界人権会議　138
セカンドシフト　64
セカンドレイプ　169
セクシュアリティ　3, 22, 186, 187, 201
セクシュアル・ハラスメント　71
セクシュアル・マイノリティ（性的マイノリティ）　121, 186, 191, 192
世　帯　36, 75
セックス　4, 7, 14
セックスワーカー　159
セックスワーク　176, 180
セフレ（セックス・フレンド）　52
専業主夫　37
専業主婦　37
専業主婦世帯　51
全共闘運動　203
選択制夫婦別姓　107
総合職　67
草食系男子　212
SOSHIREN　210

た 行

体外受精　172
第3号年金（制度）　38, 73
第三世界フェミニズム　137
代理母　172
堕胎禁止令　168
堕胎罪　138, 171
堕胎論争　201
ダブルスタンダード（二重基準，二重規範）　41, 176, 200
団塊の世代　60
男子の学力低下　103
男女間賃金格差　62
男女共学　98
『男女共同参画白書』　77

事項索引

男女雇用機会均等法　38, 49, 67, 75
　──の改正（1999年）　71, 86
男女混合名簿　13, 106
男性学　211
男性性　126
男性の非正規雇用　61
痴漢被害　121
中絶　171, 209
中絶合法化　168
賃労働　2
ツーセックス・モデル　10
貞操　25, 181
貞操論争　200
定年差別　67
『ディープ・スロート』　182
DINKs　48
出稼ぎ労働　160
できちゃった結婚　39, 53
デートDV　124
デートDV防止プログラム　123
同一価値労働同一賃金　64, 74
Doing Gender　120
同性愛　23
同性愛嫌悪（ホモフォビア）　25, 27
同性愛者　23, 191
同性婚　139, 140
『トッツィー』　119
ドメスティック・バイオレンス（DV）　35, 84, 122
共働き世帯　51
トランスジェンダー　115, 187, 191

な行

ナイロビ戦略　155
NOW（全米女性機構）　202, 208
ナポレオン法典　24
日本型経営　50, 74
日本キリスト教婦人矯風会　176

は行

配偶者ヴィザ　140
配偶者からの暴力の防止及び被害者の保護に関する法律（DV防止法）　123
配偶者間人工授精　172
配偶者控除　37, 73
配偶者手当　73
配偶者特別控除　37, 73
売春　176
買春　176
売春婦　177, 181
売春防止法　176, 181
バイスタンダー　122, 123, 127,
バイセクシュアル　188, 192
買売春　176
バックラッシュ　109
パッシング　119
パートタイム　60
パートナーシップ制度　140
母親運動　203
半陰陽　→性分化疾患
晩婚化　49
ピアグループ　95, 118
ピアプレッシャー　127
被害者バッシング　169
非正規雇用　75
避妊　125
非配偶者間人工授精　172
103万円の壁　37
表現の自由　183
ピンクカラー　86
ピンクカラーワーク　86
ファミリーフレンドリー　77
フェミニズム　133, 142, 144, 197
　第一波──　197
　第一波──（アメリカ）　199
　第一波──（イギリス）　198
　第一波──（日本）　200

第一波——（フランス）　198
　第二波——　35, 197, 201, 202, 206
　第三波——　204
　ブルジョア・——　207
　　ポスト・——　204
　ラディカル・——　206-08
フォーマル・カリキュラム　92
婦人解放運動　168
婦人参政権（運動）　143, 197　→女性参政権
　　も参照
婦人参政権獲得期成同盟　136
双子の症例　16
普通選挙（法）　135, 197
不法残留者　160
フランス革命　198
フルタイムパート　74
ブレッドウィナー　31
フロイト理論　23
文化相対主義　137
ヘテロセクシズム　24, 171, 174, 188, 191
「便所からの解放」　203
保育所　78
ボーイズラブ　26
法律婚　174
暴力装置としての国家　143
ポジティブ・アクション　149
ポスト構造主義　211
ポスト植民地主義フェミニズム　137
母　性　39, 44, 143, 201
母性愛　33
母性イデオロギー　42
『母性という神話』　43
『母性の復興』　44
母性保護論争　44, 142, 200
母体保護法　171
ホモセクシュアル　26
ホモソーシャル　26, 146
ホモフォビア　→同性愛嫌悪
ホラバック！　122

「ポルノが理論で，レイプが実践」　183
ポルノグラフィ　147, 175, 181

　　ま　行

マイノリティのなかのマイノリティ差別
　　191
マイホーム主義　45
マドンナ旋風　149
マルクス主義　206
見合い結婚　42
未婚化　47
ミレニアム開発目標　157
無償労働（アンペイド・ワーク）　80
名誉殺人　25
メン・キャン・ストップ・レイプ（Men
　　Can Stop Rape）　122, 126

　　や　行

優生保護法　168, 171
　　——の一部改正案　209
幼児虐待　35
幼児ポルノ　184
欲　望　23

　　ら　行

ラベンダー色の脅威　208
理系女子　101
良妻賢母　44
両性具有　→性分化疾患
レイプ（強かん）　169, 177, 182
レズビアン　172, 187, 192, 208
レズビアン・ゲイ・ムーヴメント　139
レズビアン連続体　25, 208
恋愛結婚　42
労働者派遣法改正（2003年）　62
労働の女性化　158
ロマンティックラブ　33
　　——・イデオロギー　39-41, 52

わ　行

ワーク・ライフ・バランス　76

ワンセックス・モデル　9

人名索引

あ行

アインシュタイン，アルベルト　10
アリエス，フィリップ　42, 43
アルチュセール，ルイ・P.　143
アンダーソン，ベネディクト　143
生田花世　200
市川房枝　135, 143
伊藤野枝　200
イリイチ，イヴァン　81
イリガライ，リュス　26
ウィリアムズ，クリスティン　70
ウェスト，キャンディス　120
ウォーカー，アリス　210
ウォーフ，ベンジャミン・リー　12
ウルストンクラフト，メアリ　198
奥むめお　135

か行

ガーフィンケル，ハロルド　119
ガレノス　9
北村透谷　40, 41
キテイ，エヴァ・フェダー　85
金学順　143
グージュ，オランプ・ド　134, 136, 198, 199
クーン，トマス　10
ケイ，エレン　44
ゴフマン，アーヴィング　118

さ行

サピア，エドワード　12
シェリー，メアリ　198
ジマーマン，ドン　120
スコット，ジョアン　12, 13
スタントン，エリザベス・ケイディ　199

セジウィック，イヴ・K.　27, 146, 190

た行

高群逸枝　143
田中美津　203, 206, 210
ダラ・コスタ，ジョヴァンナ・F.　84
ダラ・コスタ，マリアローザ　82, 84
タレーラン−ペリゴール，シャルル−モーリス・ド　198
蔦森樹　211
土井たか子　149, 201

な行

ニュートン，アイザック　10

は行

バダンテール，エリザベート　42–44
バトラー，ジュディス　17, 19, 184, 190, 208, 209
原田皐月　201
パンカースト母娘　135
平塚らいてう　44, 135, 142, 143, 200, 201
福沢諭吉　45
フーコー，ミシェル　22, 190
フリーダン，ベティ　202, 208
ホックシールド，アーリー・ラッセル　64, 76, 85
ホブズボーム，エリック　34
ボーボワール，シモーヌ・ド　8, 115

ま行

マッキノン，キャサリン　72, 183
マネー，ジョン　15, 16, 18
マルクス，カール　206, 207
ミース，マリア　82–84
ミレット，ケイト　208

モーガン，ロビン　183
モット，ルクレシア　199

や 行

山川菊栄　200
横塚晃一　209
与謝野晶子　44, 142, 200, 201

ら 行

ラカー，トマス　8
ラヴレース，リンダ　182
リッチ，アドリエンヌ　25, 208
ルソー，ジャン-ジャック　36, 43, 198

■著者紹介

千田有紀（せんだゆき）　武蔵大学社会学部教授
中西祐子（なかにしゆうこ）　武蔵大学社会学部教授
青山薫（あおやまかおる）　神戸大学大学院国際文化学研究科教授

TEXTBOOKS
つ
TSUKAMU

ジェンダー論をつかむ
The Essentials of Gender Studies

2013 年 3 月 15 日　初版第 1 刷発行
2017 年 12 月 10 日　初版第 5 刷発行

著　者	千　田　有　紀 中　西　祐　子 青　山　　　薫
発行者	江　草　貞　治
発行所	株式会社　有　斐　閣

郵便番号 101-0051
東京都千代田区神田神保町 2-17
電話 (03)3264-1315 〔編集〕
　　 (03)3265-6811 〔営業〕
http://www.yuhikaku.co.jp/

印刷・株式会社理想社／製本・大口製本印刷株式会社
© 2013, Y. Senda, Y. Nakanishi and K. Aoyama. Printed in Japan
落丁・乱丁本はお取替えいたします。
★定価はカバーに表示してあります。
ISBN 978-4-641-17716-1

JCOPY　本書の無断複写（コピー）は、著作権法上での例外を除き、禁じられています。複写される場合は、そのつど事前に、(社)出版者著作権管理機構（電話03-3513-6969, FAX03-3513-6979, e-mail:info@jcopy.or.jp）の許諾を得てください。